Família & Sucessões

Família & Sucessões

2020 • 8ª Edição

Ana Cláudia Silva Scalquette

FAMÍLIAS & SUCESSÕES

8ª EDIÇÃO
© Almedina, 2020
AUTOR: Ana Cláudia Silva Scalquette
DIAGRAMAÇÃO: Almedina
DESIGN DE CAPA: FBA
ISBN: 9786556270029

Dados Internacionais de Catalogação na Publicação (CIP)
(Câmara Brasileira do Livro, SP, Brasil)

Scalquette, Ana Cláudia Silva
Famílias & sucessões / Ana Cláudia Silva
Scalquette. -- 8. ed. -- São Paulo : Almedina, 2020.

Bibliografia.
ISBN 978-65-5627-002-9

1. Direito de família - Brasil 2. Herança e
sucessão - Brasil I. Título.

20-34970   CDU-347.6

Índices para catálogo sistemático:

1. Direito de família : Direito civil 347.6

Cibele Maria Dias - Bibliotecária - CRB-8/9427

Este livro segue as regras do novo Acordo Ortográfico da Língua Portuguesa (1990).

Todos os direitos reservados. Nenhuma parte deste livro, protegido por copyright, pode ser reproduzida, armazenada ou transmitida de alguma forma ou por algum meio, seja eletrônico ou mecânico, inclusive fotocópia, gravação ou qualquer sistema de armazenagem de informações, sem a permissão expressa e por escrito da editora.

Junho, 2020

EDITORA: Almedina Brasil
Rua José Maria Lisboa, 860, Conj.131 e 132, Jardim Paulista | 01423-001 São Paulo | Brasil
editora@almedina.com.br
www.almedina.com.br

APRESENTAÇÃO DA 8ª EDIÇÃO

Na apresentação desta obra gostaríamos de iniciar externando nossa imensa alegria em entrar para a Família Almedina.

Um novo ano, uma nova fase, um novo relacionamento editorial que se inicia e que esperamos seja profícuo.

O Direito de Família e o Direito das Sucessões, por sua vez, são paixões antigas.

Como não gostar de matéria que se relaciona intimamente com o cotidiano de todos nós? juristas ou não.

A proximidade que o ensino e a prática destas duas matérias de direito civil nos proporciona com nossos alunos é a paga de mais de duas décadas de dedicação à pesquisa e estudo dos mais variados institutos que a elas pertencem.

Encantamento e desafio são duas palavras que nos vêm à mente.

Encantamento por termos a exata noção de que a interpretação do Direito de Família e do Direito das Sucessões atinge e modifica a vida de milhares de pessoas, o que enobrece nossa atividade, sobretudo em tempos de i *Family* e i *Child*.

Desafio, por outro lado, em razão de termos enfrentado períodos de instabilidade, lentidão, não apenas judicial, problema conhecido de muitos de nós, mas lentidão legislativa, tão grave ou mais.

Pessoas esperam por tutela. Situações fáticas precisam ser pacificadas.

O Tridimensionalismo de *"Fato, Valor e Norma"*, de Miguel Reale, nesta seara, está estacionado por mais tempo do que deveria no âmbito do "Valor", porque fatos existem e são valorados, mas faltam, por vezes, as normas. e como faltam...

A visão, contudo, é de otimismo. Otimismo pelo louvável papel de nossas cortes que vêm atendendo às demandas sociais, ainda que em situações que carecem de tutela legal específica.

Críticas, obviamente existem, mas só não as recebe quem não age, e agir, no âmbito do Direito de Família e do Direito das Sucessões, é medida de urgência.

Agir, leia-se, nunca no sentido de litigar. Os que assim pensam como primeira medida a ser buscada, com a devida *vênia*, não estão neste século.

A composição, cessões recíprocas em busca de um denominador comum, é o que se pode fazer de melhor em áreas tão sensíveis como as do Direito de Família e Direito das Sucessões.

Litigar é prolongar o sofrimento que, indubitavelmente, é mais intenso quando se vive um problema familiar.

Nesta obra, para além dos conhecimentos técnicos que pretendemos compartilhar, esperamos também dividir nossa visão pacificadora e conciliadora que acreditamos deve ser o *dna* dos que estudam e militam nesta área.

Que o afeto, o respeito às diferenças e a compreensão das falhas e limitações de todos nós humanos possam ser também as fontes de inspiração para quem desejar se aventurar no maravilhoso mundo das *Famílias*.

Boa leitura!

A AUTORA

NOTAS DA 7ª EDIÇÃO

Família. Todos temos. Essa é uma realidade.

Todos, também sabemos que a sucessão faz parte da nossa história. É fato.

O direito de família e o direito das sucessões, nesta esteira, estão intrinsicamente ligados ao nosso cotidiano.

A organização familiar, pensada como a célula-base da sociedade, nem sempre se apresenta de forma organizada.

Dissoluções de casamento, pedidos de guarda, regulamentação de visitas, alimentos, disputas por herança... Esse é o cenário com o qual o Estado, especialmente, se preocupa.

Por que, então, estudar a ciência e os mistérios do direito de família e do direito das sucessões?

A importância da matéria se comprova pelos próprios envolvidos: filhos, pais, mães e outros parentes que, em algum momento, precisam da tutela legislativa e jurisdicional para resolver suas pendências.

O profissional talhado para atuar com esses ramos tão especiais deve, sobretudo, ter um olhar humano sobre as questões com as quais lida.

O afeto ou, pior, a falta dele causa marcas profundas que exigem um tratamento e um olhar amorosos. Mais do que a tutela de um direito, o que se espera, em questões de família e sucessões, é a compreensão de que pessoas que sofrem estão envolvidas em situações que nem sempre deram causa, a exemplo dos filhos.

A justiça, nesses casos, tem um sabor diferente. Não é apenas o ter razão, mas sim o acalento que se pode trazer aos envolvidos.

Aos meus leitores esclareço que essa apresentação não tem palavras como afeto e coração usadas em vão.

Após quase duas décadas de experiência no trato da matéria o convite que faço contém um alerta: estudar ou trabalhar com o direito de família e direito das sucessões é escolher uma vida de dedicação e amor, pois seus clientes não terão questões objetivas para serem discutidas, mas sim situações que envolvem sentimentos e frustações que exigem dos profissionais escolhidos a compreensão de que, definitivamente, as questões jurídicas ficam aquém das emocionais.

Desejo que, de alguma forma, essa leitura possa lhes inspirar ao estudo e à pesquisa!

Boa leitura!

A AUTORA

SUMÁRIO

APRESENTAÇÃO DA 8ª EDIÇÃO	5
NOTAS DA 7ª EDIÇÃO	7

PARTE I
DIREITO DE FAMÍLIA

CAPÍTULO 1. DIREITO DE FAMÍLIA	23
1.1 Conceito de Família e abrangência do Direito de Família	23
1.2 Família e Constituição Federal de 1988	25
1.2.1 Igualdade entre os cônjuges	26
1.2.2 Igualdade entre os filhos	27
1.2.3 Reconhecimento da União Estável como entidade familiar	27
1.3 Estado de Família	28
Em resumo	29
Preste Atenção	30
CAPÍTULO 2. CASAMENTO	31
2.1 Esponsais	31
2.2 Conceito de casamento	33
2.3 Criação do casamento civil	35
2.4 Capacidade para o casamento	37
2.5 Casamento inexistente	38
2.6 Processo de habilitação	39
2.6.1 Publicação	41
2.7 Impedimentos	41
2.7.1 Impedimentos absolutamente dirimentes	42

FAMÍLIA & SUCESSÕES

2.7.2	Causas suspensivas	46
2.7.3	Oposição de impedimentos e causas suspensivas	47
2.8	Celebração do casamento	48
2.9	Suspensão da celebração do casamento	49
2.10	Espécies de casamento	49
	2.10.1 Casamento por procuração	49
	2.10.2 Casamento urgente por moléstia grave	50
	2.10.3 Casamento nuncupativo ou in extremis ou em *articulo mortis*	50
	2.10.4 Casamento perante autoridade diplomática ou consular	51
	2.10.5 Casamento religioso com efeitos civis	52
2.11	Provas do casamento	53
2.12	Efeitos do casamento	54
	Em Resumo	56
	Preste Atenção	61

CAPÍTULO 3.	REGIMES DE BENS	63
3.1	Considerações iniciais	63
3.2	Possibilidade de alteração do regime	64
3.3	Classificação dos regimes de bens	65
	3.3.1 Pacto antenupcial	66
3.4	Espécies de regime de bens	67
	3.4.1 Regime da comunhão parcial de bens	67
	3.4.2 Regime da comunhão universal de bens	71
	3.4.3 Regime da separação total de bens	73
	3.4.4 Regime da participação final nos aquestos	75
	3.4.5 Atos que o cônjuge não pode praticar sem a autorização do outro	77
	Em Resumo	78
	Preste Atenção	80

CAPÍTULO 4.	UNIÃO ESTÁVEL	81
4.1	Definição e especificidades	81
4.2	Regulamentação	84
4.3	Elementos constitutivos da união estável	86
4.4	Deveres dos companheiros	87
4.5	Regime de bens	89
	Em Resumo	90
	Preste Atenção	91

SUMÁRIO

CAPÍTULO 5.   FORMAS DE DISSOLUÇÃO DO CASAMENTO
E DA SOCIEDADE CONJUGAL 93
5.1   Sociedade conjugal *versus* vínculo matrimonial 93
5.2   Formas de dissolução 94
    5.2.1   Dissoluções decorrentes da invalidade 94
        5.2.1.1   Casamento nulo 94
        5.2.1.2   Casamento anulável 96
            5.2.1.2.1   Erro essencial 98
        5.2.1.3   Casamento putativo 100
    5.2.2   Demais formas de dissolução 101
    5.2.3   Separação 101
        5.2.3.1   Separação consensual 102
        5.2.3.2   Separação consensual por via administrativa 103
        5.2.3.3   Separação litigiosa 103
        5.2.3.4   Efeitos da separação judicial 105
    5.2.4   Divórcio 106
        5.2.4.1   Divórcio consensual por via administrativa 107
        5.2.4.2   Fim da sociedade conjugal e guarda dos filhos 108
        5.2.4.3   Efeitos decorrentes do fim da sociedade conjugal
            e do vínculo matrimonial para os ex-cônjuges 112
Em Resumo 113
Preste Atenção 117

CAPÍTULO 6.   RELAÇÕES DE PARENTESCO 119
6.1   Conceito 119
6.2   Espécies de parentesco 119
6.3   Parentesco em linha reta 120
6.4   Parentesco em linha colateral ou transversal 121
6.5   Parentesco por afinidade 123
Em Resumo 125
Preste Atenção 125

CAPÍTULO 7.   FILIAÇÃO 127
7.1   Conceito 127
7.2   Classificação da filiação antes da Constituição de 1988 128
7.3   Presunção de paternidade 129
7.4   Ação investigatória de paternidade 132
7.5   Ação negatória de paternidade 134

FAMÍLIA & SUCESSÕES

7.6 Reconhecimento voluntário	134
Em Resumo	135
Preste Atenção	137

CAPÍTULO 8. ADOÇÃO	139
8.1 Conceito	139
8.2 Adoção na vigência do Código Civil de 1916	139
8.3 Adoção na atualidade	140
8.4 Adoção e filiação socioafetiva	142
Em Resumo	145
Preste Atenção	146

CAPÍTULO 9. PODER FAMILIAR	147
9.1 Conceito e características	147
9.2 Usufruto e administração dos bens dos filhos menores	148
9.3 Extinção, suspensão e perda do poder familiar	149
Em Resumo	152
Preste Atenção	153

CAPÍTULO 10. ALIMENTOS	155
10.1 Conceito e características	155
10.2 Pressupostos da obrigação de alimentos	157
10.3 Classificação dos alimentos	158
10.4 Modos de satisfação da obrigação alimentar e execução do devedor de alimentos	159
10.5 Extinção da obrigação de alimentos	161
Em Resumo	161
Preste Atenção	163

CAPÍTULO 11. BEM DE FAMÍLIA	165
11.1 Considerações preliminares	165
11.2 Duração da isenção	166
11.3 Espécies	166
Em Resumo	167
Preste Atenção	167

SUMÁRIO

CAPÍTULO 12.   TUTELA, CURATELA E TOMADA
DE DECISÃO APOIADA   169
12.1 Tutela   169
    12.1.1   Espécies de tutela   170
    12.1.2   Escusa da tutela   170
    12.1.3   Garantia da tutela   171
    12.1.4   Atos que o tutor não tem legitimidade para praticar   172
    12.1.5   Remuneração do tutor   172
    12.1.6   Prestação de contas e cessação da tutela   172
12.2 Curatela   173
    12.2.1   Pessoas sujeitas à curatela   173
    12.2.2   Interdição e os limites da curatela   174
    12.2.3   Exercício da curatela   175
    12.2.4   Curatela especial: nascituro   175
12.3 Tomada de Decisão Apoiada   176
Em Resumo   177
Preste Atenção   179

PARTE II
DIREITO DAS SUCESSÕES

CAPÍTULO 1.   CONSIDERAÇÕES INICIAIS   183
1.1 Introdução   183
1.2 Disposição da matéria no Código Civil   183
1.3 Terminologia   185
1.4 Abertura da sucessão   186
1.5 Princípio da *saisine*   187
1.6 Morte simultânea ou comoriência   188
1.7 Lugar da abertura da sucessão   188
Em Resumo   189
Preste Atenção   190

CAPÍTULO 2.   INDIVISIBILIDADE DA HERANÇA
E CESSÃO DE DIREITOS HEREDITÁRIOS   191
2.1 Indivisibilidade da herança   191
2.2 Cessão de direitos hereditários191
Em Resumo   192
Preste Atenção   192

FAMÍLIA & SUCESSÕES

CAPÍTULO 3. ACEITAÇÃO E RENÚNCIA DA HERANÇA   193
3.1 Aceitação   193
3.2 Renúncia   194
3.3 Restrições à liberdade de renunciar   195
3.4 Efeitos da renúncia   195
Em Resumo   196
Preste Atenção   196

CAPÍTULO 4. HERANÇA JACENTE E HERANÇA VACANTE   197
4.1 Herança jacente   197
4.2 Herança vacante   198
4.3 Efeitos da sentença   198
Em Resumo   199
Preste Atenção   199

CAPÍTULO 5. INDIGNIDADE E DESERDAÇÃO   201
5.1 Indignidade   201
5.2 Perdão do indigno   202
5.3 Efeitos da exclusão   203
5.4 Deserdação   203
5.5 Hipóteses de deserdação e seus efeitos   204
5.6 Distinção entre indignidade e deserdação   204
Em Resumo   205
Preste Atenção   206

CAPÍTULO 6. HERDEIRO APARENTE E PETIÇÃO DE HERANÇA 207
6.1 Herdeiro aparente   207
6.2 Petição de herança   208
Em Resumo   208
Preste Atenção   208

CAPÍTULO 7. SUCESSÃO LEGÍTIMA   209
7.1 Considerações iniciais   209
7.2 Ordem de vocação hereditária   209
    7.2.1 Sucessão dos descendentes se não houver cônjuge   210
    7.2.2 Sucessão dos ascendentes se não houver cônjuge   21
    7.2.3 Sucessão do cônjuge   213
    7.2.4 Sucessão do cônjuge concorrendo com descendentes   214

SUMÁRIO

7.2.5	Sucessão do cônjuge com ascendentes	217
7.2.6	Sucessão do(a) companheiro(a)	217
7.2.7	Sucessão dos colaterais	220
7.2.8	Sucessão do poder público	222
7.2.9	Exceção à ordem de vocação hereditária	222
Em Resumo		223
Preste Atenção		225

CAPÍTULO 8.   DIREITO DE REPRESENTAÇÃO — 227

8.1	Hipótese e particularidades	227
Em Resumo		228
Preste Atenção		228

CAPÍTULO 9.   SUCESSÃO TESTAMENTÁRIA — 229

9.1	Aspectos gerais	229
9.2	Testamento	229
9.3	Capacidade para testar	230
9.4	Capacidade para adquirir por testamento	231
9.5	Pessoas que não têm legitimação para suceder por testamento	232
9.6	Testemunhas testamentárias	233
Em Resumo		234
Preste Atenção		236

CAPÍTULO 10.   INTERPOSIÇÃO DE PESSOAS, SIMULAÇÃO DE CONTRATO ONEROSO E CAPTAÇÃO DA VONTADE — 237

10.1	Interposição de pessoas e simulação de contrato oneroso	237
10.2	Captação da vontade	238
Em Resumo		238
Preste Atenção		239

CAPÍTULO 11.   HERDEIROS NECESSÁRIOS E CÁLCULO DA LEGÍTIMA E DA QUOTA DISPONÍVEL — 241

11.1	Herdeiros necessários	241
11.2	Cálculo da legítima e da quota disponível	241
11.3	Afastamento da sucessão de herdeiros legítimos não necessários	243
11.4	Outras características da legítima	243
Em Resumo		244
Preste Atenção		244

FAMÍLIA & SUCESSÕES

CAPÍTULO 12.   FORMAS DE TESTAMENTO 245
12.1 Classificação 245
12.2 Testamento realizado para benefício próprio ou de terceiro 246
12.3 Nulidade dos testamentos 246
12.4 Testamentos comuns ou ordinários 246
    12.4.1 Testamento público 246
    12.4.2 Testamento cerrado 248
        12.4.2.1 Cumprimento do testamento cerrado 249
    12.4.3 Testamento particular 250
        12.4.3.1 Cumprimento do testamento particular 251
        12.4.3.2 Testamento particular excepcional 251
12.5 Codicilo 251
12.6 Testamentos especiais 252
    12.6.1 Testamentos marítimo e aeronáutico 252
        12.6.1.1 Formas 253
        12.6.1.2 Caducidade 253
    12.6.2 Testamento militar 253
        12.6.2.1 Caducidade 254
Em Resumo 254
Preste Atenção 256

CAPÍTULO 13.   DISPOSIÇÕES TESTAMENTÁRIAS 259
13.1 Regras gerais 259
13.2 Regras interpretativas 260
13.3 Regras proibitivas 261
13.4 Regra permissiva 262
13.5 Cláusula de inalienabilidade 263
    13.5.1 Espécies 264
Em Resumo 264
Preste Atenção 266

CAPÍTULO 14.   LEGADOS 267
14.1 Definição 267
14.2 Legado de coisa alheia 267
14.3 Tipos de legado 268
14.4 Efeitos do legado e seu pagamento 270
14.5 Entrega do legado e das despesas 271
14.6 Caducidade do legado 271

Em Resumo	273
Preste Atenção	274

CAPÍTULO 15. DIREITO DE ACRESCER — 277

15.1 Considerações iniciais	277
15.2 Direito de acrescer entre os herdeiros	277
15.3 Direito de acrescer entre os legatários	278
15.4 Casos em que não ocorrerá o direito de acrescer	278
15.5 Acréscimo no legado de usufruto	278
Em Resumo	279
Preste Atenção	279

CAPÍTULO 16. SUBSTITUIÇÕES — 281

16.1 Definição	281
16.2 Substituição vulgar ou ordinária	281
16.3 Substituição recíproca	282
16.4 Substituição fideicomissária	283
16.4.1 Origem do fideicomisso	284
16.4.2 Extinção do fideicomisso	285
16.4.3 Nulidade do fideicomisso	286
16.5 Substituição especial: substituição compendiosa	286
Em Resumo	286
Preste Atenção	287

CAPÍTULO 17. REDUÇÃO DAS DISPOSIÇÕES TESTAMENTÁRIAS — 289

17.1 Particularidades	289
Em Resumo	291
Preste Atenção	291

CAPÍTULO 18. REVOGAÇÃO E ROMPIMENTO DO TESTAMENTO — 293

18.1 Revogação do testamento	293
18.2 Formas de revogação	293
18.3 Rompimento do testamento	294
Em Resumo	295
Preste Atenção	296

CAPÍTULO 19. TESTAMENTEIRO — 297

19.1 Definição	297

FAMÍLIA & SUCESSÕES

19.2 Espécies e deveres	297
19.3 Remuneração	298
Em Resumo	299
Preste Atenção	300

CAPÍTULO 20. INVENTÁRIO — 301

20.1 Considerações Gerais	301
20.2 Inventário e partilha por escritura pública	301
20.3 Legitimidade para requerer a abertura do inventário	302
20.4 Escolha do inventariante e demais procedimentos	302
20.5 Inventário negativo	304
20.6 Arrolamento	305
Em Resumo	306
Preste Atenção	307

CAPÍTULO 21. PARTILHA — 309

21.1 Definição	309
21.2 Partilha amigável	309
21.3 Partilha por ato *inter vivos* ou de última vontade	309
21.4 Partilha de bens insuscetíveis de divisão	310
21.5 Partilha dos frutos	310
21.6 Sobrepartilha	310
21.7 Garantia dos quinhões	310
21.8 Validade da partilha	311
Em Resumo	312
Preste Atenção	313

CAPÍTULO 22. COLAÇÃO E SONEGADOS — 315

22.1 Colação	315
22.1.1 Valor de colação	316
22.2 Sonegados	316
22.2.1 Pena a ser imposta	317
22.2.2 Momento em que se caracteriza a sonegação e ação de sonegados	317
Em Resumo	318
Preste Atenção	319

SUMÁRIO

CAPÍTULO 23.   PAGAMENTO DAS DÍVIDAS   321
23.1 Considerações gerais   321
23.2 Separação dos patrimônios   321
23.3 Herdeiro devedor do espólio   322
23.4 Despesas funerárias e de sufrágios   322
Em Resumo   323
Preste Atenção   323

REFERÊNCIAS   325

Parte I
Direito de Família

Capítulo 1
Direito de Família

1.1 Conceito de Família e abrangência do Direito de Família

Conceituar família não é questão das mais simples. Não temos, em qualquer diploma legislativo, definição do que deve ser entendido como família.

Em termos histórico-legislativos percebemos que a ideia de família sempre esteve ligada à ideia de casamento civil.

A Constituição Federal de 1988, porém, em seu artigo 226, §§ 3º e 4º, em termos de tutela constitucional, inovou ao ampliar a abrangência do termo família que, atualmente, pode ser entendido como o conjunto de pessoas unidas pelo casamento; o conjunto de pessoas unidas em torno de uma união estável e o núcleo familiar formado por um só dos pais com sua prole, chamado de família monoparental.

Em relação à ampliação constitucional, Rui Geraldo Camargo Viana observa que "a disciplina legal da família, no estágio atual da civilização, vem procurando enfocar o casal, noção que está, gradativamente, sobrepondo-se à de cônjuges, para abarcar todas as entidades familiares" (*Temas atuais de Direito Civil na Constituição Federal*. São Paulo: Revista dos Tribunais, 2000, p. 18).

Assevera ainda o autor que "avulta, no plano constitucional, compromisso do Estado brasileiro com a especial proteção da família, base da sociedade, nela incluindo o conceito de entidade familiar decorrente da união estável entre o homem e a mulher, ou, da comunidade entre qualquer dos pais e seus descendentes, conforme dispõe o artigo 226, §§ 3º e 4º, da Constituição Federal" (*Idem*).

Cumpre esclarecer que o instituto da União Estável, desde maio de 2011, compreende também as uniões formadas por pessoas do mesmo sexo, chamadas de uniões homoafetivas. Apresentaremos o histórico dessa inclusão em capítulo específico sobre Uniões Estáveis, mas, por ora, apenas fazemos o registro da nova intepretação.

Ao longo dos tempos, o conceito doutrinário dado à expressão *família* foi se alterando e, por consequência, a abrangência do Direito de Família também.

Clóvis Beviláqua conceituava Direito de Família como

> o complexo de normas, que regulam a celebração do casamento, sua validade e os efeitos que dele resultam, as relações pessoais e econômicas da sociedade conjugal, a dissolução desta, as relações entre pais e filhos, o vínculo do parentesco e os institutos complementares da tutela e curatela (BEVILACQUA, Clóvis. *Código Civil dos Estados Unidos do Brasil*. 11ª ed., vol. II. Rio de Janeiro: Livraria Francisco Alves, 1956, p. 6).

Podemos observar, apenas a título exemplificativo, que não há qualquer menção, no conceito dado pelo autor, ao instituto da União Estável e até mesmo ao Divórcio, pois a possibilidade de extinção do vínculo matrimonial – que não se confunde com dissolução da sociedade conjugal – só foi permitida em 1977, pela Emenda Constitucional n. 9 e, no que diz respeito à União Estável, seu reconhecimento como entidade familiar só aconteceu em outubro de 1988.

Dessa forma, hodiernamente, entendemos que o Direito de Família compreende normas que regulam o casamento, desde sua celebração até a sua dissolução, a união estável – em todas as suas variáveis –, as relações familiares – do noivado às consequências resultantes do fim do relacionamento familiar entre cônjuges ou companheiros; e os efeitos desses institutos sobre as pessoas e sobre os bens.

Pela declaração constitucional de que a "Família, base da sociedade, tem especial proteção do Estado" (art. 226, *caput*), verificamos a importância que o Direito de Família tem para o Estado. É fato que ao conseguirmos organizar bem a família, consequentemente, teremos uma sociedade mais bem organizada. Daí, em regra, as normas de Direito de Família serem consideradas de ordem pública, isto é, dentre outras características, inderrogáveis por convenção entre as partes.

Clóvis Beviláqua fazia, décadas antes do texto constitucional atual, o alerta: "Altos interesses da moral e do bem estar social imprimem a este complexo de normas um caráter particular, e exigem, do direito, especial cuidado no estabelecê-las" (*idem*).

Resta claro que a proteção do Estado traduz a necessidade de tutelarmos a família de forma a possibilitar que as primeiras relações sociais que um ser humano desenvolve sejam pautadas pela harmonia e respeito o que viabiliza um desenvolvimento físico e emocional saudável.

1.2 Família e Constituição Federal de 1988

Se pudermos elencar um marco para a evolução do tratamento dado à família, esse marco é a Constituição Federal de 1988.

O texto constitucional, além de ampliar o conceito de família ou entidade familiar, trouxe três grandes alterações que tiveram reflexo direto e imediato na vida familiar.

Afora essas importantes alterações sobre as quais teceremos comentários específicos, o reconhecimento da família monoparental como uma das entidades familiares merece destaque por ter trazido dignidade a inúmeras famílias que, até então, ficavam à margem de proteção legal clara e bem delineada.

Aliás, essa abertura constitucional para o reconhecimento de novos núcleos faz com que hoje se possa, com tranquilidade, eleger o afeto como fato gerador primeiro da união de pessoas em torno de um núcleo familiar, conhecida modernamente como *família eudemonista*.

Adriana Maluf e Carlos Alberto Dabus Maluf (*Curso de direito de família*. São Paulo: Saraiva, 2013, p. 41), acerca da família eudemonista, asseveram que "pode ser entendida como a família cuja formação decorre do afeto, ou seja, cuja viabilidade produz felicidade em seus componentes, bem supremo da existência humana".

Em razão dessas inovações e do alcance que atingiram podemos afirmar que muitas das modificações do Código Civil de 2002 não foram realmente *alterações*, mas *adaptações* do legislador infraconstitucional ao texto da Carta Magna.

FAMÍLIA & SUCESSÕES

As principais inovações trazidas pelo texto constitucional de 1988 foram a igualdade entre os cônjuges, a igualdade entre os filhos e o reconhecimento da união estável como entidade familiar. Vejamos.

1.2.1 Igualdade entre os cônjuges

Conforme expressa o art. 226, § 5º da CF, os direitos e deveres referentes à sociedade conjugal são exercidos igualmente pelo homem e pela mulher.

No antigo Código Civil, o homem era o chefe da sociedade conjugal, por isso era compreensível a nomenclatura "pátrio poder" para denominar o poder do pai sobre os filhos menores ou incapazes.

O artigo 1.511 do Código Civil atual prevê, em consonância com o texto constitucional, que: *O casamento estabelece comunhão plena de vida, com base na igualdade de direitos e deveres dos cônjuges.*

Em razão da modificação constitucional, dois capítulos do antigo Código Civil de 1916 – *Direitos e deveres do marido* e *Direitos e deveres da mulher* – foram fundidos no Código Civil de 2002, com artigos renovados para expressar a igualdade de direitos e obrigações preconizada pela Constituição de 1988. Essa alteração pode ser sentida em várias passagens do diploma civil atual, a exemplo do Poder Familiar, nova nomenclatura dada ao Pátrio Poder de outrora.

Nossa atenção, contudo, deve estar voltada para situações ainda remanescentes resultantes da extinta desigualdade, como, por exemplo, a reserva de bens feita à esposa como garantia do art. 246 do *Estatuto da Mulher Casada* – Lei n. 4.121, de 27 de agosto de 1962.

Por esse Estatuto, a mulher que exercesse profissão lucrativa distinta de seu marido e adquirisse bens com os frutos de seu trabalho, teria o direito de ter esses bens como reservados e excluídos da comunhão, a não ser que houvesse estipulação em contrário prevista em pacto antenupcial. Caso esses bens tenham sido reservados antes da entrada em vigor da Constituição Federal, estaremos diante de um ato jurídico perfeito que deve ser observado.

Reforçamos que a reserva após outubro de 1988 seria inconstitucional, em razão da igualdade estabelecida entre os cônjuges.

1.2.2 Igualdade entre os filhos

A segunda grande alteração que alterou profundamente a interpretação do Direito de Família se deu com relação aos filhos. Segundo o art. 227, § 6º, da Constituição Federal, *"os filhos, havidos ou não da relação do casamento, ou por adoção, terão os mesmos direitos e qualificações, proibidas quaisquer designações discriminatórias relativas à filiação"*.

O Código Civil de 2002 repetiu exatamente essa previsão em seu artigo 1.596, atentando, dessa forma, para a igualdade constitucional estabelecida entre os filhos: *"Os filhos, havidos ou não da relação do casamento, ou por adoção, terão os mesmos direitos e qualificações, proibidas quaisquer designações discriminatórias relativas à filiação"*.

A proibição da discriminação, não é exagero dizer, revolucionou o Direito de Família e o Direito das Sucessões. Não mais se podia fazer menção ao filho ilegítimo, conhecido popularmente por "bastardo", tampouco aos legitimados. Não se podia mais permitir a discriminação dos adotivos, nem mais conviver com as restrições da adoção, por exemplo, quanto à limitação de parentesco apenas entre adotante e adotado.

O filho adotivo, a partir da Constituição Federal de 1988, é considerado como "se filho de sangue fosse", fazendo *jus* aos mesmos direitos e obrigações para com a família.

1.2.3 Reconhecimento da União Estável como entidade familiar

"Para efeito da proteção do Estado, é reconhecida a união estável entre o homem e a mulher como entidade familiar, devendo a lei facilitar sua conversão em casamento" (art. 226, § 3º, CF). Assim proclama a Constituição Federal.

Essa abertura do texto constitucional possibilitou o reconhecimento de vários direitos àqueles que viviam e vivem até hoje em união estável, dentre eles o direito a alimentos, os direitos sucessórios e o direito à meação dos bens.

O reconhecimento, a nosso ver, foi o remédio encontrado pelo legislador para tutelar milhares de relações de casais que estavam unidos apenas de fato, sem o cumprimento de qualquer formalidade relativa ao matrimônio civil.

Muitos desses casais, cumpre-nos observar, tinham feito opção pelo casamento religioso, por acreditarem que essa sim seria a cerimônia

FAMÍLIA & SUCESSÕES

mais importante, herança histórico-cultural de tempos em que a celebração religiosa bastava para se conferir a tutela jurídica do matrimônio
a um casal.

Como o tema da União Estável exige um estudo minucioso de sua
abrangência e efeitos, retomaremos seu estudo no Capítulo 4.

1.3 Estado de Família

O Estado de Família traduz a posição que a pessoa ocupa no seio familiar.
É um dos atributos das pessoas naturais que, ao lado do nome e domicílio,
individualiza a pessoa natural.

Segundo esclarece Paulo Nader, o "Estado civil é o gênero de que são
espécies: o estado de família, o estado político ou de cidadania e o estado
individual" (Curso de Direito Civil. v.5: direito de família. Rio de Janeiro:
Forense, 2010, p. 32).

O Estado de Família ou Estado Familiar pode ser analisado levando-
-se em conta o vínculo conjugal ou a relação de parentesco.

Com relação ao vínculo conjugal, temos os possíveis estados: solteiro,
casado, separado, divorciado e viúvo. Já quanto à relação de parentesco,
podemos citar o parentesco consanguíneo – também chamado de natural –, o parentesco civil – fixado por lei, ou o parentesco por afinidade
– situação em que cada cônjuge ou companheiro é aliado aos parentes
do outro em razão do casamento ou união estável, conforme determina
o artigo 1.595 do CC.

Por definição legal, é bom salientar que o parentesco será civil quando
não for consanguíneo, ou seja, decorrer de outra origem (art. 1.593).

Pois bem, sempre se aliou a ideia de parentesco civil à adoção, mas
hoje cumpre destacar que temos outras possibilidades de filiação, como
a que decorre do emprego das técnicas de reprodução assistida ou do
reconhecimento da socioafetividade – temas que serão analisados nos
capítulos 7 e 8 desta obra.

Retomando a análise do Estado de Família, destacamos que Silvio
Venosa apresenta algumas de suas características, a saber: Intransmissibilidade, pois não pode ser transferido por ato jurídico entre vivos ou
em razão da morte; irrenunciabilidade, dependendo exclusivamente da
posição familiar que se ocupa; imprescritibilidade, pois não se perde por
prescrição extintiva; universalidade, compreendendo todas as relações
jurídicas; indivisibilidade, sendo o mesmo estado tanto com relação à

família quanto com relação à sociedade; correlatividade, ou seja, é recíproco; e, por fim, oponibilidade, pois se opõe à família e também à sociedade (Direito civil: direito de família. v.6, 7ª ed. São Paulo: Atlas, 2007, p. 18).

Importante é lembrar que o Estado de Família é de suma importância para identificarmos os impedimentos matrimoniais – previstos no artigo 1.521, aplicarmos as causas suspensivas – relacionadas no artigo 1.523, bem como para tomarmos as devidas precauções com relação aos atos que envolvem o patrimônio, a exemplo dos previstos no artigo 1.647.

EM RESUMO

Direito de Família

Conceito de Direito de Família
Ramo do Direito Civil que compreende normas que regulam o casamento, desde sua celebração até a sua dissolução; a união estável – em todas as suas variáveis –; as relações familiares – do noivado às consequências resultantes do fim do relacionamento familiar entre cônjuges ou companheiros; e os efeitos desses institutos sobre as pessoas e sobre os bens.

Conceito de família
Os parágrafos 3º e 4º do artigo 226 da Constituição Federal trazem a definição: além do casamento, união estável ou qualquer pai com o filho (família monoparental). Atente-se para a abrangência dada pela interpretação do STF quanto às uniões homoafetivas (Capítulo 4).

Alterações trazidas pela Constituição Federal de 1988
Reconhecimento da união estável como entidade familiar; igualdade entre os cônjuges; igualdade entre os filhos.

Estado de família
Posição da pessoa na entidade familiar.
Dividido em:
• vínculo conjugal (casado, solteiro, viúvo, etc.);

- vínculo de parentesco (reta, colateral e afinidade, além do parentesco civil, a exemplo da adoção).

Características: Intransmissibilidade, irrenunciabilidade, imprescritibilidade, universalidade, indivisibilidade, correlatividade e oponibilidade.

PRESTE ATENÇÃO

1. Diante de qualquer questão que envolva as relações de Direito de Família, raciocine sempre com base nos princípios constitucionais da igualdade dos filhos, entre os cônjuges e do *status* de entidade familiar da união estável.
2. Todas as soluções às questões apresentadas devem estar de acordo com a Constituição Federal de 1988, que é a Lei Maior; dessa forma, evitam-se erros de interpretação.
3. O estado de família é importante para verificação da capacidade e de vícios do casamento.

Capítulo 2
Casamento

2.1 Esponsais

Antes de abordarmos o casamento, primeiro instituto a ser estudado, cabe fazermos uma análise da promessa de casamento, conhecida como esponsais.

Podemos entender por esponsais o compromisso assumido por alguém de contrair núpcias com outrem. É o que conhecemos por noivado, ou seja, uma promessa recíproca de casamento.

Venosa ensina que "o termo provém de sponsalia, do direito romano, relativo à promessa que o *sponsor* (promitente, esposo) fazia à *sponsa* (esposa, prometida)" (*Direito civil: direito de família*. São Paulo: Atlas, 2007, v.6, p. 31).

Se a promessa de casamento não é cumprida, pode gerar – desde que preenchidos os requisitos necessários à configuração da responsabilidade – o dever de indenizar.

Isso se deve ao fato de que diante dessa hipótese é impossível a execução específica da promessa, ou seja, é impossível obrigar alguém a declarar sua vontade de contrair núpcias, pois o consentimento livre é requisito essencial do casamento.

Não há qualquer menção ao noivado no Código Civil de 2002. O Código Civil de 1916 somente se referia a ele para estabelecer que a mulher, agravada em sua honra em razão da promessa de casamento, poderia pedir uma indenização ao seu ofensor. *In verbis* o artigo 1.548:

> *A mulher agravada em sua honra tem o direito a exigir do ofensor, se este não puder ou não quiser reparar o mal pelo casamento, um dote correspondente à condição e estado da ofendida:*
> *I – Se, virgem e menor, for deflorada.*
> *II – Se mulher honesta, for violentada ou aterrada por ameaças;*
> *III – Se for seduzida com promessas de casamento*
> *IV – Se for raptada.*

Como se pode notar, o artigo supracitado tinha como objetivo a reparação de ato ofensivo à honra da mulher e não a reparação pela frustação da promessa do casamento, pois, como a própria redação expressa, existia a possibilidade de *reparar o mal pelo casamento*.

A hipótese prevista pelo Código Civil de 1916 não foi repetida no Código Civil de 2002 e, atualmente, parece bastante remota. Contudo, com relação à quebra da promessa de casamento, embora falte tutela legal específica no atual Código, o pedido de indenização é possível com base nos preceitos da responsabilidade civil subjetiva.

Para tanto, os requisitos de qualquer sistema de responsabilização devem estar presentes, tal como a ação ou omissão, o resultado danoso, o nexo de causalidade e, tratando-se de responsabilidade civil subjetiva, a culpa.

O pedido de reparação por quebra de promessa de casamento só será possível se houver prova do compromisso firmado, isto é, do próprio noivado; prova dos danos ocorridos em razão do descumprimento da promessa de casar, sejam eles, materiais ou morais, o nexo, ligando a ação ao dano e, sobretudo, a culpa do noivo que deu causa ao rompimento.

Esclareça-se que nem sempre o noivo que rompe o compromisso é aquele que tem o dever de indenizar, pois, por vezes, ele é o inocente que agiu, por exemplo, em razão de uma traição.

A reparação do dano pode ser pedida ao culpado pelo noivo inocente ou por qualquer pessoa que tenha assumido obrigações em razão do casamento.

Vislumbramos, até mesmo, em alguns casos a possibilidade de se pedir indenização com base na Teoria da Perda da Chance (*perte d'une chance*), de origem francesa. Essa hipótese pode ocorrer, por exemplo, se alguém deixar de aceitar uma promoção que implique em transferência para outro país, em razão de casamento futuro que não se realiza por infidelidade do *sponsor* ou *sponsa*.

Sem dúvida são mais comuns os pedidos de indenização pelos danos materiais como gastos com a festa, viagem de lua de mel, trajes para o casamento..., além de reparação pelo sofrimento causado que resta mais evidente à medida que o rompimento ocorre em momento mais próximo à data do casamento.

2.2 Conceito de casamento

Embora existam várias definições de casamento, muitas delas geradoras de críticas pela doutrina especializada em razão de sua limitação ou imprecisão, optamos por transcrever a definição dada por Silvio Rodrigues, por englobar o que realmente, a nosso ver, pode se esperar de um matrimônio (*Direito civil: v.6*, 27 ed., São Paulo: Saraiva, 2002, p. 19):

> Casamento é o contrato de Direito de Família que tem por fim promover a união do homem e da mulher, de conformidade com a lei, a fim de regularem suas relações sexuais, cuidarem da prole comum e se prestarem mútua assistência.

O mérito da definição do autor, a nosso ver, está no equilíbrio. Silvio Rodrigues reconhece o caráter contratual do casamento, mas lhe atribui a característica da especialidade, colocando-o como pertencente ao Direito de Família.

O autor também reconhece que há regras estabelecidas em lei que tutelam o ato matrimonial, o que adiciona ao casamento o aspecto institucional.

Aproveita Silvio Rodrigues para expressar quais são os fins do casamento, ou seja, quais são as razões que levam duas pessoas a se casarem. A primeira, o desejo de regularem suas relações sexuais, fim intimamente ligado ao caráter monogâmico do casamento.

Aqui temos que registrar que, em algumas passagens recentes e ainda consideradas extraordinárias, esse aspecto foi relativizado para outro núcleo familiar, quando se permitiu escritura pública de união estável de três pessoas que declararam publicamente viver uma união poliafetiva.

A questão é polêmica, pois ataca um dos pilares mais antigos da base matrimonial que é a monogamia e, por consequência, o dever de fidelidade, previsto no Código Civil no artigo 1.566, I.

FAMÍLIA & SUCESSÕES

Embora não tenhamos tido notícia de casamento envolvendo mais de duas pessoas, para a união estável, reconhecida como entidade familiar, o fato, como dissemos, já ocorreu. A questão é, sobretudo, a de perceber que as consequências não param apenas nas relações pessoais entre os três ou mais envolvidos, mas atingem os eventuais filhos e refletem em questões patrimoniais.

Observe-se que, em 23 de junho de 2018, contudo, o plenário do Conselho Nacional de Justiça – CNJ – decidiu que os cartórios brasileiros não poderiam registrar uniões poliafetivas, formadas por três ou mais pessoas, em escrituras públicas. Esta decisão não trata da existência ou não destas uniões, tampouco de eventuais atribuições ou não de direitos aos envolvidos, mas apenas e tão somente normatizar os atos dos cartórios que devem estar em consonância com o sistema jurídico (Conforme notícia disponível em https://www.cnj.jus.br/cartorios-sao-proibidos-de-fazer-escrituras-publicas-de-relacoes-poliafetivas/. Acesso em 9 de dezembro de 2019).

Ou seja, ainda nos parece muito precipitado pensar que as uniões poliamorosas se tornarão relacionamentos comuns na sociedade e igualmente precipitado imaginar que está definitivamente afastada a hipótese de reconhecimento destas uniões como núcleos familiares em razão do posicionamento do CNJ acima expressado. Longe disso. Contudo, por ser questão desafiadora e que aparecerá em discussões complexas em nossos tribunais não poderíamos deixar de mencionar o tema para incitar o leitor à reflexão.

No que toca aos outros fins do casamento elencados na definição de Silvio Rodrigues – acima citada – cuidar da prole e prestar mútua assistência – há perfeita consonância com os deveres matrimoniais expressos no artigo 1.566 do CC, quais sejam: o dever de guarda, sustento e educação dos filhos e o dever de mútua assistência.

Da mesma forma que observamos quando refletimos sobre a definição de Direito de Família trazida por Clóvis Bevilácqua no item 1.1, aqui também temos de ressaltar que há algumas considerações a fazer.

Com relação às expressões "homem e mulher", trazidas no conceito do autor, cumpre-nos ressaltar que em razão do posicionamento do STF quanto à possibilidade de união estável entre pessoas do mesmo sexo, firmado em maio de 2011, algumas Corregedorias Gerais de Justiça editaram provimento a fim de aplicar ao casamento ou aos pedidos de conversão de união estável em casamento de pessoas do mesmo sexo, as mesmas normas previstas para casais heterossexuais (Vide PG. n. 41/2012 da Procuradoria Geral de Justiça de São Paulo).

O STJ, por seu turno, também se manifestou por não haver óbice legal à celebração do casamento entre pessoas do mesmo sexo (Vide REsp. 1.183.378/RS).

Portanto, na definição dada por Silvio Rodrigues sugerimos substituir as expressões *homem e mulher* por *pessoas*, a fim de não desrespeitarmos o princípio da isonomia garantido constitucionalmente.

Retomaremos o tema das uniões homoafetivas no capítulo 4, quando estudarmos as uniões estáveis.

2.3 Criação do casamento civil

O casamento civil foi criado pelo Decreto 181, de 24 de janeiro de 1890, logo após o advento da República, momento em que houve, tecnicamente, a separação entre a Igreja e o Estado. Dizemos tecnicamente porque se partirmos da premissa que o Estado é uma projeção das pessoas que o compõem, sempre poderemos encontrar convicções morais, religiosas, éticas, de uma ou outra maneira, expressadas em diplomas legislativos ou decisões que envolvem políticas públicas, sendo utópica a total separação (SCALQUETTE, Rodrigo Arnoni. *História do Direito: perspectivas histórico-constitucionais da relação Estado e Religião*. São Paulo: Atlas, 2013, pp. 207-212).

Antes do referido decreto, existia apenas o casamento religioso, dividido em *ato nupcial católico* – quando celebrado entre pessoas da religião católica; *ato nupcial misto*, quando celebrado entre pessoas de religiões diferentes, sendo uma católica e outra não; e *ato nupcial acatólico*, se celebrado entre pessoas que não eram da religião católica. Reforce-se que os atos nupciais religiosos só passaram a ter três espécies com o Decreto 1.144, de 11 de setembro de 1861.

Esse decreto permitiu que houvesse atos nupciais entre pessoas não católicas, religião adotada oficialmente pela Constituição Imperial de 1824.

Para que se possa compreender o avanço trazido pelo Decreto à época, transcrevemos sua ementa:

> Faz extensivo os effeitos civis dos casamentos, celebrados na fórma das Leis do Imperio, aos das pessoas que professarem religião differente da

FAMÍLIA & SUCESSÕES

do Estado, e determina que sejão regulados o registro e provas destes Casamentos e dos nascimentos e obitos das ditas pessoas, bem como as condições necessarias para que os Pastores de religiões toleradas possão praticar actos que produzão effeitos civis.

Vê-se que o Princípio da Tolerância começava a predominar em termos de casamentos, mas hoje não se pode pensar em *tolerância*, mas sim, em Direito dos Diversos (SCALQUETTE, Rodrigo Arnoni. *História do Direito: perspectivas histórico-constitucionais da relação entre Estado e Religião.* São Paulo: Atlas, 2013, p. 140).

Pode-se perceber, após a entrada em vigor do casamento civil, em 1890, que muitas pessoas, por hábito, ainda continuaram a se casar apenas no religioso, cerimônia que, por séculos, foi a única.

Tal fato fez com que nossos legisladores começassem a se preocupar em tutelar os casamentos religiosos, atribuindo-lhes efeitos civis. A primeira lei com esse intento foi a Lei 379, de 16 de janeiro de 1937. Hoje, o próprio Código Civil prevê essa possibilidade nos artigos 1.515 e 1516, a saber:

> Art. 1.515. O casamento religioso, que atender às exigências da lei para a validade do casamento civil, equipara-se a este, desde que registrado no registro próprio, produzindo efeitos a partir da data de sua celebração.

> Art. 1.516. O registro do casamento religioso submete-se aos mesmos requisitos exigidos para o casamento civil.
> § 1º O registro civil do casamento religioso deverá ser promovido dentro de noventa dias de sua realização, mediante comunicação do celebrante ao ofício competente, ou por iniciativa de qualquer interessado, desde que haja sido homologada previamente a habilitação regulada neste Código. Após o referido prazo, o registro dependerá de nova habilitação.
> § 2º O casamento religioso, celebrado sem as formalidades exigidas neste Código, terá efeitos civis se, a requerimento do casal, for registrado, a qualquer tempo, no registro civil, mediante prévia habilitação perante a autoridade competente e observado o prazo do art. 1.532.
> § 3º Será nulo o registro civil do casamento religioso se, antes dele, qualquer dos consorciados houver contraído com outrem casamento civil.

Ressalte-se que a própria Constituição Federal reconhece que o casamento religioso tem efeito civil nos termos da lei (art. 226, § 2º).

2.4 Capacidade para o casamento

O legislador do Código Civil de 2002 foi mais técnico do que o do anterior quanto à capacidade para o casamento. No Código de 1916, a falta de capacidade vinha com os impedimentos matrimoniais, o que não mais ocorre no Código atual, que em seu artigo 1.517 prevê:

"O homem e a mulher com dezesseis anos podem casar, exigindo-se autorização de ambos os pais, ou de seus representantes legais, enquanto não atingida a maioridade civil."

Dessa forma, observa-se que a capacidade matrimonial não implica a capacidade civil, devendo haver a autorização dos pais e representantes legais para o menor entre 16 e 18 anos.

No Código Civil de 2002, porém, havia exceção à regra da capacidade, pois, excepcionalmente, seria permitido o casamento de quem ainda não tivesse completado a idade mínima, em caso de gravidez.

A lei n. 13.811, de 12 de março de 2019, porém, vedou esta possibilidade, determinando que não será permitido, em qualquer caso, o casamento de quem não completou a idade mínima, prevista no artigo 1.517 supra citado.

A alteração legislativa de 2019 teve como intenção proibir o casamento infantil, porém, cabem aqui algumas ressalvas.

Logo de início ressaltamos que infantil este casamento não seria, pois criança, por definição legal, é aquela que tem até 12 anos incompletos, o que, certamente, já não se permitia, pois se a gravidez ocorresse com pessoa abaixo de quatorze anos já restaria configurado o crime de estupro, não havendo espaço para qualquer discussão sobre casamento.

Todavia, deixando de lado o preciosismo da expressão "casamento infantil", registramos que não nos parece eficaz tentar coibir a violência sexual ou moral contra menores proibindo o casamento, em caráter excepcional, em razão de gravidez. A alteração legislativa, a nosso ver, é a medida mais simples e menos contundente para resolver um problema seríssimo como este.

Somente com uma campanha educacional bastante intensa, acompanhada de políticas públicas bem delineadas para proteger crianças e adolescentes é que conseguiremos algum resultado para mudar este cenário de desrespeito aos menores que é conhecido por todos nós.

FAMÍLIA & SUCESSÕES

Ponto nevrálgico e que também não poderá ser esquecido no combate à exploração sexual de menores é o que envolve o turismo sexual no Brasil. Registramos nosso inconformismo com tal prática que precisa ser eficazmente combatida pelas autoridades brasileiras para que se possa, de fato, proteger nossos vulneráveis. Frisamos, portanto, que a alteração legislativa citada parece ser a medida mais fácil e a menos eficaz nesta missão.

Cumpre-nos ressaltar, ainda para efeito de registro histórico, que o artigo 1.520 do Código Civil ora revogado, previa, também, que, excepcionalmente, poderia ser permitido o casamento de menores de 16 anos para que se evitasse a imposição ou cumprimento de pena criminal. Essa previsão estava em consonância com o artigo 107 do Código Penal, que estabelecia, em seu inciso VII, que nos crimes contra os costumes, definidos nos artigos 213 a 220, se o ofensor se casasse com a ofendida, seria extinta a punibilidade.

Em 28 de março de 2005, porém, por força da Lei 11.106/05, alguns dispositivos do Código Penal foram expressamente revogados, dentre eles os incisos VII e VIII do artigo 107. Diante de tal fato, a parte do artigo 1.520 do Código Civil que previa a possibilidade de menores de 16 anos poderem se casar para evitar a imposição de pena não mais poderia ser aplicada, por não existir essa possibilidade no ordenamento penal.

Em suma, em dois momentos distintos – em 2005 e em 2019 – ambas as exceções à capacidade, previstas pelo artigo 1.520, foram revogadas.

2.5 Casamento inexistente

Antes de iniciarmos a análise do processo de habilitação para o casamento, imprescindível tecermos algumas considerações sobre o casamento inexistente.

Segundo Silvio Rodrigues, inexistente "seria o negócio que não reúne os elementos de fato que sua natureza ou seu objeto supõem e sem os quais é impossível conceber a sua própria existência", e no que se refere ao casamento pode-se afirmar que "nem sequer é nulo, pois não chega a existir" (RODRIGUES, Silvio. *Direito Civil – Direito de Família.* 27ª ed. São Paulo: Saraiva, 2002, pp. 83-4).

A ideia de casamento inexistente surgiu na França, em razão da rigidez do princípio de que só se pode considerar como nulo um casamento se houver expressa disposição legal (*ibidem*, p. 84). Portanto, a doutrina francesa elegeu três elementos essenciais à existência do matrimônio, cuja falta, teria como consequência sua inexistência. São eles: diversidade de sexo, manifestação da vontade e formalidade na celebração. Silvio Rodrigues, embora com posicionamento crítico sobre a ideia da inexistência, traz os seguintes exemplos de casamento inexistente (*idem*):

- o casamento entre pessoas do mesmo sexo;
- o casamento em que não houve celebração;
- o casamento em que os nubentes não manifestaram seu consentimento.

De toda sorte, cumpre lembrar que o casamento de pessoas do mesmo sexo, segundo doutrina original francesa, pode ser entendido como inexistente, mas em nosso país já não há mais essa possibilidade, ficando um desses elementos, portanto, relativizados.

Se o fato alegado depende de provas, será necessário processo judicial para declará-lo inexistente (DINIZ, Maria Helena. *Curso de Direito Civil brasileiro. v.*5. São Paulo: Saraiva, 2007, p. 54).

2.6 Processo de habilitação

Como já ressaltamos, o casamento é um dos institutos mais importantes do Direito de Família, especialmente porque o Estado entende a família como célula-base da sociedade e o meio mais tradicional de se inaugurar um novo núcleo familiar é, sem dúvida, com o casamento.

Em razão dessa importância, há, inevitavelmente, por parte do Estado, um movimento no sentido de controlar o matrimônio, seja no seu início, seja no seu final.

Quando se pensa em controle sobre o casamento, o Estado pode ter duas atitudes (Cf. RODRIGUES, Silvio. *Direito Civil – Direito de Família.* 27ª ed. São Paulo: Saraiva, 2002 pp. 25-6):

- *Atitude preventiva*, a fim de evitar que pessoas impedidas se casem; e
- *Atitude repressiva*, possibilitando a nulidade ou anulação do casamento.

O controle *preventivo* dá-se com o processo de habilitação, cujo requerimento será preenchido por ambos os nubentes ou procurador e instruído com os seguintes documentos:

FAMÍLIA & SUCESSÕES

a. Certidão de nascimento ou documento equivalente

Com a apresentação de certidão de nascimento, torna-se possível verificar, dentre outros fatos, se os nubentes têm a idade mínima para o casamento – ou seja, 16 anos (art. 1.517, CC), se as pessoas já não são casadas e se não há parentesco entre elas;

b. Autorização por escrito das pessoas sob cuja dependência legal estiverem, ou ato judicial que a supra

Essa autorização é necessária caso o matrimônio seja de menores entre 16 e 18 anos. Caso os pais divirjam ou não consintam, o juiz decidirá (art. 1.631, parágrafo único, CC).

É bom ressaltar que se os pais consentirem, poderão revogar a autorização até a celebração do casamento (art. 1.518, CC);

c. Declaração de duas testemunhas maiores, parentes ou não, que afirmem conhecê-los e afirmem não existir impedimento que os iniba de casar

A declaração das testemunhas é mais um reforço para garantir que o casamento ocorra entre pessoas desimpedidas.

d. Declaração do estado civil, do domicílio e da residência atual dos nubentes e de seus pais, se forem conhecidos

A apresentação do comprovante do domicílio, além de definir a competência para o casamento, é necessária para a publicação de editais no local certo, ou seja, no local em que as pessoas conhecem os nubentes.

e. Certidão de óbito do cônjuge falecido, da sentença declaratória de nulidade ou de anulação de casamento, transitada em julgado, ou do registro da sentença de divórcio

Essa providência é necessária para evitar o casamento de pessoas casadas. A novidade do Código de 2002, nesse item, dá-se quanto à possibilidade de admitir a declaração de morte presumida, sem decretação da ausência, para instruir o processo de habilitação, nos termos do artigo 7º.

CASAMENTO

A habilitação para o casamento será feita pessoalmente perante o oficial do Registro Civil, com a audiência do Ministério Público, mas havendo impugnação do oficial, do Ministério Público ou de terceiro, a habilitação será submetida ao juiz.

2.6.1 Publicação

Após o recebimento da documentação descrita no item anterior, o oficial, depois da verificação, extrairá o edital a ser publicado pela imprensa local. Esse mesmo edital deverá ser afixado nas circunscrições do Registro Civil de ambos os nubentes durante quinze dias.

Verificada a inexistência de impedimentos, o oficial do Registro Civil extrairá o certificado de habilitação, que terá eficácia de 90 dias, a contar da data em que foi extraído.

Havendo motivo urgente, a autoridade competente poderá dispensar a publicação (art. 1.527, parágrafo único, CC). Mas o que se pode entender como motivo urgente?

Talvez uma enfermidade incurável, por exemplo.

Ressalte-se que caberá ao juiz, ao apreciar o caso concreto, decidir o que deve ser entendido como urgente para que a dispensa possa ocorrer.

Concluímos, destarte, que todo o processo de habilitação tem por fim impedir que pessoas que não estão aptas a contrair o casamento consigam se casar. Passamos, dessa forma, ao exame de cada um dos impedimentos.

2.7 Impedimentos

Impedimentos são barreiras, obstáculos impostos legalmente para obstar a realização do casamento.

Os impedimentos por vezes traduzem uma situação de repulsa social, outras decorrentes do vínculo conjugal ou de parentesco. O fato é que todas as hipóteses são consideradas de alguma gravidade, pois acabam, em regra, eivando de nulidade absoluta o ato nupcial caso ele ocorra.

Com o intuito de fazermos uma comparação histórico-legislativa, destacamos que, no antigo Código Civil, o artigo 183 trazia em seus 16 incisos os impedimentos.

Os oito primeiros eram chamados de impedimentos absolutamente dirimentes (incisos I a VIII). Os quatro seguintes eram os impedimentos

FAMÍLIA & SUCESSÕES

chamados de relativamente dirimentes (incisos IX a XII). Por fim, os últimos quatro eram os impedimentos impedientes, proibitivos ou suspensivos (incisos XIII a XVI).

Os impedimentos absolutamente dirimentes, se infringidos, tinham como consequência a nulidade do casamento.

Os quatro intermediários, se desrespeitados, permitiam a anulação do matrimônio, enquanto que os últimos quatro apenas ensejavam a aplicação de uma pena, um castigo aos infratores. Esse castigo geralmente estava relacionado ao regime matrimonial de bens.

Com o advento do Código Civil de 2002, porém, os impedimentos não mais aparecem em um único artigo, mas sim em dois, a saber, artigos 1.521 e 1.523.

O artigo 1.521 prevê as hipóteses de impedimentos absolutamente dirimentes, enquanto que o artigo 1.523 traz as hipóteses de causas suspensivas, antigos impedimentos proibitivos ou impedientes.

Comparando-se o que vigia no Código Civil de 1916 com o que está vigente hoje por previsão do Código Civil de 2002, pode-se constatar que os impedimentos relativamente dirimentes não estão mais expressos como impedimentos, aparecendo somente no artigo 1.550 como causas de anulação do casamento. Esta omissão legislativa dos impedimentos relativamente dirimentes, de alguma forma, representa um prejuízo para o controle do casamento, pois caso uma destas hipóteses ocorra, os noivos não estão tecnicamente impedidos de contrair núpcias, mas caso as contraiam o casamento poderá ser anulado, ou seja, o controle preventivo não mais existe, vigendo apenas o controle repressivo, por via judicial.

Diante da importância da matéria, analisaremos cada uma das hipóteses dos artigos mencionados, deixando para o momento em que estudarmos o tema da anulação de casamento o estudo do artigo 1.550.

2.7.1 Impedimentos absolutamente dirimentes

Como já afirmamos, a infringência de algum dos dispositivos, elencados no artigo 1.521 tem como consequência um casamento nulo (art. 1.548, *caput* e inc. II, CC).

Passemos às situações previstas em lei. Não podem casar:

I – os ascendentes com os descendentes seja o parentesco natural ou civil;

Pais não podem casar com filhos, avós com netos e assim sucessivamente. Esclarecemos, ainda, que o parentesco civil é o que decorre da adoção.

II – os afins em linha reta;

Parentesco por afinidade é aquele que decorre do casamento e também da união estável. Esse parentesco não se extingue com a dissolução do casamento ou da união, conforme prevê o artigo 1.595, parágrafo segundo. Importante também frisar que o parentesco por afinidade em linha reta é aquele estabelecido entre genro e sogra, nora e sogro, padrasto e enteada, madrasta e enteado, avô de marido com a esposa, avó de esposa com o marido e assim por diante, já que, nessa linha reta, o vínculo se estabelece entre ascendentes e descendentes do cônjuge ou companheiro.

Por fim, ressaltamos que os cunhados não estão abarcados pela proibição, pois são parentes por afinidade, mas em linha colateral.

III – o adotante com quem foi cônjuge do adotado e o adotado com quem o foi do adotante;

Nessa terceira hipótese imaginamos que a situação já poderia ter sido incorporada pela anterior, já que a discriminação entre os filhos foi vedada pela Constituição Federal e o cônjuge do adotante nada mais é do que sogro ou sogra do adotado.

A previsão, porém, se justificaria se pensarmos em uma situação anterior à adoção.

IV – os irmãos, unilaterais ou bilaterais, e demais colaterais, até o terceiro grau inclusive;

Irmãos bilaterais ou germanos são os nascidos do mesmo pai e da mesma mãe. Unilaterais, por seu turno, são aqueles que têm em comum só o mesmo pai (unilaterais consanguíneos) ou só a mesma mãe (unilaterais uterinos).

Colaterais são parentes que descendem de um tronco comum, sem descenderem uns dos outros. Os colaterais de terceiro grau são tios e sobrinhos.

FAMÍLIA & SUCESSÕES

Aqui se instala uma polêmica: há ou não exceção a essa regra? Na vigência do Código de 1916, esse casamento era proibido, mas, com o Decreto-Lei 3.200/41, se os nubentes conseguissem a nomeação de dois médicos, isentos de suspeição, que, após exame, atestassem que o casamento entre os dois não traria prejuízo para ambos nem para eventual prole, estariam liberados para contrair núpcias.

O Código Civil de 2002, por sua vez, trouxe novamente de forma expressa a proibição sem fazer menção à possibilidade dos exames. Daí surgem duas possíveis interpretações:

- Lei geral (Código Civil) não revoga especial (decreto-lei); portanto, os atestados continuam valendo.
- Lei mais nova (Código Civil) revoga a mais antiga (decreto-lei); portanto, não se pode entender que a hipótese dos atestados continua valendo, pois, se a lei quisesse permitir, o teria feito expressamente.

Na prática, é razoável que ainda se aceite os atestados, pois é muito mais justificável seu uso 60 anos após o Decreto, tendo em vista a avanço da medicina genética.

Assim também se posicionam Pablo Stolze Gagliano e Rodolfo Pamplona Filho (Novo curso de direito civil: direito de família – as famílias em perspectiva constitucional. v.6. São Paulo: Saraiva, 2012, p. 231) ao afirmarem que o uso dos atestados "tutela a higidez física e mental da prole eventualmente advinda desse casal, integrado por pessoas que não guardam relação de parentesco tão próxima como a existente entre irmãos".

Recomendamos que, em questões dissertativas, o examinando indique as duas possíveis interpretações.

V – o adotado com o filho do adotante;
O filho adotivo, como anotamos acima, é filho como se de sangue fosse, sendo vedada qualquer espécie de discriminação; portanto, essa previsão poderia ser incorporada pelo inciso IV que veda casamento entre irmãos. Esta previsão é cópia da redação do Código Civil de 1916, diploma que previa distinção entre filhos até a promulgação da Constituição Federal de 1988.

VI – as pessoas casadas;

Na hipótese de pessoas casadas se casarem novamente, além do casamento ser nulo, ficam sujeitas a responder por crime de bigamia (art. 235, CP).

Para que não incorram no impedimento do casamento e possam contrair novamente núpcias, os interessados deverão apresentar:

- certidão de óbito do cônjuge falecido;
- certidão de nulidade ou anulação do casamento anterior;
- registro da sentença de divórcio.

Por força do artigo 1.571, § 1º, do Código Civil, o casamento dissolve-se em caso de presunção de óbito do ausente, podendo o cônjuge do ausente casar-se novamente.

Há que se ressaltar também que o casamento no religioso não inscrito no Registro Civil não constitui impedimento (art. 1.515, CC), tampouco a união estável.

VII – o cônjuge sobrevivente com o condenado por homicídio ou tentativa de homicídio contra o seu consorte.

Destacamos que não há necessidade de cumplicidade entre o condenado e o cônjuge sobrevivente.

Ressaltamos, porém, que tem de haver condenação, pois se houver absolvição ou prescrição com a extinção da punibilidade, não há impedimento.

Esse impedimento só é aplicado no homicídio doloso, pois no culposo não há intenção de matar um para casar com o outro (Cf. DINIZ, Maria Helena. *Curso de Direito Civil Brasileiro*. v.5, São Paulo: Saraiva, 2007, p. 75; RODRIGUES, Silvio. *Direito Civil – Direito de Família*. 27ª ed. São Paulo: Saraiva, 2002, p. 48).

Resumindo, estes sete impedimentos repetem situações anteriormente previstas pelo Código Civil de 1916 e, como observamos, trazem algumas situações que poderiam ter sido agrupadas em outras por força das modificações constitucionais vigentes desde 1988.

Finalizadas as observações sobre os impedimentos matrimoniais, estudaremos as causas suspensivas.

2.7.2 Causas suspensivas

As causas suspensivas estão previstas no artigo 1.523, incisos de I a IV, do Código Civil.

O casamento com inobservância de uma dessas causas suspensivas sujeita os infratores a determinadas penas, em regra, referentes ao regime de bens, mas não eiva de nulidade o casamento nem permite sua anulação.

Observe-se que o próprio *caput* do artigo traduz a menor gravidade das situações ali descritas, pois recomenda que "não devem casar" as seguintes pessoas:

I – o viúvo ou a viúva que tiver filho do cônjuge falecido, enquanto não fizer inventário dos bens do casal e der partilha aos herdeiros;

Essa medida visa a evitar a confusão do patrimônio dos filhos com o da nova sociedade conjugal. A desobediência acarretará as seguintes sanções:

- celebração do segundo casamento sob o regime de separação obrigatória de bens (art. 1.641, I, CC);
- hipoteca legal de seus imóveis em favor dos filhos (art. 1.489, II, CC), ou seja, os filhos passam a ser titulares do direito real sobre os imóveis do pai/mãe.

Se, porém, houver prova da inexistência de prejuízo para os herdeiros, o(a) viúvo(a) poderá casar sem sofrer essas sanções, conforme disposição do artigo 1.523, parágrafo único.

II – a viúva, ou mulher cujo casamento se desfez por ser nulo ou ter sido anulado, até dez meses depois do começo da viuvez, ou da dissolução da sociedade conjugal;

Nesse caso, o que se procura evitar é a "confusão sanguínea", ou seja, que o casamento ocorra estando a mulher grávida do primeiro marido. A inobservância dessa causa suspensiva acarretará a sanção do artigo 1.641, I, isto é, casamento com o regime de separação obrigatória de bens.

Se, contudo, a nubente provar a inexistência da gravidez ou que teve o filho antes da fluência do prazo legal, eles ficarão liberados da pena (art. 1.523, parágrafo único).

III – o divorciado, enquanto não houver sido homologada ou decidida a partilha dos bens do casal;

O que se busca evitar é a confusão dos patrimônios. A sanção, nessa hipótese, também é a aplicação do regime da separação obrigatória de bens, a não ser que seja provado que não houve prejuízo para o outro cônjuge.

IV – o tutor ou o curador e os seus descendentes, ascendentes, irmãos, cunhados ou sobrinhos, com a pessoa tutelada ou curatelada, enquanto não cessar a tutela ou curatela, e não estiverem saldadas as respectivas contas.

Essa restrição visa a impedir a influência em virtude do poder que tem o tutor/curador sobre o tutelado/curatelado, o que eventualmente resultaria em um casamento por interesse. A sanção também é o regime da separação obrigatória de bens, exceto se houver prova da não existência de prejuízo para o tutelado ou curatelado.

2.7.3 Oposição de impedimentos e causas suspensivas

Tanto os impedimentos como as causas suspensivas têm de ser opostos em declaração escrita e assinada entregue com as provas do fato alegado ou, pelo menos, do local onde as provas poderão ser encontradas, respeitadas as seguintes previsões legais:

a. *Impedimentos:* Os impedimentos podem ser opostos por qualquer pessoa maior e capaz (arts. 1.522 e 1.529, CC). Os impedimentos necessariamente têm de ser opostos pelo juiz ou por oficial do Registro Civil. O prazo para oposição dos impedimentos é até a data do casamento. Os nubentes podem fazer prova contrária aos impedimentos, cabendo promover ações cíveis e criminais contra o oponente de má-fé (art. 1.530, parágrafo único, CC).

b. *Causas suspensivas:* Por interessarem apenas aos parentes mais próximos, isto é, estritamente à família, só podem ser opostas por parentes em linha reta de um dos nubentes, consanguíneos ou afins, ou por colaterais em segundo grau, consanguíneos ou afins (cunhados). A arguição das causas suspensivas deverá ocorrer dentro do prazo de 15 dias relativo aos proclamas.

2.8 Celebração do casamento

Para que seja garantida a formalidade da celebração do casamento, é necessária a observância dos seguintes requisitos, a saber:

a) **Portas abertas** – Seja na sede do cartório ou em edifício particular, é preciso que as portas permaneçam abertas para que se garanta a publicidade do ato. Para que o casamento seja celebrado em edifício particular, as partes devem solicitar e o celebrante concordar. Nesse caso, as portas também deverão permanecer abertas durante o ato nupcial.

b) **Presença de pelo menos duas testemunhas** – que podem ou não ser parentes dos nubentes. O número de testemunhas passa a ser quatro na hipótese de o casamento ser celebrado em edifício particular, bem como se algum dos nubentes não souber ou não puder escrever.

Presentes os contraentes, em pessoa ou por procurador especial, juntamente com as testemunhas e o oficial do registro, o presidente do ato, depois de ouvir a afirmação dos nubentes de que pretendem se casar por livre e espontânea vontade, declarará efetuado o casamento nos seguintes termos (art. 1.535, CC):

> *De acordo com a vontade que ambos acabais de afirmar perante mim, de vos receberdes por marido e mulher, eu, em nome da lei, vos declaro casados.*

Aqui outra polêmica doutrinária se instala quanto ao momento da consumação do casamento. Há ou não a necessidade dessa frase ser pronunciada ao final da celebração para que o casamento se dê por consumado?

A melhor interpretação, a nosso ver, é a que dá por consumado o casamento com a manifestação da vontade emitida por ambos os consortes. Isto porque esse é o momento mais importante da celebração, ou seja, aquele em que os interessados afirmam, pública e notoriamente que desejam se unir em matrimônio.

Caio Mario da Silva Pereira (*Instituições de Direito Civil*. v.5. Rio de Janeiro: Forense, 2009, p. 122), nesse sentido, assevera que "já o Romano dizia que *nuptias consensus facit*: o que faz o matrimônio é o consenso". Ouvida a afirmação dos nubentes o juiz os *declara* casados, sendo a palavra do oficiante "declaratória, o que significa que o que constitui as núpcias é o consenso – *nuptias consenso facit* –, uma vez que foram observadas as formalidades e compridas as exigências legais" (*idem*).

Além disso, a fim de demonstrar a coerência do sistema, considera--se, por exemplo, consumado o casamento nuncupativo, no qual há menor formalidade, com a expressão da vontade dos nubentes. Ou seja, se se admite a consumação nesse momento para ato que tem menor rigor formal, por que não na celebração civil se entender da mesma forma se foram atendidas todas as exigências legais?

2.9 Suspensão da celebração do casamento

Segundo a hipótese trazida pelo artigo 1.538 do Código Civil, a celebração será imediatamente suspensa se algum dos contraentes:

- recusar a solene afirmação de sua vontade;
- declarar que sua manifestação não é livre e espontânea;
- manifestar-se arrependido.

Caso ocorra a suspensão da celebração por qualquer um desses motivos, não é possível a retratação no mesmo dia. Ainda que seja por pura brincadeira, situações mais comuns nesses casos, suspender-se-á a celebração até o dia seguinte.

2.10 Espécies de casamento

Além da forma tradicional de celebração, há outras espécies de celebração que passaremos a estudar. São elas: Casamento por procuração, casamento urgente por moléstia grave, casamento nuncupativo, casamento perante autoridade diplomática ou consular e casamento religioso com efeitos civis.

2.10.1 Casamento por procuração

O casamento por procuração é permitido pelos artigos 1.535 e 1.542 do Código Civil.

A procuração, todavia, deverá ser um instrumento público com poderes especiais para contrair casamento, constando do documento, impreterivelmente, a perfeita qualificação da pessoa com quem o mandante quer contrair núpcias, sob pena de se incorrer em erro quanto à pessoa do outro cônjuge.

FAMÍLIA & SUCESSÕES

O mandato será eficaz por 90 dias e somente poderá ser revogado por outro instrumento público.

Caso ocorra a revogação do mandato, se o casamento for celebrado sem que o mandatário ou o outro contraente tenham ciência da revogação, o mandante deverá responder por perdas e danos. Esse é um dos casos de anulação de casamento, cabendo ao mandante o direito de pedir a anulação no prazo de 180 dias, contado do momento em que tiver ciência de que a celebração ocorreu e desde que não tenha havido coabitação entre os cônjuges.

2.10.2 Casamento urgente por moléstia grave

Segundo previsão do artigo art. 1.539, caput, do Código Civil, se um dos nubentes sofrer de **moléstia grave**, o presidente do ato irá celebrar o casamento no local onde se encontra o impedido de se locomover, ainda que à noite, perante duas testemunhas que saibam ler e escrever.

Caso a autoridade não possa comparecer, sua presença poderá ser suprida por qualquer um dos seus substitutos legais. Se o oficial do registro também não puder comparecer, poderá ser substituído por outro *ad hoc*, nomeado pelo presidente do ato.

A prova desse casamento será feita pelo termo lavrado pelo oficial, registrado no respectivo registro dentro de 5 dias, perante duas testemunhas.

Cumpre, por fim, esclarecer que se admite o casamento urgente por moléstia grave em outras situações de emergência, como acidentes, por exemplo.

2.10.3 Casamento nuncupativo ou in extremis vitae momentis ou em articulo mortis

Essa espécie de casamento pode ocorrer quando um dos nubentes estiver em iminente risco de vida e desejar se casar não estando presente o celebrante nem seu substituto, dispensando-se o processo de habilitação e a publicação de proclamas.

Nesse caso, os próprios contraentes serão os celebrantes, devendo manifestar de forma inequívoca a vontade perante seis testemunhas, que não poderão ser parentes em linha reta nem colaterais até segundo grau de nenhum dos nubentes.

CASAMENTO

O nubente que não estiver em iminente risco de vida poderá fazer-se representar, por procuração (art. 1.542, § 2º, CC).

As seis testemunhas têm papel muito importante nessa espécie de casamento, pois, em até dez dias após a celebração do casamento, deverão comparecer perante a autoridade judicial mais próxima e prestar as seguintes declarações:

a) de que foram convocadas pelo enfermo;
b) de que este parecia em perigo de vida, mas em seu juízo;
c) de que em sua presença declararam os contraentes, livre e espontaneamente, receber-se por marido e mulher.

Se as testemunhas não comparecerem espontaneamente, qualquer interessado poderá requerer sua intimação.

Autuado o pedido e tomadas as declarações a termo, o juiz procederá às diligências necessárias para verificar se os contraentes podiam ter-se habilitado na forma prevista ordinariamente, ouvidos os interessados que o requererem, dentro de 15 dias. O juiz, então, decidirá, determinando que se registre a sentença no livro de Registro dos Casamentos.

Se o nubente enfermo sobreviver, poderá ratificar o casamento. No entanto, se melhorar somente após a transcrição da sentença que julgou regular o casamento no Registro Civil, não há necessidade de ratificação.

Observe-se que não é exigida nova celebração, mas apenas abre-se a possibilidade de confirmação da vontade na presença da autoridade competente e do oficial do Registro, caso os interessados queiram dispensar as formalidades previstas para o casamento nuncupativo.

Os efeitos retroagirão à data da celebração, ou seja, da manifestação da vontade. Atente-se para o fato de que a discussão quanto ao momento da consumação do casamento encontra clara evidência da importância da manifestação da vontade dos nubentes no caso do casamento nuncupativo, exemplo que utilizamos para ilustrar o item 2.7 e que, aqui, resta aclarado.

2.10.4 *Casamento perante autoridade diplomática ou consular*

O casamento perante autoridade diplomática ou consular está previsto no artigo 7º, § 2º, na Lei de Introdução às Normas do Direito Brasileiro, *in verbis*:

FAMÍLIA & SUCESSÕES

O casamento de estrangeiros pode celebrar-se perante as autoridades diplomáticas ou consulares do país de ambos os nubentes.

Entende-se, desse modo, que essa espécie de casamento poderá ocorrer quando os contraentes forem da mesma nacionalidade.

No que concerne à forma do ato, o casamento é celebrado segundo a lei estrangeira, mas os efeitos materiais serão analisados sob a lei brasileira (Cf. Diniz, Maria Helena. Curso de Direito Civil brasileiro. v.5. São Paulo: Saraiva, 2007, p. 109).

Da mesma forma, dois brasileiros poderão contrair núpcias no estrangeiro desde que o façam perante nosso cônsul, devendo, no entanto, levar a registro no Brasil, estabelecendo o artigo 1.544 do Código Civil de 2002 que o casamento de brasileiros, celebrado no estrangeiro, perante as autoridades ou cônsules brasileiros, deverá ser registrado em 180 dias, a contar da volta de um ou de ambos os cônjuges ao Brasil, no cartório do respectivo domicílio ou, em sua falta, no 1º Ofício da capital do Estado em que passarem a residir.

2.10.5 Casamento religioso com efeitos civis

Segundo dispõe o artigo 1.516 do Código Civil, o registro do casamento religioso submete-se aos mesmos requisitos exigidos para o casamento civil.

Entretanto, existem duas espécies de casamento religioso com efeitos civis (conforme Lei 1.110/50 e artigo 1.516, CC):

a) Com habilitação prévia: Nessa espécie, todo o processo de habilitação é realizado antes da cerimônia religiosa, isto é, os nubentes deverão cumprir toda a formalidade já abordada anteriormente, expedindo-se ao fim desse processo um certificado de habilitação com a finalidade específica de casamento religioso com efeitos civis. Após a realização da cerimônia, o registro civil do casamento religioso deverá ser promovido dentro de 90 dias de sua realização, por meio de comunicação do celebrante ao ofício competente, bem como por iniciativa de qualquer interessado. Passados esses 90 dias, o registro dependerá de nova habilitação. O casamento religioso, depois de registrado, produzirá efeitos desde a data de sua celebração (efeitos *ex tunc*).

b) Com habilitação posterior (vide artigo 74 da Lei 6.015/73 e parágrafo 2º do artigo 1.516, CC): Nessa espécie, os nubentes contraem o casamento religioso sem terem realizado o processo de habilitação. Após o casamento, todavia, manifestam a vontade de pedir os efeitos civis dessa união. Deverão dirigir-se ao Cartório de Registro Civil competente e, por meio de requerimento, pedir o reconhecimento dos efeitos civis dessa celebração (art. 1.516, § 2º, CC). Procederão à entrega dos documentos necessários para a habilitação com a prova do ato religioso. Não havendo impedimentos, serão reconhecidos os efeitos civis desse casamento desde a data da celebração (efeitos *ex tunc*).

2.11 Provas do casamento

Dispõe o artigo 1.543 do Código Civil:

> *O casamento celebrado no Brasil prova-se pela certidão do registro.*
> *Parágrafo único. Justificada a falta ou perda do registro civil, é admissível qualquer outra espécie de prova.*

A prova direta do casamento é, sem dúvida, a certidão do registro da celebração. Contudo, como se pode depreender da leitura do parágrafo único do artigo 1.543 do Código Civil, justificada a falta ou perda do registro, admite-se qualquer outra espécie de prova. Essas outras espécies de prova podem ser provas diretas supletória e a prova indireta.

Guilherme Calmon Nogueira da Gama (*Direito Civil: família*. São Paulo: Atlas, 2008, p. 60) reforça que a prova supletória é feita em duas fases, sendo a primeira a prova do fato que ocasionou a perda ou falta do registro de casamento, como, por exemplo, em caso de enchentes, incêndio ou ato ilícito de dano com destruição do livro de casamentos. Já a segunda fase é a prova do próprio casamento.

A prova direta supletória pode ser, por exemplo, a certidão dos proclamas, um documento emitido com o estado civil de casado como um passaporte, dentre outros.

Admite-se, por fim, a chamada prova indireta do casamento, entendida como a posse do estado de casado.

No entanto, o que se pode entender como *posse do estado de casados*?

Segundo as lições de Orlando Gomes (*Direito de Família*. Rio de Janeiro: Forense, 2001, p. 116), "a posse de estado caracteriza-se pela *nominatio, tractatus* e *reputatio* [nome, tratamento e fama], isto é, o casal deve ter vivido, pública e notoriamente, como marido e mulher".

Já Silvio Rodrigues ensina (Direito Civil – Direito de Família. 27ª ed. São Paulo: Saraiva, 2002, p. 73) que a posse do estado de casados é a situação de pessoas "que vivem como marido e mulher, no propósito de figurar como tal aos olhos de todos". Prossegue o autor:

> Da mesma maneira que a posse situação de fato, se apresenta como uma exteriorização do domínio, situação de direito; assim, também, a posse do estado de casados se manifesta por um comportamento que, provavelmente, revela a existência de um casamento, criando uma presunção de sua existência.

Por fim, quando a prova do casamento resultar de processo judicial e houver dúvida entre as provas favoráveis e contrárias, julgar-se-á pelo casamento que se está impugnando se os cônjuges viverem ou tiverem vivido na posse do estado de casados (artigo 1.547, CC) É o que se pode chamar de *in dubio pro matrimonio*.

A sentença que reconhece o casamento terá eficácia *ex tunc*, retroagindo à data apontada nos autos (Lisboa, Roberto Senise. *Manual de Direito Civil*. v.5: família e Sucessões. São Paulo: Saraiva, 2009, p. 49.)

2.12 Efeitos do casamento

Os efeitos do casamento podem ser sentidos em vários âmbitos. Há efeitos sociais, pessoais e patrimoniais do matrimônio. Passemos a eles.

a) Efeitos sociais – Como exemplos de efeitos sociais do casamento temos a criação da família constituída em decorrência do matrimônio; o parentesco por afinidade, aquele que se tem, por exemplo, com a sogra e que por previsão legal se estende também à união estável; a emancipação do consorte menor; e alteração do estado de família dos envolvidos para "casados".

b) Efeitos pessoais: Os efeitos pessoais são aqueles que decorrem do conjunto de deveres de ambos os cônjuges (art. 1.566, CC), a saber:

- fidelidade: a fidelidade – cujo desrespeito, no passado, já foi conduta tipificada como crime em nosso ordenamento jurídico, conhecido como "crime de adultério" – decorre do caráter monogâmico do casamento.

Sem dúvida, é dever de suma importância para a longevidade dos relacionamentos, pois se baseia na confiança mútua e no afeto, imprescindíveis para o convívio matrimonial.

Não obstante, como já destacamos, o adultério não seja mais considerado crime, a infidelidade ainda é a causa mais frequente de rompimentos conjugais.

Muito embora, também, a infidelidade estivesse ligada ao conceito de prática de conjunção carnal fora do casamento, hoje se discute muito o adultério *virtual*, entendido como aquele em que pessoa casada se envolve em situação de flerte pelas redes sociais, relacionando-se virtualmente com alguém; e o adultério chamado de *casto* ou de *seringa*, que ocorre quando a pessoa casada parte para um tratamento de reprodução humana assistida em que é utilizado material genético de terceiro, sem que seu cônjuge tenha consentido com tal prática.

Em ambas as hipóteses, mesmo sem conjunção carnal – para muitos imprescindível para a caracterização da infidelidade – podemos, no mínimo, pensar em quebra do dever de respeito e consideração mútuos, essencial a qualquer espécie de relacionamento.

• vida em comum, no domicílio conjugal: Esse dever do casamento vem sendo objeto de reflexões já que há alguns casos em que os cônjuges preferem permanecer em casas separadas, mesmo após o casamento, seja por conveniência ou simplesmente para manter uma parte bem delimitada de sua privacidade diária.

Exceções à parte, cremos que a regra ainda prevalece. Nota-se que é latente, para a grande maioria das pessoas que se casam, o desejo de compartilhar a mesma casa.

De qualquer forma, importante frisar que esse dever é também conhecido como dever de coabitação, englobando não só a vida em comum no mesmo domicílio, mas o dever de praticar relações sexuais. Nesse caso, tanto a ausência quanto a falta de relacionamento conjugal íntimo podem caracterizar quebra do dever, salvo se por motivo justificável, como doenças, por exemplo. Para registro, a falta de relações sexuais no casamento é nominada "débito conjugal".

FAMÍLIA & SUCESSÕES

- mútua assistência: o dever de mútua assistência corresponde ao auxílio recíproco que um cônjuge deve prestar ao outro em todos os momentos da vida matrimonial. A mútua assistência não se restringe apenas ao âmbito material, mas engloba também o afetivo e o emocional.
- sustento, guarda e educação dos filhos: esse efeito pessoal do casamento, decorrente do dever que ambos os pais têm de sustentarem, guardarem e educarem seus filhos, não traz grandes dificuldades na vigência do casamento, mas se torna um grande problema com o fim do relacionamento matrimonial.

  Embora o casal conjugal possa desaparecer, o casal parental continua com relação à prole, o que, em muitos casos, acaba sendo a grande celeuma da vida cotidiana. Tenha-se em vista o incontável número de ações litigiosas de alimentos e guarda de filhos.

  Importante frisar que, na prática, o que se tem como natural durante o relacionamento, ou seja, o cuidado com os filhos, pode se transformar em algo meramente jurídico e financeiro após o fim do matrimônio. Sobre as diversas espécies de guarda e direito de visitas, teceremos nossos comentários em item próprio (vide item 5.2.4.2).
- respeito e consideração mútuos: a nosso ver, este é o dever maior de todos os relacionamentos, pois quem respeita não trai, quem respeita não abandona e quem respeita não desampara. Embora esse pudesse ser o único dever a constar do diploma legal, preferiram nossos legisladores detalhar os efeitos, dividindo-os, como pudemos perceber.

c) Efeitos patrimoniais: Os efeitos patrimoniais, por sua vez, dependerão do regime de bens escolhido pelos cônjuges para vigorar em seu casamento. Assunto que abordaremos no próximo capítulo.

EM RESUMO

Esponsais

Compromisso assumido por alguém de contrair núpcias com outro. É o noivado.

Requisitos para configuração do dever de indenizar: promessa de casar e posterior recusa (ação), existência de dano, nexo causal e prova da culpa.

Casamento

Conceito: União de pessoas, de conformidade com a lei, a fim de prestarem mútua assistência e cuidarem dos filhos comuns em igualdade de direitos e obrigações.

Idade núbil – 16 anos, sem qualquer exceção.

Habilitação

O requerimento, preenchido por ambos os nubentes, deverá ser instruído com os seguintes documentos (art. 1.525, CC):

- certidão de nascimento;
- autorização para dependentes ou ato judicial que a supra – se os pais divergirem quanto ao consentimento, o juiz decidirá (art. 1.519, CC);
- declaração de duas testemunhas, parentes ou não, que afirmem não existir impedimento que os iniba de casar;
- declaração do estado civil e domicílio dos nubentes e dos pais (para publicação de editais em diferentes circunscrições);
- certidão de óbito, registro da sentença de divórcio ou sentença declaratória de nulidade/anulação de casamento, transitada em julgado.

Publicação

O oficial lavrará proclamas (15 dias) mediante edital que será fixado em lugar ostensivo do cartório e publicará pela imprensa (art. 1.527, CC).

A eficácia da habilitação será de 90 dias, a contar da data em que foi extraído o certificado.

Dispensa da publicação (art. 1.527, parágrafo único, CC) – Motivo urgente: doença grave, por exemplo.

Impedimentos

Barreiras impostas pela lei para a realização do casamento. Podem ser:

a) Impedimentos absolutamente dirimentes (art. 1.521, I a VII, CC) – "NÃO PODEM CASAR", portanto, o casamento é nulo. Hipóteses:

FAMÍLIA & SUCESSÕES

I. os ascendentes com os descendentes, seja o parentesco natural ou civil;

II. os afins em linha reta;

III. o adotante com quem foi cônjuge do adotado e o adotado com quem foi do adotante;

IV. os irmãos, unilaterais ou bilaterais, e demais colaterais, até o terceiro grau inclusive;

V. o adotado com o filho do adotante;

VI. as pessoas casadas;

VI. o cônjuge sobrevivente com o condenado por homicídio ou tentativa de homicídio contra seu consorte.

b) Causas suspensivas (art. 1.523, I a IV, CC) – "NÃO DEVEM CASAR" – Sujeitam, desta forma, os infratores a determinadas penas, geralmente referentes ao regime de bens. Hipóteses:

I. o viúvo ou a viúva que tiver filho do cônjuge falecido, enquanto não fizer inventário dos bens do casal e der partilha aos herdeiros;

II. a viúva, ou mulher cujo casamento se desfez por ser nulo ou ter sido anulado, até dez meses depois do começo da viuvez ou da dissolução da sociedade conjugal;

III. o divorciado, enquanto não houver sido homologada ou decidida a partilha dos bens do casal;

IV. o tutor ou o curador e seus descendentes, ascendentes, irmãos, cunhados ou sobrinhos, com a pessoa tutelada ou curatelada, enquanto não cessar a tutela ou curatela e não estiverem saldadas as respectivas contas.

Oposição de impedimentos e causas suspensivas:
- Impedimentos: até a data da celebração do casamento (após a celebração, é caso de ação de nulidade do casamento – vide Casamento nulo);
- Causas suspensivas: dentro do prazo de 15 dias da publicação dos proclamas.

Celebração do casamento

Formalidades:
- publicidade – portas abertas;

CASAMENTO

- sede do cartório ou outro local, desde que o celebrante concorde;
- perante duas testemunhas, parentes ou não dos nubentes; quatro se o casamento for celebrado em edifício particular e/ou se um dos nubentes não souber ou não puder escrever (art. 1.534, § 2º, CC).

Suspensão (art. 1.538, CC):
- se um dos nubentes manifestar arrependimento, negar ou declarar que não é livre e espontânea sua vontade, a celebração será suspensa;
- não poderá se retratar no mesmo dia.

Espécies de casamento

a) Casamento por procuração:
- é permitido pelos artigos 1.535 e 1.542 do Código Civil;
- a eficácia da procuração não ultrapassará 90 dias.

b) Casamento urgente por moléstia grave:
Se um dos nubentes sofre de moléstia grave, o presidente do ato irá celebrá-lo no local onde se encontra o impedido de se locomover, ainda que à noite, perante duas testemunhas que saibam ler e escrever (art. 1.539, caput, CC).

c) Casamento nuncupativo ou *in extremis* ou *in articulo mortis*:
- quando um dos nubentes se encontra em iminente risco de vida (art. 1.540, CC);
- dispensa de proclamas e até mesmo da autoridade;
- nubentes serão celebrantes;
- presença de seis testemunhas sem parentesco em linha reta com os nubentes ou colaterais em segundo grau;
- o nubente que não estiver em iminente risco de vida poderá fazer-se representar, por procuração (1.542, § 2º, CC);
- dentro de dez dias após o casamento, as testemunhas comparecerão perante a autoridade judiciária mais próxima para que suas declarações sejam reduzidas a termo; declararão (art. 1.541, CC):
  - que foram convocadas por parte do enfermo;
  - que este parecia em perigo de vida, mas em seu juízo;
  - que em sua presença declararam os contraentes livre e espontaneamente receber-se por marido e mulher.

FAMÍLIA & SUCESSÕES

Se o nubente enfermo sobreviver, poderá ratificar o casamento, mas, se somente melhorar após a transcrição da sentença que julgou regular o casamento no Registro Civil, não há necessidade de ratificação.

d) Casamento perante autoridade diplomática ou consular – Previsto no artigo 7º, § 2º, da Lei de Introdução às Normas do Direito Brasileiro.

e) Casamento religioso com efeitos civis (art. 1.516, CC) – Há duas espécies:
- Precedido de habilitação civil:
  - observando o artigo 1.516, § 1º, do Código Civil, o oficial expedirá certidão com fim específico, que será entregue à autoridade eclesiástica para que a celebração do casamento ocorra no prazo de 90 dias (art. 1.532, CC);
  - após o ato nupcial, qualquer interessado ou o ministro religioso deverá requerer sua inscrição no Registro Civil no prazo decadencial de 90 dias; após esse prazo, o registro dependerá de nova habilitação (art. 1516, § 1º, CC).

- Não precedido de habilitação:
  - apresentação do requerimento de registro;
  - prova do ato religioso;
  - documentos do artigo 1.525, do Código Civil;
  - processada a habilitação com a publicação dos editais, não havendo impedimentos nem causas suspensivas, o oficial fará o registro, observando o prazo de 90 dias.

Provas do casamento
- Certidão de registro (art. 1.543, CC).
- Justificada a falta ou perda do registro, é admissível qualquer outra espécie de prova.
- Na dúvida entre provas, julgar-se-á pelo casamento, se os cônjuges tiverem vivido na posse do estado de casados – nome, tratamento e fama (art. 1.547, CC).

PRESTE ATENÇÃO

O casamento é um dos principais temas do Direito de Família, motivo pelo qual merece especial atenção.

1. As consequências do rompimento imotivado dos esponsais são: a indenização por danos patrimoniais e morais e a devolução dos presentes trocados ou recebidos de terceiros (art. 546, CC).
2. O controle preventivo é utilizado para que se evitem casamentos que desrespeitam impedimentos e para que sejam observadas as causas suspensivas. Cuidado para não confundir impedimentos com causas suspensivas:
   - Impedimentos – A lei dispõe sobre aqueles que **não podem casar**; a desobediência torna o casamento nulo, e essa nulidade poderá ser alegada a qualquer tempo, em ação própria.
   - Causas suspensivas – A lei dispõe sobre aqueles que **não devem casar**; a desobediência sujeita os infratores às penas previstas em lei, que, na maioria dos casos, é a obrigatoriedade do regime de separação de bens. *Não pode* é grave; *não deve* é conselho e a desobediência leva a um castigo.
3. Fique atento a alguns prazos:
   - Eficácia do certificado de habilitação para o casamento: 90 dias.
   - Oposição de impedimentos: até a data da celebração do casamento (após a celebração, é caso de ação de nulidade do casamento).
   - Oposição de causas suspensivas: dentro dos 15 dias dos proclamas.
   - Eficácia do mandato do casamento por procuração: 90 dias.
   - Prazo para a declaração das testemunhas no casamento nuncupativo: dez dias.

Capítulo 3
Regimes de Bens

3.1 Considerações iniciais

Para começarmos o estudo dos diversos regimes de bens, primeiramente devemos tecer alguns comentários sobre sua definição.

O conceito de regime de bens pode sofrer variações conforme o foco que se elege para sua formulação: expressão regime ou noção de comunhão.

O conceito que parece melhor atender à finalidade didática desta obra encontra-se nas lições de Orlando Gomes (*Direito de Família*. Rio de Janeiro: Forense, 2001, p. 173):

> "Regime matrimonial é o conjunto de regras aplicáveis à sociedade conjugal considerada sob o aspecto dos seus interesses patrimoniais. Em síntese, o estatuto patrimonial dos cônjuges".

Por essa definição tem-se nítido o papel que a escolha do regime matrimonial pode ter na vida dos cônjuges: eles devem combinar previamente a regra financeira de seu relacionamento para que saibam no futuro com o que podem contar.

Interessante seria se todos antes de se casar pudessem se informar melhor sobre as especificidades dos diversos regimes para que fizessem uma escolha consciente e, sobretudo, para que não surgissem dúvidas capazes de colocar em risco a confiança que deve imperar no relacionamento.

FAMÍLIA & SUCESSÕES

Os regimes de bens passaram por algumas transformações com a entrada em vigor do Código Civil de 2002.

Os três principais regimes – a saber, comunhão universal, comunhão parcial e separação total – já estavam previstos no diploma civil anterior, mas houve a supressão de um regime e a criação de outro.

Suprimiu-se o regime dotal, mormente por ter caído em desuso graças, principalmente, à independência profissional e financeira conquistada pelas mulheres. Criou-se, por outro lado, o regime da participação final nos aquestos, ainda pouco conhecido pela sociedade em geral.

Abordaremos cada um desses regimes neste capítulo, mas, por ora, teceremos nossos comentários acerca de importante modificação no âmbito dos regimes de bens que foi a possibilidade de sua alteração durante o casamento.

3.2 Possibilidade de alteração do regime

Novidade estabelecida pelo artigo 1.639, § 2º, do Código Civil é a possibilidade de alteração do regime de bens no decorrer do casamento. Entretanto, alguns requisitos têm de ser observados para que essa alteração possa ocorrer:

a) pedido motivado de ambos os cônjuges;

b) concessão de autorização judicial depois de apurada a procedência das razões invocadas.

Cumpre observar que não se pode admitir a alteração somente pela vontade das partes, pois essa alteração poderá acarretar sérias consequências não apenas para os envolvidos diretos, mas em especial para terceiros, lembrando que, na hipótese de alteração, os direitos destes serão sempre resguardados.

Paulo Lôbo (*Direito Civil: famílias*. 4ª ed. São Paulo: Saraiva, 2011, p. 322) assevera que a motivação deverá ser relevante, com justificativa que não radique apenas no desejo dos envolvidos e, embora considere que a alteração possa significar a remoção de obstáculo considerável ao entendimento dos cônjuges, recomenda que deve haver especial cuidado por parte do juiz que analisar o pedido de alteração quando apenas um dos cônjuges tiver vida econômica própria, ou quando forem desproporcionais os níveis de renda de cada um.

Problemática instaura-se quando se analisa a possibilidade de alteração à luz do artigo 2.039 do Código Civil, que prevê:

"O regime de bens nos casamentos celebrados na vigência do Código Civil anterior, Lei 3.071, de 1º de janeiro de 1916, é o por ele estabelecido".

Por esse dispositivo, as pessoas que contraíram núpcias antes do advento do Código Civil de 2002 não poderão alterar seu regime de bens, pois a lei anterior, datada de 1916, não previa essa possibilidade. Já aqueles que contraíram núpcias na vigência do Código Civil atual teriam essa prerrogativa.

Será que essa interpretação não estaria em desacordo com o princípio constitucional da igualdade?

Parece que sim, pois admitir essa interpretação é concordar com a divisão da sociedade em dois grupos: **grupo dos condenados** a viver, enquanto casados, sob o mesmo regime de bens inicialmente escolhido e o **grupo dos privilegiados**, que têm o direito de solicitar a alteração.

Acredita-se que não foi essa a intenção do legislador, que, obviamente, se preocupou em resguardar uma situação que já se havia estabelecido sob certas regras e não impedir que a esses se estendam benefícios atualmente concedidos.

O conflito parece estar superado, pois as decisões a respeito do tema já demonstraram a possibilidade de alteração de regime de bens tanto para quem contraiu núpcias depois da entrada em vigor do Código Civil de 2002, quanto para quem as contraiu antes.

É primordial também destacar que as regras do novo regime escolhido passam a vigorar a partir da modificação, ou seja, os efeitos são *ex nunc*, resguardando-se os direitos de eventual partilha antes da modificação.

3.3 Classificação dos regimes de bens

Antes de passarmos para as espécies de regime de bens propriamente ditas, analisaremos sua classificação.

Os regimes de bens podem ser divididos em:

- **Regimes legais** – Aqueles impostos por lei, seja em razão do silêncio das partes ou seja porque estas se encaixam em uma situação em que não lhes é dada a opção de escolha. São eles:

- regime da comunhão parcial de bens (art. 1.640, CC);
- regime da separação obrigatória de bens (art. 1.641, I a III, CC).

- **Regimes convencionais** – Aqueles que vigoram por livre escolha dos nubentes, isto é, por força de acordo entre as partes. Também estão previstos em lei. São eles:
  - regime da comunhão total de bens;
  - regime da separação convencional de bens;
  - regime da participação final nos aquestos.

Para a escolha de qualquer um desses regimes classificados como convencionais, há a obrigatoriedade de que seja realizado um pacto antenupcial entre os nubentes.

3.3.1 Pacto antenupcial

A fim de compreendermos o que se pode entender por pacto antenupcial e para que possamos identificar possíveis exigências para sua validade e eficácia, escolhemos a definição dada por Silvio Rodrigues (*Direito Civil – Direito de Família*. São Paulo: Saraiva, 2002, p. 173), para quem o "pacto antenupcial é o contrato solene, realizado antes do casamento, por meio do qual as partes dispõem sobre o regime de bens que vigorará entre elas, durante o matrimônio".

Constatamos, pelo próprio conceito fornecido pelo autor, que o pacto antenupcial sujeita-se a certos requisitos para que tenha validade e eficácia. São eles:

- que seja feito por escritura pública (solene), sob pena de nulidade;
- que seja seguido do casamento, sob pena de ser ineficaz.

O casamento, no caso, funciona como condição suspensiva, pois antes dele somente há a expectativa de direito, portanto, o pacto antenupcial só entra em vigor com a celebração do matrimônio.

Ressaltamos que as disposições do pacto não poderão contrariar disposição absoluta da lei, isto é, conter alguma ilegalidade ou ofender os bons costumes e a ordem pública.

3.4 Espécies de regime de bens

Há, atualmente, quatro espécies de regimes de bens previstas no Código Civil. Passemos à primeira.

3.4.1 Regime da comunhão parcial de bens

É o regime em que se comunicam os bens adquiridos na constância do casamento (aquestos) e se excluem da comunhão os bens que os cônjuges possuem ao casar ou que venham a ser adquiridos por causa anterior e alheia ao casamento.

É o regime que, em linhas gerais, se estabelece uma relação de separação quanto aos bens adquiridos no passado e comunhão dos bens adquiridos no futuro (arts. 1.658 a 1.666, CC).

Nesse regime, são excluídos da comunhão:

a) os bens que cada cônjuge possuir ao casar, e os que lhe sobrevierem, na constância do casamento, por doação ou sucessão, e os sub-rogados em seu lugar;

Como a comunhão é parcial, os bens que o cônjuge já possuir ao se casar serão só dele, assim como aqueles bens que forem adquiridos gratuitamente durante o casamento, ou seja, por doação ou sucessão. Cumpre ainda salientar que caso algum dos cônjuges aliene um bem recebido por herança ou doação e adquira outro com o valor da alienação, este bem será considerado um bem sub-rogado, isto é, que entrou no lugar do bem recebido, sendo igualmente excluído da divisão em caso de dissolução do casamento. Por fim, ressaltamos que a sub-rogação pode ser total ou parcial, dependendo do valor do novo bem.

b) os bens adquiridos com valores exclusivamente pertencentes a um dos cônjuges em sub-rogação dos bens particulares;

Assim como a observação feita acima sobre a hipótese de sub-rogação de bens recebidos por herança ou doação, aqui também existe esta mesma possibilidade, quando se tratar de valor pertencente a apenas um dos cônjuges, ou seja, se a esposa tiver antes do casamento um terreno e vender esse terreno para adquirir um apartamento, esse novo imóvel é entendido como bem sub-rogado, ficando fora da comunhão.

Aqui também a sub-rogação pode ser total ou parcial. Para tornar mais palpável a informação, consideremos o exemplo acima: se os valores

FAMÍLIA & SUCESSÕES

forem coincidentes, ou seja, se o terreno fosse vendido pelo valor de R$ 150 mil reais e o apartamento fosse comprado pelos mesmos R$ 150 mil, a sub-rogação seria total. Caso haja uma diferença de valores, excluir-se -á da comunhão apenas o percentual que adveio do bem havido antes do casamento. Para aclarar: terreno vendido por R$ 150 mil e apartamento adquirido por R$ 200 mil, os R$ 150 mil que correspondem a 3/4 ou 75% do valor do novo imóvel ficarão excluídos da comunhão, comunicando-se apenas os 25% relativos à diferença, ou seja, os R$ 50 mil.

c) as obrigações anteriores ao casamento;
É natural que haja a exclusão das obrigações anteriores ao casamento para que um cônjuge não tenha que assumir as dívidas do outro após o matrimônio. Seria injusto, em um regime de bens em que se estabelece a comunhão de bens adquiridos onerosamente após o casamento, que se tenha a inclusão na partilha de obrigações contraídas antes do enlace. A exclusão, portanto, está em consonância com o espírito do regime.

d) as obrigações provenientes de atos ilícitos, salvo revertidas em benefício do casal;
A exceção fica por conta do benefício auferido. Mais uma vez, evidenciamos equilíbrio no dispositivo, pois não poderia um dos cônjuges esconder-se atrás do véu do casamento para escusar-se de cumprir com obrigação cujo proveito lhe alcançou.

e) os bens de uso pessoal, os livros e os instrumentos de profissão;
Essa exclusão que retira da comunhão bens predominantemente de uso pessoal deve ser vista com um olhar relativo. Há situações em que o casal foca seus esforços financeiros na profissão de um dos cônjuges, e, dependendo da situação fática, seria injusto deixar um deles sem nada e o outro com o a integralidade do patrimônio familiar investido em seus instrumentos de profissão.
Portanto, há de se lembrar que o bom-senso deverá prevalecer, pois mesmo existindo a regra da incomunicabilidade, o caso concreto deverá ser analisado para que não ocorram prejuízos para qualquer dos cônjuges.

f) os proventos do trabalho pessoal de cada cônjuge;
Aqui reside uma das maiores dificuldades de interpretação no que se refere à exclusão de bens no regime da comunhão parcial.

REGIMES DE BENS

Esta discussão foi herdada do Código Civil de 1916, em que – por haver falhas da técnica legislativa empregada – o intérprete era forçado a buscar a intenção do legislador desconsiderando a contradição legal.

Em relação ao atual código, a dúvida permanece: será que todos os proventos, leia-se, rendimentos do trabalho pessoal dos cônjuges são excluídos da comunhão? Ou seja, enquanto se tratar de dinheiro poder-se-ia afirmar que o valor pertenceria exclusivamente ao cônjuge que o conquistou, mas, após ser adquirido um bem, este bem entraria na comunhão, de acordo a regra do regime que prevê que se comunicarão todos os bens adquiridos onerosamente após o casamento?

Se assim interpretássemos, estaríamos estimulando a poupança e freando o consumo, pois por qual razão os cônjuges comprariam bens se o numerário economizado ficaria somente com aquele que o conquistou?

Mais uma reflexão: se também se pudesse excluir da comunhão os bens que são adquiridos com esses rendimentos do trabalho pessoal, NÃO haveria comunicação alguma de bens neste regime, pois os adquiridos por herança ou doação são igualmente excluídos.

Ou seja, está claro que essa interpretação não é a que deve ser utilizada. Mas então qual foi a intenção do legislador nesta hipótese?

Acreditamos que foi a de excluir da partilha de bens, em caso de eventual dissolução da sociedade conjugal/vínculo matrimonial, o salário futuro dos cônjuges – ou qualquer rendimento que o valha – que é, na verdade, o provento do trabalho pessoal de cada um deles.

Como exemplo, não podemos esboçar na partilha de bens 50% da casa para cada um dos cônjuges, 50% do apartamento na praia para cada um deles e 50% do salário do cônjuge X para o cônjuge Y, pois os proventos do trabalho pessoal de cada cônjuge são excluídos da comunhão.

Nesse sentido, as lições de Carlos Roberto Gonçalves: "Deve-se entender, na hipótese, que não se comunica somente o direito aos aludidos proventos. Recebida a remuneração, o dinheiro ingressa no patrimônio comum. Da mesma forma os bens adquiridos com o seu produto. Em caso de separação judicial, o direito de cada qual continuar a receber seu salário não é partilhado." (Gonçalves, Carlos Roberto. *Direito Civil brasileiro: Direito de Família*. São Paulo: Saraiva, 2006, v. VI, p. 417. Grifo nosso).

Portanto, na hipótese acima, a exclusão da comunhão se refere ao direito de receber proventos após a dissolução da sociedade conjugal,

FAMÍLIA & SUCESSÕES

mas, durante o casamento, tudo o que cada um dos cônjuges receber entrará na comunhão.

g) as pensões, meio-soldos, montepios e outras rendas semelhantes.

Pensão é o provento recebido periodicamente, em dinheiro, decorrente de lei, convenção, decisão judicial ou disposição de última vontade.

Meio-soldo é a metade do soldo pago pelo Estado a militar reformado.

Montepio é a pensão paga pelo Estado aos herdeiros de servidor público por ocasião de sua morte.

Percebemos, por esse dispositivo, a coerência com a interpretação dada *aos proventos do trabalho pessoal de cada cônjuge*, pois rendimentos futuros, de qualquer natureza, ficam excluídos da comunhão.

No regime da comunhão parcial de bens, por outro lado, comunicam-se:

a) os bens adquiridos por fato eventual, com ou sem o concurso de trabalho ou despesa anterior;

Aqui estão abarcados os prêmios de loteria e mega sena, por exemplo.

Muito já se discutiu se essa comunhão seria justa, afinal, a aquisição se deu por fato eventual, chamado por muitos de *sorte*. O fato é que, embora haja ainda um certo inconformismo por parte do recebedor do prêmio, o valor será partilhado.

b) os bens adquiridos por doação, herança ou legado, quando a liberalidade for realizada em favor de ambos os cônjuges;

Ressalte-se que a previsão aqui não faz com que a herança ou doação recebida por qualquer um dos cônjuges entre na comunhão, mas a herança ou doação que for destinada **a ambos** os cônjuges.

Não nos parece, dessa forma, que esse dispositivo legal traga uma regra de partilha em decorrência do regime de bens escolhido, mas sim uma regra de direito contratual, pois se há dois destinatários para a doação ou deixa testamentária, a ambos será destinado o bem.

c) as benfeitorias realizadas em bens particulares de cada cônjuge;

A grande dificuldade na aplicação prática desse dispositivo é a questão probatória. Nem todos mantêm, de forma organizada, as informações e documentos necessários para que seja provada a benfeitoria, mas, caso se consiga demostrar o investimento realizado é certo que entrará na comunhão.

d) os frutos percebidos na constância do casamento, tanto dos bens comuns como dos particulares de cada cônjuge.

Se A recebe 10 imóveis por herança e os aluga por R$ 1.000,00 cada, os R$ 10.000,00 mensais entram na divisão, pois são frutos desses seus bens particulares.

O mesmo se pode dizer de juros de aplicações financeiras e outros investimentos. Ressalte-se se a correção monetária é apenas a atualização do valor e, portanto, deve ficar excluída.

e) os frutos pendentes ao tempo de cessar a comunhão.

Se há frutos a serem percebidos em decorrência de fato que ocorreu durante a comunhão, eles farão parte da partilha por força de expressa previsão legal.

Quanto à divisão de bens móveis, o artigo 1.662 prevê que presumem-se adquiridos na constância do casamento quando não se provar que o foram em data anterior. A presunção, portanto, é relativa.

Com relação às dívidas, elas obrigam os bens particulares e comuns na proporção do proveito auferido. Contudo, se forem contraídas por qualquer consorte na administração de seus bens particulares ou em benefício destes, não obrigam os bens comuns. Se forem, porém, contraídas em benefício da família, os bens comuns responderão pelos débitos.

3.4.2 Regime da comunhão universal de bens

É o regime em que há a comunicação de todos os bens presentes e futuros dos cônjuges, com as exceções previstas pelo artigo 1.668 do Código Civil, a saber:

a) os bens doados ou herdados com a cláusula de incomunicabilidade e os sub-rogados em seu lugar;

Atualmente, por previsão do artigo 1.848 do Código Civil, só poderá haver a cláusula de incomunicabilidade sobre os bens da legítima, se esta vier justificada pelo autor da liberalidade.

FAMÍLIA & SUCESSÕES

Importante frisar que a cláusula será imposta por quem deixa e na por quem recebe o bem, dependendo a exclusão, portanto, do doador ou testador.

Sobre legítima veja o Capítulo 11 da segunda parte da presente obra.

b) os bens gravados de fideicomisso e o direito do herdeiro fideicomissário, antes de realizada a condição suspensiva;

O fideicomisso é uma espécie de substituição testamentária.

Nessa figura jurídica, o fideicomitente deixa um bem ao fiduciário e este, por sua vez, deve transmitir o bem ao fideicomissário.

O fiduciário recebe a propriedade do bem, mas transmiti-la-á ao fideicomissário no momento de sua morte, em determinada data ou com a realização de certa condição (condição suspensiva). A escolha do momento da transmissão é do fideicomitente.

A comunicação, contudo, ocorrerá se:

- o fideicomissário morrer antes do fiduciário, do termo escolhido pelo testador (fideicomitente) ou da realização da condição;
- o fideicomissário não for concebido antes da morte do fiduciário, do termo escolhido pelo testador (fideicomitente) ou da realização da condição;
- com o advento da condição, morte ou termo, o bem passar para o patrimônio do fideicomissário.

Esta hipótese de exclusão exige uma explicação mais detalhada do fideicomisso, como dissemos, uma das espécies de substituição testamentária. Para tanto, vide o Capítulo 16 da segunda parte desta obra.

c) as dívidas anteriores ao casamento, salvo se provierem de despesas com seus aprestos, ou reverterem em proveito comum;

Esse dispositivo implica o seguinte raciocínio: se as dívidas forem provenientes de móveis para a casa, viagens de lua-de-mel, etc., as dívidas se comunicam; se forem em proveito de um só dos cônjuges, só responderá por elas aquele que as contraiu.

d) as doações antenupciais feitas por um dos cônjuges ao outro com a cláusula de incomunicabilidade;

Um pouco difícil imaginar, na prática, a aplicação desse dispositivo, pois, na iminência de casamento regido pelo regime da comunhão total de bens, um dos cônjuges quer beneficiar o outro com uma doação gravada com cláusula de incomunicabilidade. Essa possibilidade nos remete à ideia do dote em razão do casamento, há muito não utilizado.

e) os bens de uso pessoal, os livros e instrumentos de profissão.

f) os proventos do trabalho pessoal de cada cônjuge.

g) as pensões, meios-soldos, montepios e outras rendas semelhantes.
Para estas três últimas hipóteses de exclusão de comunhão, valem os mesmos comentários feitos no tópico "Regime da comunhão parcial de bens" (vide item 3.4.1).

3.4.3 Regime da separação total de bens

É o regime pelo qual não há comunicação de bens em decorrência do matrimônio. Nele, os bens permanecerão sob a administração exclusiva de cada cônjuge, que os poderá livremente alienar ou gravar de ônus real. O regime da separação total, como visto, pode ser:
- legal – conforme disposto no artigo 1.641, I a III, do Código Civil;
- convencional – escolhido por pacto antenupcial.

O regime da separação obrigatória de bens aplica-se ao casamento (art. 1.641, CC):
- das pessoas que o contraírem com inobservância das causas suspensivas (art. 1.523, CC);
- da pessoa maior de 70 anos;
- de todos que dependerem, para casar, de suprimento judicial.

Ressaltamos que há discussão doutrinária acerca da constitucionalidade da imposição do regime de separação de bens para os maiores de 70 anos, pois há, em lei, previsão para adquirir capacidade civil (relativa e absoluta), mas não para perdê-la, sendo discriminatória a distinção em razão da idade. Essa também é a nossa posição.
Com relação ao regime da separação obrigatória de bens, destacamos, ainda, que a polêmica que existia, mas já superada no atual Código Civil, dizia respeito ao artigo 259, que preceituava:

Embora o regime não seja o da comunhão de bens, prevalecerão, no silêncio do contrato, os princípios dela, quanto à comunhão dos adquiridos na constância do casamento.

Isso quer dizer que tal artigo tornava o regime da separação total de bens semelhante ao da comunhão parcial de bens.

Apesar de declararem os nubentes que gostariam de se casar no regime da separação total, os bens posteriores ao casamento se comunicavam, a não ser que declarassem expressamente no pacto que os aquestos também não entrariam na comunhão.

No entanto, questionava-se: esse artigo se aplicaria ao regime de separação obrigatória de bens?

Parte da doutrina entendia que sim, pois, com essa interpretação, encontrava-se o remédio para corrigir a injustiça decorrente do fato de que quase a totalidade dos casamentos realizados com suprimento judicial era de pessoas com pouco ou nenhum recurso financeiro, isto é, que não tinham bens. Adquirindo-os, após a união, eram colocados no nome do marido, chegando a mulher no fim da vida pobre, ao contrário de seu marido (RODRIGUES, Silvio. *Direito Civil – Direito de Família*. São Paulo: Saraiva, 2002, p. 185).

A grande dificuldade técnica de se aplicar esse dispositivo ao regime da separação obrigatória era o fato de que neste não há pacto antenupcial – leia-se: *contrato*, não havendo instrumento para a previsão de não divisão caso fosse a vontade dos nubentes.

A discussão chegou ao fim com a Súmula 377 do Supremo Tribunal Federal cujo entendimento foi de que haveria a comunicação dos bens adquiridos na constância do casamento mesmo no regime de separação obrigatória de bens.

Atualmente, toda essa polêmica parece estar resolvida, pois o artigo 259 não foi repetido pelo atual Código Civil, devendo prevalecer as regras relativas ao regime da separação total em consonância com o artigo 1.687 (cf. VENOSA, Sílvio de Salvo. *Direito Civil: Direito de Família*, v. 6. São Paulo: Atlas, 2007, pp. 328-329; RODRIGUES, Silvio. *Direito Civil – Direito de Família*. São Paulo: Saraiva, 2002, p. 190).

Silvio Rodrigues (*idem*) conclui que

pela análise global das regras propostas no Código de 2002, não deverá subsistir a orientação consagrada pela Súmula (377), aplicando o regime da comunhão parcial quando imposta a separação obrigatória. Comprovada, porém, a conjunção de esforços para a aquisição de bens, estes devem ser partilhados quando da dissolução do casamento.

Grande alteração que pode ser citada, quanto a esse regime, foi a possibilidade da prática de alienação e demais atos elencados no artigo 1.647, independentemente da autorização do outro cônjuge. Essa nova possibilidade que se abriu aos que optaram por tal regime traduz a liberdade inerente ao próprio estilo de vida escolhido, uma vez que a intenção é a de levar uma vida em comum sem a ligação patrimonial, não havendo sentido permanecer a necessidade de autorização do outro cônjuge para atos que não seriam de sua competência. Esses atos serão analisados no final deste capítulo.

3.4.4 Regime da participação final nos aquestos

O novo regime do Código Civil é um regime híbrido, isto é, um misto de dois regimes: durante a constância do casamento, vigoram regras semelhantes ao regime da separação total de bens, e, depois de dissolvida a sociedade conjugal, em tese, as regras se tornam semelhantes ao regime da comunhão parcial.

Há, na constância do casamento, uma expectativa de direito à meação, que só se concretizará no momento da dissolução da sociedade conjugal.

Muitos ainda se perguntam se, na prática, esse regime não seria igual ao regime da comunhão parcial de bens, pois, ao final do casamento, seriam divididos todos os bens adquiridos onerosamente durante o matrimônio.

A nosso ver, existe, no que se refere ao Direito de Família, uma única diferença entre os regimes que faz com que a participação final nos aquestos traga maior liberdade para cada um dos cônjuges na movimentação de seu patrimônio. Vejamos.

O ato que traduz a maior liberdade que uma pessoa pode ter na movimentação de seu patrimônio é a alienação de bens imóveis. A pergunta que se deve fazer, então, é: pode um cônjuge casado com o regime da participação final nos aquestos alienar seus bens sem a necessidade de outorga uxória ou autorização marital?

FAMÍLIA & SUCESSÕES

Se estudarmos o artigo 1.647, responderemos que não, pois somente está livre desta obrigação aquele que é casado com o regime da separação total de bens.

Todavia, ao avançarmos no estudo dos artigos que cuidam dos regimes de bens, encontraremos o artigo 1.656, que prevê que, no pacto antenupcial que adotar o regime de participação final nos aquestos, poderá ser convencionada a livre disposição dos bens imóveis (sem a necessidade da autorização do outro cônjuge), desde que estes bens imóveis sejam particulares, ou seja, aqueles anteriores ao casamento ou recebidos por herança ou doação.

Dessa forma, encontramos uma diferença entre os regimes da Comunhão Parcial e da Participação Final nos Aquestos que traduz maior parcela de liberdade na movimentação do patrimônio para aquele que escolheu o novo regime previsto no Código Civil de 2002.

Cabe, ainda, lembrar que a administração do patrimônio é exclusiva de cada cônjuge, que pode alienar livremente os bens móveis (art. 1.673, parágrafo único, CC).

Quanto às Dívidas

As dívidas posteriores ao casamento contraídas apenas por um dos consortes a este caberão, a não ser que haja prova de que tenham sido revertidas, total ou parcialmente, em proveito do outro cônjuge.

O cônjuge que pagar dívida do outro utilizando bens de seu patrimônio terá o direito de ter esse valor atualizado e imputado, na data da dissolução, à meação do outro consorte (art. 1.678, CC).

As dívidas de um dos cônjuges superiores a sua meação não obrigam ao outro ou a seus herdeiros.

Quanto à Dissolução da Sociedade Conjugal

Apura-se o montante dos aquestos, na data em que cessou a convivência, excluindo-se (art. 1.674, I a III, CC):

a) os bens anteriores ao casamento e os sub-rogados em seu lugar;

b) os obtidos por cada cônjuge por herança, legado ou doação;

c) os débitos relativos a esses bens vencidos e a vencer.

Segundo o artigo 1.684 do Código Civil, se não for possível nem conveniente a divisão dos bens em natureza, poderá haver a reposição em dinheiro ao cônjuge não proprietário. Não podendo haver reposição em dinheiro, os bens serão avaliados e, mediante autorização judicial, alienados.

A mesma regra aplica-se quando a sociedade é dissolvida por morte.

O direito à meação não é renunciável, cessível ou penhorável na vigência do regime matrimonial (art. 1.682, CC).

Quanto aos Bens Móveis e Imóveis

Os bens móveis, salvo prova em contrário, são da propriedade do cônjuge devedor, exceto se forem de uso pessoal do outro.

Já os bens imóveis são considerados de propriedade do consorte cujo nome constar no registro e, em caso de impugnação da titularidade, ao demandado caberá provar a causa da aquisição e a possibilidade de havê-la adquirido regularmente.

Se os bens forem adquiridos pelo trabalho conjunto, cada um dos cônjuges terá uma quota igual no condomínio ou no crédito por aquele modo estabelecido.

O valor da alienação dos bens em detrimento da meação deve ser incorporado ao monte se não houve preferência do cônjuge lesado, ou de seus herdeiros, de reivindicá-los (art. 1.676, CC).

3.4.5 Atos que o cônjuge não pode praticar sem a autorização do outro

O Código Civil prevê que o cônjuge não poderá, sem autorização do outro, praticar determinados atos, mas traz uma exceção quanto ao regime da separação total de bens. Vejamos o artigo:

> Art. 1.647 – Ressalvado o disposto no art. 1.648, nenhum dos cônjuges pode, sem autorização do outro, exceto no regime da separação absoluta:
> I – alienar ou gravar de ônus real os bens imóveis;
> II – pleitear, como autor ou réu, acerca desses bens ou direitos;
> III – prestar fiança ou aval;
> IV – fazer doação, não sendo remuneratória, de bens comuns, ou que possam integrar futura meação.

Como é possível observar, aqueles que se casarem sob o regime da separação absoluta ou total de bens não necessitarão da autorização de seu consorte para realizar esses atos, o que se coaduna com o espírito do regime escolhido.

FAMÍLIA & SUCESSÕES

Pode ocorrer, todavia, a situação de um dos cônjuges não autorizar uma das situações previstas. Ficará, nesse caso, este cônjuge à mercê da vontade do outro? Não. O legislador antecipou-se a essa situação com a previsão de que o juiz poderá suprir a outorga se a negativa não trouxer motivo justo ou se for impossível para um dos cônjuges conceder essa autorização.

Por sua vez, se houver a prática de algum desses atos sem a devida outorga uxória (autorização da esposa) ou autorização marital (autorização do marido) tampouco suprimento desta autorização pelo juiz, o cônjuge prejudicado pode pedir a anulação do ato praticado até dois anos depois de terminada a sociedade conjugal.

EM RESUMO

Regime de Bens

Conceito
É o estatuto que regula os interesses patrimoniais dos cônjuges durante o matrimônio.

Poderá ser alterado no decorrer do casamento (art. 1.639, § 2º, CC). Requisitos:
a) pedido motivado de ambos os cônjuges;
b) autorização judicial depois de apurada a procedência das razões invocadas.

Na hipótese de alteração do regime, os direitos de terceiros serão resguardados.

Espécies
Podem ser:
• Legais
  – regime da comunhão parcial de bens (art. 1.640, CC);
  – regime da separação obrigatória de bens (art. 1.641, I a III).
• Convencionais
  – regime da comunhão total de bens;
  – regime da separação de bens;
  – regime da participação final nos aquestos.

Para qualquer regime que não o legal, haverá a obrigatoriedade de pacto antenupcial.

Pacto antenupcial é o contrato solene, realizado antes do casamento, por meio do qual os nubentes escolhem o regime de bens que vigorará durante o matrimônio. São requisitos de validade e eficácia do pacto:

a) escritura pública, sob pena de nulidade;

b) ser seguido de casamento, sob pena de ser ineficaz.

Regime da comunhão parcial de bens

É o regime pelo qual entram na comunhão os bens adquiridos após o casamento. São excluídos da comunhão os bens que os cônjuges possuem ao casar, bem como aqueles que venham a adquirir por causa anterior ao casamento (doações e os bens sub-rogados, por exemplo).

Regime da comunhão total de bens

É o regime em que todos os bens se comunicam, isto é, tanto os bens adquiridos antes como após o matrimônio são divididos entre os cônjuges. Ficam excluídos apenas os bens constantes do rol previsto no artigo 1.668 do Código Civil.

Regime da separação total de bens

É o regime pelo qual não há comunicação de bens em decorrência do matrimônio. Pode ser:

- Legal (art. 1.641, I a III, CC) – É obrigatório no casamento:
  - das pessoas que o contraírem com inobservância das causas suspensivas (art. 1.523, CC);
  - da pessoa maior de 70 anos;
  - de todos que dependerem, para casar, de suprimento judicial.
- Convencional – com pacto antenupcial.

Regime da participação final de aquestos

É um misto de dois regimes: durante a constância do casamento, vigoram regras semelhantes ao regime da separação total de bens, e, depois de dissolvida a sociedade conjugal, em tese, o da comunhão parcial.

Atos que o cônjuge não pode praticar sem a autorização do outro (Art. 1.647, CC)

- Alienar ou gravar de ônus real os bens imóveis.
- Pleitear, como autor ou réu, acerca desses bens ou direitos.
- Prestar fiança ou aval.
- Fazer doação, não sendo remuneratória, de bens comuns, ou que possam integrar futura meação.

Exceção: regime da separação absoluta de bens.

PRESTE ATENÇÃO

1. A meação dos bens ocorrerá da seguinte forma:
   Regime da comunhão parcial de bens: meação dos bens adquiridos onerosamente na constância do casamento.

   Regime da comunhão universal de bens: meação de todos os bens, tanto os adquiridos antes como os adquiridos depois do casamento, a título oneroso ou gratuito.

   Regime da separação total de bens (obrigatória ou convencional): não há meação.

   Regime da participação final nos aquestos: meação dos bens adquiridos onerosamente na constância do casamento, direito que só se concretiza com o fim da sociedade conjugal.

2. Herança: só será dividida no regime da comunhão universal de bens e desde que não tenha sido gravada com cláusula de incomunicabilidade, acompanhada de justificativa, se versar sobre os bens da legítima.

3. Doação: também só será dividida no regime da comunhão universal, salvo se houver cláusula de incomunicabilidade ou se, em outros regimes de bens, for feita em benefício do casal.

   Venda de bens imóveis e outros atos previstos no artigo 1.647 do Código Civil: é exigida a outorga uxória ou a autorização marital, exceto no regime da separação total de bens.

Capítulo 4
União Estável

4.1 Definição e especificidades

Conforme já ressaltamos no primeiro capítulo desta obra, o reconhecimento da união estável como entidade familiar ocorreu em 1988 com a entrada em vigor da Constituição Federal.

Em atenção ao reconhecimento constitucional, o Código Civil dispõe no artigo 1.723:

> *É reconhecida como entidade familiar a união estável entre o homem e a mulher, configurada na convivência pública, contínua e duradoura e estabelecida com o objetivo de constituição de família.*

O legislador estabelece, ainda, que a união estável poderá ser convertida em casamento mediante pedido dos companheiros ao juiz e assento no Registro Civil (art. 1.726, CC). Tal previsão deriva da própria Constituição Federal, que determina em seu artigo 226, § 3º:

> *Para efeito da proteção do Estado, é reconhecida a união estável entre o homem e a mulher como entidade familiar, devendo a lei facilitar sua conversão em casamento.*

Como se pode perceber, as previsões relativas à união estável estão em consonância com o determinado pela Constituição Federal de 1988, mas antes da entrada em vigor do Código Civil de 2002 houve a necessi-

FAMÍLIA & SUCESSÕES

dade de regulamentação da matéria por lei especial, conforme veremos mais adiante.

Álvaro Villaça Azevedo (Estatuto da família de fato, 2002, p. 111) destaca os contornos fundamentais do conceito de casamento ou matrimônio de fato como sendo

> a união do homem e da mulher, que se mostra como um acontecimento social, espontâneo, criando uma família, que reclama uma proteção da ciência do Direito, por não ter surgido segundo as normas legais do casamento, mas com todas as condições de regularizar-se.

Tempos atrás, ainda pensava-se na necessidade de regularização da situação fática. Hoje, porém, a união estável está consolidada jurídica e socialmente como núcleo familiar sem que se possa estabelecer qualquer hierarquia que a torne inferior ao casamento.

A entidade familiar da união estável demorou alguns anos para se consolidar e se fazer respeitar, tantos eram os obstáculos, mormente de ordem moral e religiosa, que tinham de ser enfrentados por aqueles que moravam juntos sem estarem unidos em matrimônio civil.

A questão da nomenclatura, por seu turno, também deve ser abordada, pois antes do Código Civil de 2002 entrar em vigor, existiam o *concubinato puro* e o *concubinato impuro*, sendo o primeiro o nome dado às uniões entre pessoas desimpedidas para o casamento e o segundo às uniões em que existia algum impedimento.

Hoje, com a nova legislação civil, por força do artigo 1.727, as relações não eventuais entre homem e mulher impedidos de casar, constituem concubinato. Ou seja, a questão da nomenclatura deve ser entendida da seguinte forma: união estável, como sendo a união de pessoas livres para o casamento, e concubinato, união de pessoas impedidas, por alguma razão, para o matrimônio, antigo concubinato impuro (Cf. Scalquette, Ana Cláudia Silva. *União Estável*. 2. ed. São Paulo: Saraiva, 2009, pp. 7-8).

Com relação ao conceito legal do artigo 1.723 e à consideração acima, extraída da doutrina, em que encontramos as expressões *homem e mulher*, há que se mencionar a nova interpretação dada às uniões estáveis pelo Supremo Tribunal Federal, sobre a qual brevemente comentamos no segundo capítulo desta obra.

Em maio de 2011, os ministros do STF, ao julgarem a ADIn n. 4277 e a ADPF n. 132 reconheceram a união estável para casais do mesmo sexo.

As ações foram ajuizadas na Corte, respectivamente, pela Procuradoria-Geral da República no dia 22 de julho de 2009 e pelo então governador do Rio de Janeiro, Sérgio Cabral, no dia 27 de fevereiro de 2008.

O julgamento, iniciado em 4 de maio de 2011, teve como relator o Ministro Ayres Britto que votou no sentido de dar interpretação conforme a Constituição Federal para excluir qualquer significado do artigo 1.723 do CC que impeça o reconhecimento da união entre pessoas do mesmo sexo como entidade familiar.

Em seu voto, o ministro Ayres Britto argumentou que o artigo 3º, inciso IV, da Constituição Federal veda qualquer discriminação em virtude de sexo, raça, cor e que, nesse sentido, ninguém pode ser diminuído ou discriminado em função de sua *preferência* sexual. *"O sexo das pessoas, salvo disposição contrária, não se presta para desigualação jurídica"*, observou o ministro, para concluir que qualquer depreciação da união estável homoafetiva colide, portanto, com o inciso IV do artigo 3º da Constituição Federal de 1988 (Disponível em http://www.stf.jus.br/portal/cms/verNoticiaDetalhe.asp?idConteudo=178931).

Luís Roberto Barroso (*Interpretação e aplicação da Constituição: fundamentos de uma dogmática constitucional transformadora*. 6ª ed. São Paulo: Saraiva, 2004, p. 346), em doutrina sobre as cláusulas constitucionais, corrobora o argumento do ministro Ayres Britto ao asseverar

> As cláusulas constitucionais, por seu conteúdo aberto, principiológico e extremamente dependente da realidade subjacente, não se prestam ao sentido unívoco e objetivo que uma certa tradição exegética lhes pretende dar. O relato da norma, muitas vezes, demarca apenas uma moldura dentro da qual se desenham diferentes possibilidades interpretativas. À vista dos elementos do caso concreto, dos princípios a serem preservados e dos fins a serem realizados é que será determinado o sentido da norma, com vistas à produção da solução constitucionalmente adequada para o problema a ser resolvido.

Os ministros Luiz Fux, Ricardo Lewandowski, Joaquim Barbosa, Gilmar Mendes, Marco Aurélio, Celso de Mello e Cezar Peluso, bem como as ministras Cármen Lúcia e Ellen Gracie acompanharam o entendi-

FAMÍLIA & SUCESSÕES

mento do ministro Ayres Britto, pela procedência das ações e com efeito vinculante, no sentido de dar interpretação, conforme a Constituição Federal, para excluir qualquer significado do artigo 1.723 do Código Civil que, frise-se, impeça o reconhecimento da união entre pessoas do mesmo sexo como entidade familiar, abrindo precedente que poderá ser seguido por outros juízes e tribunais.

A partir desse julgamento, juízes de primeiras instâncias têm-se pautado pela interpretação do STF, admitindo a possibilidade de reconhecimento de uniões estáveis entre pessoas do mesmo sexo e também possibilitando a conversão dessas uniões em casamento, conforme determina o artigo 1.726 do Código Civil (SCALQUETTE, Ana Cláudia Silva; SCALQUETTE, Rodrigo Arnoni. *Análise contemporânea da tutela dos casos difíceis: o precedente no direito brasileiro. In*: 60 desafios do direito: direito na sociedade contemporânea, volume 1. São Paulo: Atlas, 2013, p. 49).

A possibilidade de conversão das uniões homoafetivas em casamento também causou discussão jurídica que alcançou o Superior Tribunal de Justiça – STJ – que acabou por confirmar a possibilidade de conversão em casamento para uniões homoafetivas (Decisão da 4ª Turma do STJ, publicada no Portal de notícias, http://www.stj.jus.br/portal_stj/publicacao/engine.wsp?tmp.area=398&tmp.texto=103687)

Por fim, cumpre ressaltar que o Conselho Nacional de Justiça – CNJ, em 14 de maio de 2013 – com a Resolução n. 175 – determinou que os cartórios de todo país não poderão se recusar a proceder o processo de habilitação, casamento civil ou conversão de união estável em casamento de pessoas do mesmo sexo. Portanto, hoje podemos afirmar que, mesmo sem previsão legal específica, é admitido no Brasil o casamento de pessoas do mesmo sexo, por força de precedente judicial que deu interpretação conforme a Constituição Federal, vedando qualquer espécie de discriminação.

4.2 Regulamentação

Antes do Código Civil de 2002 entrar em vigor, a união estável só vinha disciplinada em duas leis infraconstitucionais a saber: Lei 8.971/94 e Lei 9.278/96.

A Lei 8.971/94, conhecida como "Lei dos Companheiros", reconheceu o direito a alimentos, o direito sucessório e o usufruto de parte dos bens em caso de morte para aqueles que:

UNIÃO ESTÁVEL

- vivessem em união por mais de cinco anos ou com prole;
- fossem livres para essa união, isto é, solteiros, viúvos, separados judicialmente ou divorciados.

Já a Lei 9.278/96, conhecida como "Lei dos Conviventes", reconheceu a presunção do esforço comum, isto é, de que os bens adquiridos na constância da união pertenciam aos dois desde que tivessem o objetivo de constituir família, e previu o direito real de habitação, enquanto vivessem e não constituíssem nova união ou casamento. No entanto:

- não exigia prazo de cinco anos, tipo de união ou prole;
- não falava em pessoas desimpedidas.

Havia a necessidade de uma uniformização desses entendimentos, visto que até aquelas pessoas que viviam relações extramatrimoniais acabavam tendo seus direitos protegidos.

O Código Civil de 2002, por sua vez, não foi muito detalhista quando disciplinou a união estável, somente reconhecendo que esta não se constituirá se ocorrerem os impedimentos do artigo 1.521, com exceção do inciso VI, no caso de pessoa casada se estiver separada de fato ou judicialmente. Complementou que não impedirão a caracterização da união estável as causas suspensivas do artigo 1.523 e que o concubinato é a relação não eventual entre homem e mulher impedidos de casar (art. 1.727), como já observamos acima.

Algumas perguntas, porém, ficam no ar. Será que mesmo aqueles que vivem em concubinato têm o direito de dividir os bens que tenham adquirido com o esforço comum? O direito real de habitação e o usufruto de parte dos bens continuam em vigor, uma vez que não há previsão contrária no Código Civil de 2002?

A realidade mostra que ainda se encontrará espaço para a aplicação do previsto nas duas leis citadas, daquilo que não contrarie o atual Código Civil e que possa resolver a situação de milhares de brasileiros que vivem nesta situação de fato e necessitam ter seus direitos resguardados sob pena de retrocesso na longa caminhada de proteção da convivência não matrimonial.

Essa é uma das questões mais polêmicas do Código Civil de 2002, pois envolve, também, o direito sucessório, que será abordado na segunda parte desta obra, ressaltando outras contradições e dúvidas.

4.3 Elementos constitutivos da união estável

Do conceito legal de união estável, trazido pelo Código Civil, podemos extrair vários elementos constitutivos dessas uniões.

Segundo Carlos Roberto Gonçalves, vários são os pressupostos necessários para que se constitua uma união estável. Referidos pressupostos, segundo o autor, são apontados como de ordem subjetiva e ordem objetiva (Direito Civil brasileiro: Direito de Família, 2006, vol. VI, pp. 539-549). Vejamos.

Os elementos de ordem subjetiva são:

a) **Convivência *more uxório*:** Ou seja, uma comunhão de vida que se assemelhe àquela em que vivem as pessoas casadas.

b) ***Affectio maritalis:*** Objetivo de constituir família – como a classificação do citado autor propõe, é elemento de caráter subjetivo, portanto, de difícil prova.

Não devemos, contudo, confundir os namoros ou noivados com uniões estáveis pelo simples fato de que, nesses casos, há o intuito de constituir, no futuro, uma família. Como, então, definir esse objetivo de constituir família como elemento constitutivo de uniões estáveis?

Deve-se levar em conta todos os outros elementos para que se chegue a uma interpretação que permita concluir, que, nesta ou naquela união, havia o ânimo exigido, isto é, interpretando conjuntamente todos os elementos constitutivos, de ordem subjetiva e objetiva, para que, com uma visão mais ampla, possam ser identificadas aquelas uniões que se assemelham ao casamento.

São elementos de ordem objetiva:

a) **Diversidade de sexos** – Por força de exigência legislativa, a união estável só se constituiria se os sexos das pessoas envolvidas fossem diferentes. Mas, até bem pouco tempo atrás questionávamos como ficariam aquelas uniões de pessoas de mesmo sexo, já tão expressivas em nossa sociedade?

Nas primeiras edições dessa obra defendíamos que a proteção jurídica dos parceiros das uniões homoafetivas ao menos deveria ser dada levando-se em conta as regras da sociedade de fato, no campo obrigacional.

UNIÃO ESTÁVEL

Atualmente, porém, como apresentamos no início deste capítulo, já temos entendimento firmado pelo Supremo Tribunal Federal impedindo a discriminação. Decidimos manter, portanto, o requisito objetivo da "diversidade de sexo", a partir da sétima edição, apenas e tão somente para registro histórico.

b) Notoriedade ou publicidade – Esse requisito exige a naturalidade da união, ou seja, que os companheiros se comportem publicamente como um casal, excluindo-se as uniões sigilosas, sorrateiras.

c) Estabilidade ou durabilidade – Ressalte-se que não há previsão legal de prazo mínimo para a configuração da união estável. Todavia, a estabilidade deverá ser comprovada com os outros elementos, embora possa haver variações consideráveis do lapso de tempo diante do caso concreto.

d) Continuidade – A união deve ser contínua para que se verifique se é suficientemente forte a ponto de ser elevada à condição familiar, embora possam existir pequenas interrupções, como em qualquer relacionamento.

e) Inexistência de impedimentos matrimoniais – Conforme preceitua o § 1º do artigo 1.723, a união estável não se constituirá se ocorrerem os impedimentos do artigo 1.521, ambos do CC. A exceção fica por conta do casamento, se os cônjuges já se encontravam separados de fato ou judicialmente.

f) Relação monogâmica – A exemplo do casamento, o relacionamento dos companheiros deve ser único, em consonância com a regra de não existirem impedimentos, a exemplo da pessoa casada que não está separada de fato e que vive relacionamento extramatrimonial.

4.4 Deveres dos companheiros

Quando pensamos nos deveres dos companheiros podemos, num primeiro momento, supor que são os mesmos deveres previstos para o casamento, mas, assim como há diferenças formais na constituição dessas

FAMÍLIA & SUCESSÕES

duas espécies de família, embora semelhantes, há, também, diferenças no que tange às obrigações decorrentes do relacionamento. São deveres a serem respeitados entre os companheiros, segundo o artigo 1.724 do CC:

a) lealdade;
b) respeito e assistência;
c) guarda, sustento e educação dos filhos.

Percebe-se que não estão previstos dois deveres que constam para o casamento, ou seja, o de fidelidade e o de coabitação. Segundo as lições de Álvaro Villaça Azevedo (*Estatuto da família de fato*, 2002, p. 444),

> a lealdade é gênero de que a fidelidade é espécie e também a deslealdade entre companheiros, quando um deles mantém relação sexual ou, simplesmente, namora ou mantém relações íntimas com terceiros, o que pode causar repulsa de tal ordem que torne insuportável a convivência ao companheiro inocente.

Já quanto ao dever de coabitação, Villaça de Azevedo (*ibidem*, p. 437) também ensina que "essa convivência, como no casamento, existe com continuidade; os companheiros não só se visitam, mas vivem juntos, participam um da vida do outro, sem tempo marcado para se separarem".

Há, no entanto, entendimento no sentido de que a vida em comum no mesmo domicílio não é imprescindível para a caracterização da união estável, entendimento este editado na Súmula 382 do Supremo Tribunal Federal, a saber: "*A vida em comum sob o mesmo teto, more uxorio, não é indispensável à caracterização do concubinato*".

Porém, importante destacar que, embora, num primeiro momento, possa o intérprete ficar tranquilo quanto à dispensa do convívio sob o mesmo teto enquanto dever daqueles que convivem em união estável por força do entendimento sumulado, cumpre-nos ressaltar que a origem dessa Súmula, datada de 1964, foram ações envolvendo investigação de paternidade que, à época, somente podia ser comprovada segundo o artigo 363 do Código de 1916, já que inexistia o exame de DNA (vide Recurso Extraordinário n. 49.212/1962 – GO e Recurso Extraordinário 2004/1932 – RS).

Nesse dispositivo, afora as hipóteses de rapto da mãe pelo suposto pai, comprovação de relações sexuais entre ambos à época da concepção ou escrito daquele a quem se atribuía a paternidade, o que restava era a prova do concubinato.

Nesse contexto, era importantíssimo para fins de reconhecimento da relação paterno-filial, que a relação concubinária ficasse claramente demonstrada, mas diante da ausência de disciplina legal sobre a matéria, entenderam nossos ministros, na década de 60, que a convivência sob o mesmo teto não era imprescindível para a caracterização do concubinato.

Dessa forma, concluímos, em razão da origem da súmula, que o que se espera de um relacionamento tido como entidade familiar é a convivência de ambos os companheiros em um único domicílio, o que se assemelha à situação vivida, em regra, nos casamentos. Portanto, atualmente, para que possa ser caracterizada a união estável sem esse convívio sob o mesmo teto, deve ser apresentada justificativa a fim de que o magistrado compreenda as razões que levaram à não coincidência de domicílio para que esse fator possa ser relevado e a união reconhecida.

4.5 Regime de bens

Aplica-se à união estável, salvo estipulação em contrário em contrato escrito pelos companheiros, o regime da comunhão parcial de bens (art. 1.725, CC).

Cumpre-nos ressaltar que as restrições impostas por lei quanto à obrigatoriedade do regime de separação total de bens no casamento, previstas no artigo 1.641, não se aplicam à união estável por não podermos ampliar a aplicação de dispositivo que limita direitos, ou seja, o regime da separação total de bens para o maior de 70 anos, não seria obrigatório em caso de união estável, por exemplo (Scalquette, Ana Cláudia Silva. *União Estável*. 2. ed., p. 14).

O STJ, entretanto, vem firmando posicionamento de que é aplicável o regime de separação obrigatória em caso de idade, assim como ocorre no casamento (vide REsp 646.259/RS, REsp 1.090.722/SP, REsp 736.627/PR e REsp 1.171.820/PR), garantindo, porém, a aplicação da Súmula 377 do STF cuja redação é: *"No regime da separação legal de bens, comunicam-se os adquiridos na constância do casamento".*

Data vênia, se observarmos atentamente, embora igualando a união estável ao casamento para fim de imposição de regime obrigatório da separação total de bens, determina nosso tribunal que a súmula 377 seja

FAMÍLIA & SUCESSÕES

aplicada, o que garante a partilha dos bens adquiridos onerosamente durante a união, findando em situação semelhante ao regime da comunhão parcial, o que defendemos ser o mais correto.

EM RESUMO

União Estável

É reconhecida como entidade familiar a união estável, configurada na convivência pública, contínua e duradoura e estabelecida com o objetivo de constituição de família.

Segundo o Código Civil:

- a união estável não se constituirá se ocorrerem os impedimentos do artigo 1.521, com exceção do inciso VI, no caso de pessoa casada se estiver separada de fato ou judicialmente;
- não impedirão a caracterização da união estável as causas suspensivas do artigo 1.523.

Deveres dos companheiros:

a) lealdade;
b) respeito e assistência;
c) guarda, sustento e educação dos filhos.

Regime de bens – Aplica-se à união estável, salvo estipulação em contrário em contrato escrito pelos companheiros, o regime da comunhão parcial de bens (art. 1.725, CC).

Conversão em casamento – A união estável poderá ser convertida em casamento mediante pedido dos companheiros ao juiz e assento no Registro Civil (art. 1.726, CC).

Concubinato – É a relação não eventual entre pessoas impedidas de casar (art. 1.727, CC).

PRESTE ATENÇÃO

1. Após entendimento firmado pelo STF as expressões homem e mulher não podem ser obstáculos à proteção das uniões estáveis entre pessoas do mesmo sexo, garantindo-se o reconhecimento e proteção jurídica às uniões estáveis homoafetivas.

2. A união estável não pode ser entendida como casamento. Se fossem iguais, a Constituição de 1988 não preveria que a lei deve facilitar a conversão da união estável em casamento.

3. Fique atento aos novos nomes:
   - União estável – É a união entre pessoas desimpedidas (antigo "concubinato puro").
   - Concubinato – É a relação não eventual entre pessoas impedidas de casar (antigo "concubinato impuro").

Capítulo 5
Formas de Dissolução do Casamento e da Sociedade Conjugal

5.1 Sociedade conjugal *versus* vínculo matrimonial

Antes de iniciarmos o estudo das formas de dissolução do casamento e da sociedade conjugal, é necessário compreendermos as expressões "sociedade conjugal" e "vínculo matrimonial".

Segundo Pontes de Miranda (*Tratado de Direito de Família*. Campinas: Bookseller, 2001, p. 403), é preciso "não se confundirem o vínculo conjugal, que só se dissolve com a morte ou com o divórcio, e a sociedade conjugal, que é o fato da vida em comum no domicílio conjugal".

Para Maria Helena Diniz (*Curso de Direito Civil brasileiro*, v. 5. São Paulo: Saraiva, 2007, p. 246), o casamento é "um instituto mais amplo do que a sociedade conjugal, por regular a vida dos consortes, suas relações e suas obrigações recíprocas, tanto as morais como as materiais, e seus deveres para com a família e a prole".

Quanto à sociedade conjugal, entende a autora (*idem*) que, embora esteja contida no matrimônio, "é um instituto jurídico menor do que o casamento, regendo, apenas, o regime matrimonial de bens dos cônjuges, os frutos civis do trabalho ou indústria de ambos os consortes ou de cada um deles".

Observa-se, portanto, que as expressões "casamento" e "vínculo matrimonial" são mais amplas que "sociedade conjugal".

FAMÍLIA & SUCESSÕES

Pode-se dizer, dessa forma, que esta última é o elo mais frágil que une o casal, podendo ser rompido, por exemplo, pela separação, que ainda não libera os cônjuges para novas núpcias.

Para que os cônjuges fiquem livres para novos casamentos deverá ocorrer o rompimento do vínculo com o divórcio.

5.2 Formas de dissolução

Pela redação do artigo 1.571 do Código Civil, a sociedade conjugal termina:

- pela morte de um dos cônjuges;
- pela nulidade ou anulação do casamento;
- pela separação judicial;
- pelo divórcio.

Todavia, de acordo com o artigo 1.571, § 1º, o casamento válido somente se dissolve:

- pela morte de um dos cônjuges;
- pelo divórcio.

Inovação do Código Civil de 2002 ocorre quanto à morte presumida, pois, pela redação do artigo 1.571, § 1º, *in fine*, o casamento também se dissolverá aplicando-se a presunção estabelecida quanto ao ausente.

Estudaremos, a partir de agora, cada uma das formas de dissolução da sociedade conjugal e do vínculo matrimonial, começando com as duas hipóteses de invalidade do ato matrimonial – casamento nulo e casamento anulável – para terminar com a análise da separação e do divórcio.

5.2.1 Dissoluções decorrentes da invalidade

Preferimos separar as formas de dissolução decorrentes da invalidade das demais formas de dissolução a fim de aclarar aos leitores quanto à diversidade de origem entre as várias possibilidades de término da sociedade conjugal e vínculo matrimonial.

5.2.1.1 Casamento nulo

As hipóteses de casamento nulo estão previstas no artigo 1.548 do Código Civil e eram, até a entrada em vigor do Estatuto da Pessoa com Deficiência (Lei n. 13.146/15), as seguintes:

FORMAS DE DISSOLUÇÃO DO CASAMENTO E DA SOCIEDADE CONJUGAL

- o casamento contraído pelo enfermo mental sem o necessário discernimento para os atos da vida civil, ainda que não tenha sofrido processo de interdição;
- o casamento contraído por infringência de impedimentos previstos no artigo 1.521, incisos I a VII, do Código Civil.

A hipótese do inciso, I, com a entrada em vigor da referida lei, foi revogado, ou seja, restou-nos apenas as hipóteses trazidas pelo inciso II, que, lembramos, foram objeto de nosso estudo no Capítulo 2, item 2.6.1.

Porém, cabem alguns comentários quanto à extinta primeira hipótese.

Embora o intuito do *Estatuto da Pessoa com Deficiência* tenha sido o de preservar a igualdade entre as pessoas, a "extinção" do conceito de incapacidade, acabou, em algumas situações, a nosso ver, desprotegendo ao invés de proteger as pessoas com deficiência.

A revogação do inciso I é apenas um dos exemplos possíveis. Com a previsão anterior, não havia discriminação, pelo contrário, havia a preocupação em preservar os interesses daquele que, em razão de uma enfermidade mental, não possuía o necessário discernimento para os atos da vida civil.

Não bastava que houvesse enfermidade mental. Essa enfermidade tinha de impedir que o contraente tivesse o discernimento dos atos civis que praticava. Não se estava pensando apenas em uma situação jurídica consolidada em que tivesse havido processo de interdição com trânsito em julgado, pois se houvesse provas que demonstrassem a incapacidade de compreensão, o casamento seria nulo.

Pois bem, sem esta hipótese prevista em lei, atualmente, caso ocorra este casamento, ele não poderá ser considerado nulo, pois só é nulo ou anulável aquilo que foi previsto pelo legislador como tal.

Todavia, em que pese nossa visão crítica quanto a alguns pontos do referido Estatuto, deve-se mencionar que seus acertos foram maiores que suas falhas, havendo, sem dúvida, um benefício em termos de proteção e igualdade aos que possuem qualquer forma de deficiência.

Prosseguindo, ressaltamos que o casamento nulo guarda algumas características:

- A ação de decretação de nulidade pode ser intentada por qualquer interessado ou pelo Ministério Público (art. 1.549, CC).

FAMÍLIA & SUCESSÕES

- É imprescritível, isto é, não pode ser confirmado, pois é ato nulo.
- É causa suspensiva para que a mulher contraia novo casamento nos 300 dias subsequentes ao término da coabitação (art. 1.523, II, CC).

Por fim, devemos pensar que para que o casamento nulo ocorra, em algum momento deve ter falhado o controle preventivo realizado pelo processo de habilitação, pois é especialmente nesse momento que devem ser verificados os impedimentos matrimoniais.

5.2.1.2 Casamento anulável

O casamento anulável difere do nulo por poder convalidar-se caso a anulação não seja pedida dentro do prazo previsto em lei.

Sua principal característica, portanto, é estar sujeito a prazos.

O artigo 1.550 do Código Civil prevê que é anulável o casamento:

I – de quem não completou a idade mínima para se casar
Excetua-se dessa hipótese o casamento de que resultou gravidez (art. 1.551).

O documento da autorização para casar transcrever-se-á integral-mente na escritura antenupcial (art. 1.537). Esse menor, depois de completar a idade núbil, poderá confirmar seu casamento com a autorização de seus representantes legais ou suprimento judicial (art. 1.553).

O prazo para anulação do casamento é de 180 dias, contado:
- da data do casamento para ascendentes e representantes legais;
- da data que completou 16 anos para o menor.

II – do menor em idade núbil, quando não autorizado por seu representante legal
Atente-se para o fato de que a expressão representante legal inclui pais e tutores legais (Cf. ALMEIDA, José Luiz Gavião de. *Direito Civil: família*. Rio de Janeiro: Elsevier, 2008, p. 85)

Se o representante tiver assistido ao casamento, ou manifestou de outro modo sua aprovação, não poderá haver anulação.

O prazo para essa hipótese também será de 180 dias, contado:
- da data que completou 18 anos para o incapaz;
- da data do casamento para os representantes legais;
- da data da morte para seus herdeiros necessários.

Com relação à terceira contagem, não é razoável pensar que uma pessoa contraia núpcias sem autorização dos pais ou autorização judicial com 17 anos, fique 60 anos casada e, após falecer com 77 anos possa ter seu casamento anulado pelos seus herdeiros necessários em 180 dias. Essa situação elevaria à categoria de nulo uma hipótese de anulável.

Dessa forma, a interpretação razoável seria a de contarmos 180 dias da morte, caso o falecimento ocorra entre o casamento e a data que o cônjuge incapaz complete 18 anos.

III – por vício da vontade, nos termos dos artigos 1.556 a 1.558

Nesse caso, o casamento é anulável se houve por parte de um dos nubentes, ao consentir, erro essencial quanto à pessoa do outro cônjuge (arts. 1.556 e 1.557 – cada uma dessas hipóteses será analisada no tópico "Erro essencial") ou se o consentimento de qualquer um dos cônjuges foi obtido mediante fundado temor de mal considerável e iminente para a vida, a saúde e a honra, tanto sua como de sua família, ou seja, mediante coação (art. 1.558).

Diferentemente das situações anteriores, o prazo é bastante grande dada a gravidade da situação. Vejamos:

- prazo de três anos, contado da celebração, no caso de erro essencial, só para o cônjuge enganado;
- prazo de quatro anos, contado da celebração, no caso de coação, só para o cônjuge coagido.

IV – do incapaz de consentir ou manifestar, de modo inequívoco, o consentimento

O exemplo mais comum encontrado na doutrina é o dos surdos-mudos. Ressalte-se que nem todo surdo é mudo. Por vezes a dificuldade da fala está ligada à impossibilidade da audição. Para que os surdos-mudos possam ser citados como exemplo dessa hipótese de anulação, eles têm de ser surdos-mudos e incapazes de manifestar de forma inequívoca seu consentimento.

Outras situações, porém, poderiam ser trazidas, como a de pessoas que estão drogadas ou sob o efeito de medicamentos. Em ambas as situações a incapacidade, contudo, tem de ter sido gerada involuntariamente pelo envolvido.

FAMÍLIA & SUCESSÕES

O prazo, nesse caso, é de 180 dias, contado da celebração do casamento.

V – realizado pelo mandatário, sem que ele ou o outro contraente soubesse da revogação do mandato, e não sobrevindo coabitação entre os cônjuges
Ao estudarmos o casamento por procuração comentamos sobre essa hipótese de anulação.
Reforçamos que o mandante tem o prazo de 180 dias para pedir a anulação a partir da data em que tiver conhecimento da celebração.

VI – por incompetência da autoridade celebrante
Trata-se de incompetência *racione loci*, ou seja, em razão do lugar.
Subsiste o casamento celebrado por quem não tem competência exigida na lei, mas exerce publicamente as funções de juiz de casamento e tiver registrado o ato no Registro Civil (art. 1.554).
O prazo é de dois anos, contado da data da celebração.

A validade desses casamentos depende de uma condição resolutiva, produzindo efeitos se o cônjuge ou a pessoa legitimada não propuser a ação respectiva dentro do prazo estipulado em lei.

5.2.1.2.1 Erro essencial

Antes de abordarmos as hipóteses de erro essencial que foram previstas em lei, cumpre-nos ressaltar que alguns requisitos têm de ser respeitados para que possa ser pedida a anulação por erro essencial. Vejamos:
- o erro tem de ser preexistente ao casamento;
- tem de haver desconhecimento do erro pelo cônjuge enganado;
- a descoberta tem de tornar insuportável a vida em comum.

O artigo 1.557 do Código Civil prevê quatro hipóteses de erro essencial. São elas:

I – o que diz respeito à sua identidade, sua honra e boa fama, sendo esse erro tal que o seu conhecimento ulterior torne insuportável a vida em comum ao cônjuge enganado;
Como exemplo pode-se citar a descoberta de que o marido é gigolô (proxeneta), isto é, explora a prostituição. Esse seria um erro quanto à honra ou, no mínimo, boa fama de um dos cônjuges.

Não são comuns os casos de anulação por erro essencial, mas pode-se, por exemplo, anular um casamento em que um dos cônjuges, desde o namoro, mantem relacionamento com terceiro, traindo seu parceiro. Esse é, sem dúvida, um erro quanto à honra de um dos cônjuges.

Não se considera erro quanto à identidade aquele que versa sobre questões de fortuna, nacionalidade ou profissão.

II – ignorância de crime anterior ao casamento, que, por sua natureza, torne insuportável a vida conjugal;
O Código Civil de 1916 mencionava crime inafiançável, com sentença condenatória anterior ao casamento. Atualmente, não é preciso haver condenação nem o crime ser inafiançável, prevendo-se apenas que, por sua natureza, haja a insuportabilidade da vida em comum, o que carrega de subjetividade o dispositivo, pois o que é insuportável para um pode não o ser para outro.

III – a ignorância, anterior ao casamento, de defeito físico irremediável que não caracterize deficiência ou de moléstia grave e transmissível, pelo contágio ou herança, capaz de pôr em risco a saúde do outro cônjuge ou de sua descendência;
Nesse inciso, dentre outras possibilidades, como a do pseudo-hermafroditismo e a das deformações genitais, podem ser citadas as impotências *coeundi* (impotência para o ato sexual), *generandi* (impotência do homem para a fecundação) e *concipiendi* (impotência da mulher para a concepção). Dessas três, a única capaz de anular o casamento é a primeira, pois as duas últimas não constituem causas de anulação (Cf. Venosa, Sílvio de Salvo. *Direito Civil: Direito de Família*, v. 6. São Paulo: Atlas, 2007, p. 113; Diniz, Maria Helena. *Curso de Direito Civil brasileiro*, v. 5. São Paulo: Saraiva, 2007, p. 269).

Com relação às moléstias graves e transmissíveis, temos, por exemplo, a AIDS, mas ressaltamos que, nesses casos, melhor seria se existisse um mecanismo preventivo para que se evitasse o contágio, como a apresentação de exames pré-nupciais, e não apenas a possibilidade de anulação de casamento, medida somente repressiva e, por vezes, pouco eficaz.

Destacamos que o *Estatuto da Pessoa com Deficiência* fez pequena inserção nesta terceira hipótese que pode ser acima evidenciada pela expressão *"desde que não caracterize deficiência"*. Ressaltamos, porém, que, quanto ao inciso IV, não houve ajuste, mas sim sua extinção.

FAMÍLIA & SUCESSÕES

Apenas para registro histórico da alteração legislativa, citamos aos nossos leitores que a quarta hipótese tinha a seguinte redação:

"a ignorância, anterior ao casamento, de doença mental grave que, por sua natureza, torne insuportável a vida em comum ao cônjuge enganado".

Embora fosse difícil imaginar uma doença mental que pudesse ser classificada como grave, fosse anterior ao casamento e desconhecida pelo cônjuge, dada a proximidade dos relacionamentos de namoros na atualidade, podíamos imaginar como um exemplo de possível anulação a esquizofrenia ou até mesmo alguns transtornos como o transtorno obsessivo compulsivo, conhecido como TOC, situações que pareceriam mais plausíveis.

Hoje, porém, não há que se falar nesta possibilidade de anulação, expressamente revogada pela Lei Brasileira de Inclusão da Pessoa com Deficiência (*Estatuto da Pessoa com Deficiência*).

Continuando, reforçamos que, em todos esses casos elencados no artigo 1.557, só o cônjuge enganado poderá propor a ação anulatória e se o fizer dentro do prazo de três anos, contado da data da celebração do casamento. É, portanto, um direito personalíssimo.

5.2.1.3 Casamento putativo

A ideia de putativo vem de *putare*, "pensar que", "imaginar". O casamento putativo, dessa forma, é aquele em que um dos cônjuges ou mesmo ambos pensam estar contraindo um casamento válido, mas não estão.

A previsão legal para que, nesse caso, sejam conferidos os efeitos do casamento válido aos que estão de boa-fé está no artigo 1.561 do Código Civil, *in verbis*:

Embora anulável ou mesmo nulo, se contraído de boa-fé por ambos os cônjuges, o casamento, em relação a estes como aos filhos, produz todos os efeitos até o dia da sentença anulatória.

No entanto, se apenas um dos cônjuges estiver de boa-fé ao celebrar o casamento, os efeitos civis só beneficiarão a ele e aos filhos; se nenhum dos cônjuges estiver de boa-fé, beneficiarão somente aos filhos.

Os efeitos são os seguintes:

• Se ambos os cônjuges estiverem de boa-fé

- São válidas as convenções antenupciais, que vigoram até a data da anulação.
- Se a anulação é decretada depois da morte de um dos cônjuges, o outro pode herdar o patrimônio do falecido. Se, todavia, a morte acontecer depois da anulação, não existirão direitos sucessórios, pois não haverá cônjuge sobrevivente.

- Se apenas um dos cônjuges estiver de boa-fé
  - Poderá, se quiser, beneficiar-se dos efeitos decorrentes do casamento até a anulação, como as convenções do pacto antenupcial.

Por fim, destacamos que se o erro é de fato, a boa-fé se presume. Se o erro for de direito, a boa-fé tem de ser provada.

5.2.2 Demais formas de dissolução

Quando não estamos no campo da invalidade, as formas de dissolução de sociedade conjugal e vínculo matrimonial que restam são a separação e o divórcio.

Fizemos nossas observações quanto à possibilidade prevista no Código Civil de 2002 quanto à morte presumida, portanto, ater-nos-emos à separação e ao divórcio.

5.2.3 Separação

A separação é o meio pelo qual se coloca fim à sociedade conjugal. Como vimos no início deste capítulo, para que o vínculo matrimonial seja dissolvido é necessário que haja o divórcio.

Contudo, em 13 de julho de 2010, a emenda Constitucional n. 66, alterou profundamente a matéria do divórcio, extinguindo qualquer requisito para a sua concessão.

Aprofundar-nos-emos nessas modificações um pouco mais adiante, mas justificamos, desde já, nossa opção por manter a matéria da separação em nossa obra por entendermos, como grande parte da doutrina, que o instituto não foi extinto, existindo, ainda, a opção aos interessados em fazer uso do instituto, caso não se sintam confortáveis em dar um passo definitivo que porá fim no matrimônio, como é o caso do divórcio.

Justificativa feita, estudaremos a separação e suas diversas especificidades.

FAMÍLIA & SUCESSÕES

A separação judicial é o meio pelo qual os cônjuges dissolvem a sociedade conjugal, isto é, o elo mais frágil que une duas pessoas, não podendo, entretanto, os antigos consortes contraírem novas núpcias. Ela põe fim, porém, em alguns dos deveres matrimoniais, como a fidelidade e a coabitação, bem como ao regime de bens.

A expressão "separação judicial" veio em substituição ao antigo "desquite", previsto antes da possibilidade de dissolução do vínculo matrimonial, que ocorreu em 1977 com a Emenda 9, regulamentada pela Lei 6.515/77.

A ação de separação judicial somente poderá ser proposta pelos cônjuges, que, no caso de incapacidade, poderão ser representados por curador, ascendente ou irmão (art. 1.576, parágrafo único, CC).

A tentativa de reconciliação é obrigatória, conforme estabelece o artigo 3º, § 2º, da Lei 6.515/77.

Há duas espécies de separação judicial: a consensual e a litigiosa.

5.2.3.1 Separação consensual

Essa espécie de separação judicial requer mútuo consentimento do casal, que deve ser manifestado perante o juiz. Para que possa ocorrer, os cônjuges teriam de estar casados por mais de um ano, conforme estabelece o artigo 1.574.

Utilizamos o verbo no futuro do pretérito porque entendemos – por força da liberação do cumprimento de qualquer pré-requisito para a concessão do divórcio em razão da alteração trazida pela Emenda Constitucional n. 66 – que não há mais sentido em se exigir o cumprimento de qualquer prazo também para a separação.

A petição inicial deverá ser assinada por ambos, por seus advogados ou por advogado escolhido de comum acordo (art. 34, § 1º, Lei 6.515/77) e não precisa haver motivação. O pedido será instruído com os seguintes documentos (art. 731 do Código de Processo Civil):

- disposições relativas à descrição e à partilha dos bens comuns;
- disposições relativas a eventual prestação alimentícia entre os cônjuges;
- acordo relativo à guarda dos filhos incapazes e ao regime de visitas; e
- valor da contribuição para criar e educar os filhos.

FORMAS DE DISSOLUÇÃO DO CASAMENTO E DA SOCIEDADE CONJUGAL

O juiz poderá homologar, ou não, a convenção caso perceba que esta não preserva suficientemente os interesses de um dos cônjuges ou da prole.

A separação consensual importa a separação de corpos e a partilha de bens (art. 1.575, CC). Depois do trânsito em julgado da sentença homologatória, deverá ser averbada no Registro Civil e, caso a partilha abranger bens imóveis, também no Registro Imobiliário.

Se, após a separação judicial, os cônjuges quiserem restabelecer a união, poderão fazê-lo, a qualquer tempo, por requerimento endereçado ao juiz da causa (art. 1.577, CC).

5.2.3.2 Separação consensual por via administrativa

Atualmente, temos mais uma possibilidade em termos de separação consensual.

Por força da Lei 11.441/07 é possível a realização de separação consensual por escritura pública, desde que atendido o seguinte requisito:

- não haja filhos menores ou incapazes;

A escritura deverá conter disposições relativas:

- à descrição e à partilha dos bens comuns;
- à pensão alimentícia;
- ao acordo quanto à retomada pelo cônjuge de seu nome de solteiro ou à manutenção do nome adotado quando se deu o casamento.

Frise-se que a escritura de separação não depende de homologação judicial e constitui título hábil para o registro civil e o registro de imóveis.

O tabelião somente lavrará a escritura se os contratantes estiverem assistidos por advogado comum ou advogados de cada uma das partes, cuja qualificação e assinatura constarão do ato notarial.

5.2.3.3 Separação litigiosa

Nessa espécie de separação judicial, não há consenso entre os cônjuges. Ela ocorre por iniciativa unilateral de acordo com as hipóteses previstas em lei.

FAMÍLIA & SUCESSÕES

Embora ocorra por meio de um processo contencioso, a qualquer tempo as partes podem requerer a conversão em separação consensual (art. 1.123, CPC/2015).

Há três espécies de separação judicial litigiosa, previstas, respectivamente, no caput e §§ 1º e 2º do artigo 1.572 do Código Civil.

A) *Separação litigiosa como Sanção*

Nessa espécie, o cônjuge deve imputar ao outro ato que importe em grave violação dos deveres do casamento e torne insuportável a vida em comum.

Não basta a violação de um dos deveres previstos no artigo 1.566, mas essa quebra tem de tornar a vida em comum insuportável, havendo, necessariamente, a discussão de culpa pela quebra de dever matrimonial.

O legislador do Código Civil tornou, até certo ponto, mais fácil a tarefa do intérprete, pois teve a preocupação de, no artigo 1.573, trazer alguns atos que poderão caracterizar a impossibilidade da comunhão de vida. São eles:

- **Adultério** – Rompe o dever de fidelidade. A prova é complexa e, reforçamos, não é mais considerado ilícito penal.
- **Tentativa de morte** – Quebra os deveres de respeito, consideração e assistência mútuos.
- **Sevícia (maus-tratos corporais) ou injúria grave** – Rompe os mesmos deveres acima transcritos.
- **Abandono voluntário do lar conjugal, durante um ano contínuo** – Viola o dever de coabitação.
- **Condenação por crime infamante** – Rompe os deveres de respeito e consideração mútuos.
- **Conduta desonrosa** – Viola os deveres de respeito e consideração mútuos (como o vício do jogo e a prodigalidade).
- **Outros fatos** que o juiz considere que tornem evidente a impossibilidade da vida em comum, uma vez que não seria possível, para o legislador, prever todas as hipóteses de violação, deixando, a critério do juiz, a possibilidade de analisar essa insuportabilidade.

B) *Separação litigiosa como Falência*

Pode ocorrer quando um dos cônjuges provar a ruptura da vida em comum há mais de um ano e a impossibilidade de reconciliação, sendo irrelevante o motivo (art. 1.572, § 1º, CC).

Na separação litigiosa como falência, não haverá a discussão de culpa, podendo, até, ser proposta pelo cônjuge que deu causa a essa ruptura.

C) Separação litigiosa como Remédio

Essa separação pode ocorrer quando um dos cônjuges estiver acometido de grave doença mental. Há alguns requisitos objetivos e subjetivos para que possa ser proposta:

- a doença mental tem de ser grave;
- a doença deve ter-se manifestado após o casamento;
- a doença tem de tornar a vida em comum insuportável (aspecto subjetivo);
- após a duração de dois anos, a doença deve ter sido considerada de cura improvável.

Todos os requisitos devem estar presentes para que a separação judicial litigiosa como remédio seja concedida. Observe-se, porém, que pela especificidade e rigidez destes requisitos esta sempre foi uma espécie de separação muito rara de ser encontrada na prática.

Por fim, nessa espécie de separação, reverterão ao cônjuge enfermo que não houver pedido a separação judicial os remanescentes dos bens que levou para o casamento e, se o regime adotado permitir, a meação dos adquiridos na constância da sociedade conjugal (art. 1.572, § 3º, CC).

5.2.3.4 Efeitos da separação judicial

Os efeitos da separação judicial podem ser:

a) Pessoais:
- Põe termo aos deveres recíprocos de fidelidade e coabitação.

b) Patrimoniais:
- Põe fim ao regime patrimonial de bens.
- Substitui o dever de sustento pela obrigação alimentar, respondendo mesmo os herdeiros, na força de seus respectivos quinhões (art. 1.997, CC).
- Extingue o direito sucessório entre os consortes, nos termos do art. 1.830 do Código Civil.

FAMÍLIA & SUCESSÕES

5.2.4 Divórcio

O divórcio foi introduzido no ordenamento jurídico brasileiro por força da Lei 6.515/77, que regulamentou a dissolubilidade do vínculo matrimonial, permitida pela Emenda Constitucional n. 9 do mesmo ano. No Brasil, antes dessa data, havia somente o desquite, que rompia a convivência, isto é, a sociedade conjugal, mas não liberava os cônjuges para contrair novas núpcias.

Contudo, foi a Constituição Federal de 1988 que ampliou, ordinariamente, as hipóteses de dissolução do casamento por divórcio, que eram, até a Emenda Constitucional n. 66/2010 (art. 226, § 6º):

a) Divórcio Indireto – após prévia separação judicial por mais de um ano nos casos expressos em lei; e

b) Divórcio Direto – se comprovada a separação de fato por mais de dois anos.

O Código Civil de 2002, por seu turno, trouxe, em seu artigo 1.580, a regulamentação das duas antigas possibilidades de divórcio.

Poderia ocorrer o divórcio indireto, ou por conversão, após um ano do trânsito em julgado da sentença que houvesse decretado a separação judicial ou da decisão concessiva da medida cautelar de separação de corpos. A sentença que decretasse a conversão não faria menção à causa que determinou a separação.

Com a entrada em vigor da Lei n. 11.441/07, o prazo de um ano também passou a poder ser contado da escritura de separação por via administrativa, desde que consensual e, ainda, desde que tivessem sido atendidos os demais requisitos legais.

Já no caso de divórcio direto, poderia ser requerido por um ou por ambos os cônjuges, desde que se comprovasse a separação de fato por mais de dois anos.

Tanto o divórcio direto como o indireto poderiam ser classificados em *consensual* (quando pedido por ambos os cônjuges) e *litigioso* (quando pedido por um só cônjuge e contestado pelo outro).

Entretanto, havia uma limitação no caso do divórcio indireto litigioso, pois ao cônjuge que não concordasse com o pedido só caberia alegar um dos seguintes motivos (art. 36, Lei n. 6.515/77):

• a falta de decurso do prazo;

- o descumprimento das obrigações assumidas pelo requerente na separação.

Todas as observações feitas acima têm a intenção de manter um registro histórico de décadas em que requisitos eram exigidos para que o divórcio pudesse ser concedido.

Com a Emenda Constitucional n. 66, porém, a redação do texto constitucional teve suprimidos seus requisitos, leia-se: exigência de prévia separação judicial por mais de um ano ou comprovada separação de fato por mais de 2 anos – para que passasse a constar apenas:

Art. 226. (...)
§ 6º O casamento civil pode ser dissolvido pelo divórcio.

O divórcio, portanto, pode ser solicitado sem que tenha de haver o cumprimento de qualquer prazo legal ou, ainda, sem que tenha de ser apresentada qualquer motivação para sua concessão.

Por derradeiro, oportuno também ressaltar que o divórcio sem prévia partilha de bens, que era antes apenas entendimento jurisprudencial, foi expressamente previsto no artigo 1.581 do atual Código Civil, nos seguintes termos:

O divórcio pode ser concedido sem que haja prévia partilha de bens.

5.2.4.1 Divórcio consensual por via administrativa

Outra observação com relação ao divórcio é que ele sofreu a mesma alteração que a separação consensual, ou seja, a partir de 2007 também temos a possibilidade de escolher entre o divórcio consensual judicial ou o divórcio consensual por via administrativa.

Explicando: por força da Lei 11.441/07 é possível a realização de divórcio consensual por escritura pública. No entanto, é necessário o cumprimento do seguinte requisito:

- não haja filhos menores ou incapazes;

A escritura deverá conter disposições relativas:

- à descrição e à partilha dos bens comuns;
- à pensão alimentícia;

FAMÍLIA & SUCESSÕES

- ao acordo quanto à retomada pelo cônjuge de seu nome de solteiro ou à manutenção do nome adotado quando se deu o casamento.

Assim como na separação por via administrativa, o tabelião somente lavrará a escritura se os contratantes estiverem assistidos por advogado comum ou advogados de cada uma das partes, cuja qualificação e assinatura constarão do ato notarial.

A escritura não depende de homologação judicial e constitui título hábil para o registro civil e o registro de imóveis.

5.2.4.2 Fim da sociedade conjugal e guarda dos filhos

Ainda que ocorra a dissolução do vínculo matrimonial, a obrigação com a educação, a guarda e o sustento dos filhos continua para ambos os pais.

Em 13 de junho de 2008, foi sancionada a Lei n. 11.698 que alterou os artigos 1.583 e 1.584 do Código Civil para deles fazer constar expressamente o instituto da Guarda Compartilhada, além de prever novas determinações.

A guarda poderá ser unilateral, quando for atribuída a um só dos genitores ou a alguém que o substitua, ou compartilhada, quando houver o exercício de direitos e deveres, em conjunto, do pai e da mãe, que não vivam sob o mesmo teto, com a responsabilização de ambos os genitores quanto ao desempenho do poder familiar dos filhos comuns.

Ainda que a guarda seja unilateral, caberá ao genitor que não a detenha, o dever de supervisionar os interesses dos filhos, além, é claro, do direito de visitá-los.

Na redação original do artigo 1.583, a orientação era no sentido de que em relação à guarda, caso o fim da sociedade conjugal ou do vínculo matrimonial ocorresse de forma consensual, deveria ser observada a vontade dos cônjuges e, segundo o artigo 1.584, também em sua redação original, caso não houvesse acordo dos pais quanto à guarda dos filhos, ela seria atribuída a quem revelasse melhores condições para exercê-la.

Nesse sentido, seguem os comentários de Rosa Maria de Andrade Ney e Nelson Nery Junior (*Código Civil Comentado*. 5. ed. São Paulo: Editora Revista dos Tribunais, 2007, p. 1026):

> Os cônjuges são livres para deliberar acerca da guarda e zelo dos filhos menores e incapazes, e, não havendo razões para determinação diferente,

por parte do juiz de família (CC 1.586), deve prevalecer o que querem os pais sobre a guarda dos filhos. O direito que a lei lhes confere é consequência do poder familiar de que são investidos.

Atualmente, contudo, com a nova redação dada aos mencionados artigos, a determinação do parágrafo 2º do artigo 1.584 é a de que quando não houver acordo entre a mãe e o pai quanto à guarda do filho, será aplicada, sempre que possível, a guarda compartilhada.

Tal previsão nos parece, no mínimo, não adequada, pois se a harmonia entre o casal não existe sequer para que possam chegar a um acordo quando à guarda dos filhos, atribuí-la, de forma compartilhada aos agora ex-cônjuges, será concordar com o estado bélico que se instaurará no desempenho do exercício de todo e qualquer ato relativo ao poder familiar.

Flávio Augusto Monteiro de Barros, nesse sentido, também se posiciona com relação à guarda compartilhada: "A nosso ver, torna-se viável apenas se for consensual, mediante acordo entre os cônjuges" (*Manual de Direito Civil*, v. 4: *família e sucessões*. São Paulo: Método, 2006, p. 86).

Aliás, o estado beligerante instalado entre os ex-cônjuges resulta, na maior parte das vezes, em alienação parental, incorporada em nosso ordenamento jurídico pela Lei 12.318 de 26 de agosto de 2010.

Considera-se alienação parental, de acordo com o artigo 2º da referida lei, a interferência na formação psicológica da criança ou do adolescente promovida ou induzida por um dos genitores, pelos avós ou pelos que tenham a criança ou adolescente sob a sua autoridade, guarda ou vigilância para que repudie o outro genitor ou que cause prejuízo ao estabelecimento ou à manutenção de vínculos com este.

Como exemplos de atos de alienação, a própria lei traz algumas condutas que fazem parte dos métodos empregados para afastar os filhos do genitor alienado: realizar campanha de desqualificação da conduta do genitor no exercício da paternidade ou maternidade, apresentar falsa denúncia contra genitor para obstar ou dificultar sua convivência com os filhos e mudar o domicílio para local distante, sem justificativa, visando a dificultar o convívio.

As sanções legais em caso de comprovada alienação vão desde advertência ao alienador até alteração da guarda e suspensão da autoridade parental.

Mesmo sendo previsto um sistema legal protetivo à criança e ao adolescente, percebe-se, na prática, que o abalo psicológico causado no menor, por vezes, é irreversível, sendo, a nosso ver, a melhor medida a prevenção, ou seja, a ampla conscientização social sobre os efeitos desastrosos que os pais podem causar em seus filhos quanto agem de maneira irracional, tomados pelo intuito de destruir a imagem de seus ex-cônjuges ou ex-companheiros.

Retomando o tema da guarda compartilhada, cremos que os juízes deverão atentar, sobretudo, para a relação entre o antigo casal conjugal para que essa relação não seja prejudicial aos filhos ou interfira no desempenho das obrigações concernentes ao, agora, casal parental, enquanto detentores, em conjunto, dos direitos e deveres relativos ao poder familiar.

Se a harmonia da convivência estiver ameaçada, parece-nos conveniente que a guarda unilateral seja decretada, para garantir o melhor interesse dos filhos.

Mesmo com as alterações acima elencadas, poderá o juiz, se verificar que os filhos não devem permanecer sob a guarda do pai ou da mãe, deferir a guarda à pessoa que revele compatibilidade com a natureza da medida, preferencialmente levando em conta o grau de parentesco e a relação de afinidade e afetividade.

Com relação ao direito de visitas, o pai ou a mãe que não esteja com guarda dos filhos, poderá visitá-los ou tê-los em sua companhia. A periodicidade e rotina de visitas poderá ser acordada livremente com o outro ex-cônjuge ou fixada pelo juiz.

Interessante registrar a alteração trazida pela Lei n. 12.398/11 que garantiu a extensão do direito de visitas aos avós, a critério do juiz, observados os interesses da criança e do adolescente.

A nosso ver, acertou, mais uma vez, o legislador ao garantir ao menor o convívio com os avós. A continuidade de relacionamento com família estendida, que inclui avós e, normalmente, os demais parentes que os rodeiam – como tios e primos – garante um desenvolvimento sadio às crianças, fazendo com que sintam de forma minimizada o impacto do fim do relacionamento de seus genitores.

Este impacto, sem dúvida, vai ser sentido pela criança, mas há que se perceber que esta mudança de rotina, em decorrência do final do relacionamento dos genitores, demanda tempo para ser absorvida pelos filhos.

Por vezes, a adaptação pode passar até mesmo pela fase da recusa da criança em ver um dos genitores, comportamento que pode ser explicado pela psicologia e, indubitavelmente, decorrente do turbilhão de emoções e sentimentos que a criança guarda em seu íntimo.

Sobre o assunto, interessantes as ponderações da autora e magistrada portuguesa Clara Sottomayor, em estudo sobe a regulação do exercício das responsabilidades parentais em casos de divórcio. Vejamos:

> O divórcio cria realidades novas na sociedade e dificuldades acrescidas para as crianças cujos pais estão em conflito. A reação das crianças ao divórcio pode ser incompreendida pelos pais e introduz factores novos na análise das consequências do divórcio. Multiplicam-se, nos Tribunais, os processos de incumprimento do regime de visitas e a aplicação de medidas coercitivas de execução dos acordos ou decisões judiciais, a pedido do progenitor sem a guarda, confrontando com a recusa da criança ao convívio ou às visitas. (*Regulação do exercício das responsabilidades parentais nos casos de divórcio.* 6ª ed. Coimbra/PT: Almedina, 2014, p. 160).

Como se pode depreender do texto acima, as dificuldades pós-divórcio não atingem apenas filhos brasileiros. Como se vê, a família é universal e seus problemas também o são.

Gostaríamos, contudo, de encerrar a análise do fim do relacionamento conjugal e da guarda, com as críticas que a autora acima citada faz sobre as medidas judiciais específicas em caso de conflito envolvendo crianças, como seguem:

> Estes processos, em que muitas vezes a criança não é ouvida e é levada ao progenitor requerente, sob coacção das forças policiais, tratam a criança com um objeto, propriedade do pai, e ignoram os seus sentimentos e desejos. Acaso algum adulto está sujeito a intervenções judiciais ou policiais que o obriguem a conviver com o seu cônjuge ou ex-cônjuge, progenitores, irmãos ou outros familiares? Se julgamos impensável forçar convívios e afectos, em relação a adultos que não os desejam, porque coagir as crianças ao convívio com o progenitor não guardião? Cabe aos Tribunais impor afectos? Aprenderá a criança a respeitar os outros, quando o sistema judicial não a respeita a si? (*ibidem*, pp. 160-161).

De fato, devemos refletir sobre a adequação destas medidas. Talvez possamos pensar que o apoio de profissionais da psicologia que poderão

FAMÍLIA & SUCESSÕES

investigar e cuidar dos sofrimentos e ressentimentos dos filhos de pais divorciados possa ser a medida mais adequada e saudável para pessoas que estão em fase de formação de personalidade e que merecem um cuidado especial.

Claro que tal percepção está intimamente relacionada com o amadurecimento emocional dos genitores, também, em regra, abalado pelo sentimento de frustação, bastante comum no final de um relacionamento.

De toda sorte, a melhor saída ainda está no aconselhamento ponderado dos profissionais que atuam no âmbito do Direito de Família para que estas sutilezas sejam levadas à tona e possam ser cuidadas pelos genitores da melhor forma possível. A origem da recusa da criança de ver um dos pais pode ser, portanto, em decorrência de atos de alienação parental, situação gravíssima da qual a lei já se ocupou, ou pelas feridas abertas em razão do próprio fim do relacionamento dos pais per si, questão que deve ser cuidada, respeitando-se o sentimento e o tempo de cada criança. Ambas as situações muito mais complexas do que um mero problema jurídico.

5.2.4.3 Efeitos decorrentes do fim da sociedade conjugal e do vínculo matrimonial para os ex-cônjuges

Há, após o divórcio, em decorrência do dever de mútua assistência, a obrigação alimentar devida ao cônjuge necessitado (Vide item 10.2). Extinguir-se-á, todavia, essa obrigação caso o cônjuge credor contraia nova união.

Existe a possibilidade, ainda, de que o cônjuge permaneça com o direito ao uso do nome, assunto que passamos a abordar.

Com relação ao nome, prevê o art. 1.565, § 1º, do Código Civil:

> *Qualquer dos nubentes, querendo, poderá acrescer ao seu o sobrenome do outro.*

Quando, porém, ocorre a dissolução da sociedade conjugal ou do vínculo matrimonial, o que pode acontecer? O cônjuge ainda poderá manter o nome de casado após o divórcio, salvo no caso de divórcio indireto, se a sentença de separação judicial dispuser em contrário (art. 1.571, § 2º, CC).

E se o cônjuge que estiver utilizando o sobrenome do outro for considerado culpado pela separação, nos termos do artigo 1.572? Nesse

FORMAS DE DISSOLUÇÃO DO CASAMENTO E DA SOCIEDADE CONJUGAL

caso, ele perde o direito de usar o sobrenome do outro, desde que seja expressamente requerido pelo cônjuge inocente na ação de separação (art. 1.578, CC).

Há, ainda, previsão legal para que, mesmo sendo considerado culpado, o cônjuge possa continuar utilizando o sobrenome do outro. Deverá provar:

- evidente prejuízo para sua identificação;
- manifesta distinção entre seu nome de família e o dos filhos havidos da união dissolvida;
- dano grave reconhecido na decisão judicial.

Já o cônjuge inocente poderá renunciar, a qualquer momento, ao direito de usar o sobrenome do outro. Nos demais casos, haverá a opção pela conservação do nome de casado.

Com relação ao uso do nome, interessante ressaltar a novidade legislativa trazida pela Lei 11.924 de 17 de abril de 2009.

Por previsão expressa dessa lei, o enteado ou a enteada, havendo motivo ponderável, poderá requerer ao juiz competente que, no registro de nascimento, seja averbado o nome de família de seu padrasto ou de sua madrasta, desde que haja expressa concordância destes, sem prejuízo de seus apelidos de família e desde que cumpridas as formalidades legais. (§ 8º do art. 57, Lei 6.015/73).

Por fim, observamos que após o divórcio, caso os antigos cônjuges desejem reatar o casamento, somente poderão fazê-lo por meio de novo casamento. Ressalte-se que, em nossa legislação, não há limitação do número de vezes que uma pessoa poderá se divorciar, pois o artigo 38 da Lei 6.515/77, que previa a possibilidade de um único pedido, foi revogado pela Lei 7.841/89.

EM RESUMO

Formas de Dissolução do Casamento e da Sociedade Conjugal

Casamento – É mais amplo que sociedade conjugal. Regula a vida dos consortes e obrigações recíprocas tanto morais como materiais e seus deveres para com a família e a prole; vínculo matrimonial. O casamento válido dissolve-se por morte ou divórcio (art. 1.571, § 1º, CC).

FAMÍLIA & SUCESSÕES

Sociedade conjugal – Está contida no matrimônio. Regula o regime matrimonial de bens dos cônjuges, os frutos civis do trabalho ou indústria dos consortes. Dissolve-se por morte, nulidade ou anulação, separação judicial ou divórcio (art. 1.571).

Casamento nulo
- Ação de decretação de nulidade pode ser intentada por qualquer interessado ou pelo Ministério Público (art. 1.549, CC).
- É imprescritível.

Hipóteses:
a) por infringência de impedimentos (art. 1.521, I a VII, CC).

Casamento anulável
Pode convalidar-se, caso a anulação não seja pedida dentro do prazo previsto em lei.

Hipóteses:
É anulável o casamento (art. 1.550, I a VI, CC):
a) de quem não completou a idade mínima para se casar (16 anos) – exceto em caso de gravidez (art. 1.551);
b) do menor em idade núbil, quando não autorizado por seu representante legal;
c) celebrado por vício da vontade, nos termos dos artigos 1.556 a 1.558;
d) do incapaz de consentir ou manifestar de modo inequívoco seu consentimento;
e) realizado pelo mandatário, sem que ele ou o outro contraente soubesse da revogação do mandato e não sobrevindo coabitação entre os cônjuges;
f) celebrado por autoridade incompetente.

Erro essencial
Requisitos:
- erro preexistente ao casamento;
- desconhecimento do defeito;

FORMAS DE DISSOLUÇÃO DO CASAMENTO E DA SOCIEDADE CONJUGAL

- que a descoberta torne insuportável a vida em comum.

Hipóteses:
a) erro quanto à identidade, honra e boa fama de um dos cônjuges que torne insuportável a vida em comum;
b) ignorância de crime anterior ao casamento que, por sua natureza, torne insuportável a vida em comum ao cônjuge enganado;
c) defeito físico irremediável que não caracterize deficiência e moléstia grave e transmissível que é risco para o cônjuge ou para a prole (ex.: impotência *coeundi*);

Em todos esses casos, arrolados no artigo 1.557 do Código Civil, só o cônjuge enganado poderá propor a ação anulatória, dentro do prazo de três anos, contado da data da celebração do casamento.

Separação judicial
- Dissolve a sociedade conjugal, mas não o casamento válido (vínculo matrimonial).
- Não libera os consortes para contrair novas núpcias.
- Põe fim aos deveres de coabitação e fidelidade recíprocas e ao regime de bens.

Separação judicial consensual
- Requer mútuo consentimento.
- Não precisa de motivação.

Separação consensual por via administrativa
- Possibilidade trazida pela Lei 11.441/07.
- Realizada por escritura pública.
- Requisitos: não haja filhos menores ou incapazes.

Separação judicial litigiosa
- Iniciativa unilateral.
- Causas previstas em lei.
- Processo contencioso.

Espécies:

a) Separação litigiosa como sanção – Ato que importe grave violação dos deveres matrimoniais e torne insuportável a vida em comum (arts. 1.572 e 1.573, I a VI, CC).

b) Separação litigiosa como falência – Quando um dos cônjuges prova a ruptura da vida em comum há mais de um ano e a impossibilidade de reconciliação, sendo irrelevante o motivo (art. 1.572, § 1º, CC).

c) Separação litigiosa como remédio (art. 1.572, § 2º, CC):
- quando um dos cônjuges estiver acometido de doença mental grave;
- quando a doença tornar a vida em comum impossível;
- quando, após uma duração de dois anos, a enfermidade tiver sido reconhecida de cura improvável.

Divórcio

É a dissolução do casamento válido que se opera mediante sentença judicial ou escritura pública, habilitando as pessoas a contrair novas núpcias. Com a Emenda Constitucional n. 66/2010 foram suprimidos quaisquer requisitos para a sua concessão.

Poderá ocorrer o divórcio sem prévia partilha de bens.

Divórcio consensual por via administrativa

Por força da Lei 11.441/07, é possível a realização de divórcio consensual por escritura pública.

Requisitos: não haja filhos menores ou incapazes.

Regras quanto ao nome

- Qualquer dos nubentes, querendo, poderá acrescer ao seu o sobrenome do outro.
- O cônjuge poderá manter o nome de casado após o divórcio, salvo se houver na sentença de separação judicial disposição em contrário.
- O cônjuge declarado culpado na ação de separação judicial perde o direito de usar o sobrenome do outro, desde que expressamente requerido pelo cônjuge inocente e se a alteração não acarretar:

- evidente prejuízo para sua identificação;
- manifesta distinção com o nome dos filhos;
- dano grave reconhecido na decisão judicial.

PRESTE ATENÇÃO

1. Vínculo matrimonial é o elo mais forte que liga uma pessoa a outra. Já a sociedade conjugal está inserida no vínculo matrimonial e pode ser mais facilmente rompida, por exemplo, com a separação.

2. O casamento nulo jamais se convalida, podendo a nulidade ser alegada a qualquer tempo. O casamento anulável pode tornar-se um casamento válido se a anulação não for pedida dentro dos prazos previstos em lei.

3. Separação como sanção – Implica discussão de culpa pela quebra de deveres do casamento com a prova da insuportabilidade da vida em comum ao cônjuge inocente.

   Separação como falência – Não implica discussão de culpa, mas somente da quebra da vida em comum por mais de um ano e a impossibilidade de reconstituição.

   Separação como remédio – Um dos cônjuges deve estar com uma doença mental grave, manifestada após o casamento e cuja cura tenha sido considerada improvável após uma duração de dois anos.

4. Atualmente, são possíveis tanto a separação quanto o divórcio consensuais por via administrativa, ou seja, por meio de escritura pública.

   A escritura não depende de homologação judicial e constitui título hábil para o registro civil e o registro de imóveis, sendo imprescindível a assistência por advogado(s).

5. Após a Emenda Constitucional n. 66/2010, não há qualquer requisito para a concessão do Divórcio, ficando as antigas modalidades do Divórcio Direto e Indireto como registro da parte histórica da evolução do instituto.

Capítulo 6
Relações de Parentesco

6.1 Conceito

As relações de parentesco são estabelecidas entre ascendentes e descendentes, entre pessoas que provêm de um mesmo tronco comum sem descenderem umas das outras – como é o caso dos colaterais –, entre um cônjuge ou companheiro e os parentes do outro – ao que se conhece por vínculo da afinidade –, por vínculo civil – no caso de adoção – ou por outra origem, a exemplo do que se tem na filiação decorrente de reprodução assistida em que é utilizado material genético de terceiro.

Pode-se, dessa forma, concluir que as relações de parentesco se desdobram em quatro espécies: relações de parentesco por consanguinidade, por afinidade, por adoção ou por outra origem.

6.2 Espécies de parentesco

O parentesco pode ser:

a) **Natural ou consanguíneo** – É o vínculo estabelecido entre pessoas que descendem de um mesmo tronco (tronco comum) e, dessa forma, estão ligadas pelo mesmo sangue.

b) **Por afinidade (afim)** – É o que liga uma pessoa aos parentes de seu cônjuge ou companheiro, isto é, aquele decorrente do casamento ou da união estável, conforme previsto em lei (art. 1.595, CC);

c) **Civil** – É o parentesco decorrente da adoção, estabelecido entre o adotante e o adotado, estendido a seus parentes.

d) **Outra origem** – Importante, nesse caso, observar a previsão do artigo 1.593, *in fine*:

> *O parentesco é natural ou civil, conforme resulte de consanguinidade ou **outra origem**. (destaque nosso)*

Pode-se entender como "outra origem" a inseminação ou fertilização artificial com doador – hipótese trazida pelo artigo 1.597, que será abordada no próximo capítulo, no tópico *"Presunção de paternidade"* – e até mesmo a clonagem.

Na verdade, da leitura do artigo acima citado, pode-se depreender que o parentesco que se contrapõe à consanguinidade é classificado como de "outra origem", ou seja, o que não for parentesco decorrente de vínculo sanguíneo entraria nesta classificação maior e inespecífica. Contudo, preferimos seguir a classificação doutrinária clássica que divide o parentesco não consanguíneo em parentesco por afinidade, parentesco civil e, por fim, decorrente de outra origem.

6.3 Parentesco em linha reta

São parentes em linha reta as pessoas que estão ligadas umas às outras em uma relação de ascendente e descendente (art. 1.591, CC), como mostram os Esquemas 6.1 e 6.2.

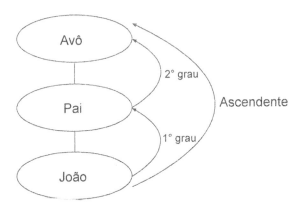

Esquema 6.1 Parentesco entre João e seu avô: relação de parentesco em linha reta de 2º grau ascendente.

RELAÇÕES DE PARENTESCO

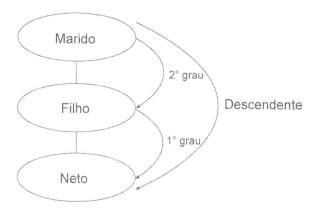

Esquema 6.2 Parentesco entre Mário e seu neto: relação de parentesco em linha reta de 2º grau descendente.

6.4 Parentesco em linha colateral ou transversal

O parentesco em linha colateral é aquele em as pessoas são provenientes de um só tronco, sem descenderem uma das outras. Cabe ressaltar que o parentesco em linha colateral só é contado até o quarto grau (art. 1.592, CC). Observe os Esquemas 6.3 e 6.4.

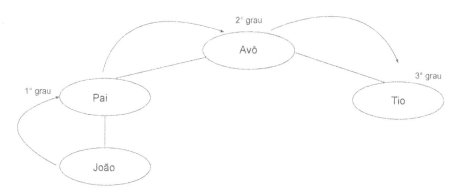

Esquema 6.3 Parentesco entre João e seu tio: relação de parentesco em linha colateral ou transversal de 3º grau.

FAMÍLIA & SUCESSÕES

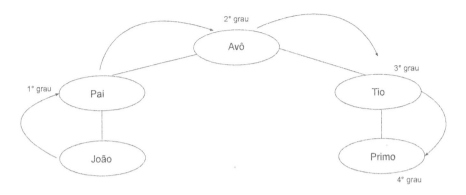

Esquema 6.4 Parentesco entre João e seu primo: relação de parentesco em linha colateral ou transversal de 4º grau.

Na linha colateral ou transversal, o parentesco pode ser:
- **Igual** – Quando a distância entre as pessoas que estão sendo comparadas com relação ao ascendente comum for a mesma (Esquema 6.5).
- **Desigual** – Quando a distância entre as pessoas que estão sendo comparadas com relação ao ascendente comum for diferente (Esquema 6.6).

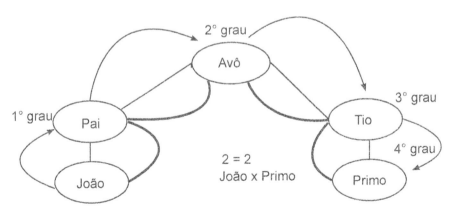

Esquema 6.5 João x primo: relação de parentesco em linha colateral ou transversal de 4º grau "igual", pois João e o primo guardam a mesma distância do avô.

RELAÇÕES DE PARENTESCO

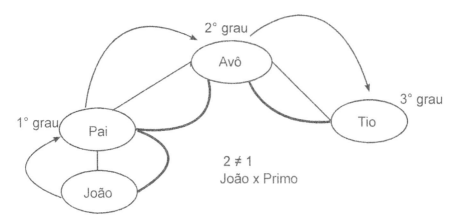

Esquema 6.6 João x tio: relação de parentesco em linha colateral ou transversal de 3º grau "desigual", pois a distância de João para o avô é de dois graus e do tio para o avô é de um grau.

6.5 Parentesco por afinidade

Como visto, o parentesco por afinidade é aquele que se estabelece com o casamento ou com a união estável. Está limitado aos ascendentes, descendentes e irmãos do cônjuge ou companheiro, ressaltando-se que, na linha reta, a afinidade não se extingue com a dissolução do casamento ou da união estável. Sogra e sogro, por exemplo, são para sempre. Mesmo que a pessoa se case novamente, terá acumulados sogros, isto é, duas sogras e dois sogros.

Essa espécie de parentesco tem correlação com o parentesco natural, pois a contagem da distância dos graus será sempre a mesma, bastando que o cônjuge se transporte, isto é, se imagine no lugar daquele com quem se casou ou se uniu, para que se possa fazer a contagem dos graus (Esquemas 6.7 a 6.10).

FAMÍLIA & SUCESSÕES

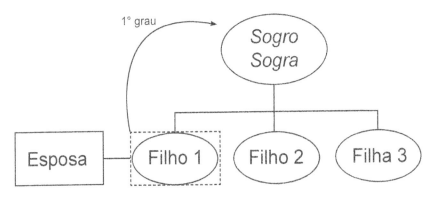

Esquema 6.7 Parentesco da esposa com os sogros: relação de parentesco por afinidade em linha reta de 1º grau ascendente.

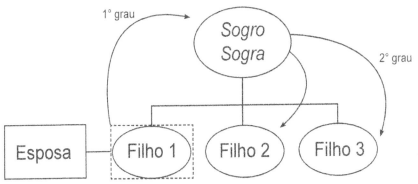

Esquema 6.8 Esposa com cunhados: relação de parentesco por afinidade em linha colateral ou transversal de 2º grau.

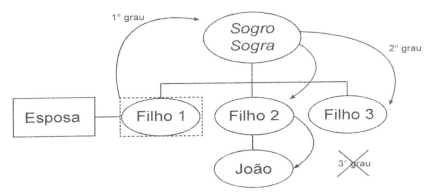

Esquema 6.9 Esposa com João – sobrinho de seu marido: Não há parentesco por afinidade na linha colateral, além do 2º grau.

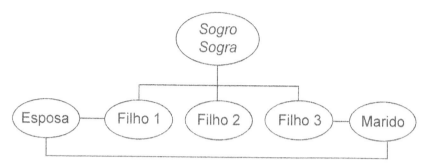

Esquema 6.10 Parentesco da esposa com o marido de sua cunhada: cabe ressaltar que entre concunhados não há parentesco.

EM RESUMO

Relações de Parentesco

Parentesco é a relação vinculatória existente não só entre pessoas que descendem umas das outras ou de um mesmo tronco comum, mas também entre o cônjuge e os parentes do outro e entre adotante e adotado.

Espécies

a) Consanguíneo – Vínculo entre pessoas que descendem de um mesmo tronco ancestral, sendo ligadas pelo mesmo sangue (pai e filho, dois primos, etc.).
b) Afim – Vínculo que se estabelece entre uma pessoa e os parentes de seu cônjuge ou companheiro por determinação expressa em lei.
c) Civil – Vínculo que se estabelece pela adoção.
d) Outra origem – Inovação do Código Civil para atender a outras formas de parentesco, como a reprodução assistida com doador, caso em que a lei considera a paternidade presumida.

PRESTE ATENÇÃO

1. O parentesco em linha colateral ou transversal vai somente até o quarto grau. Se a linha for colateral, mas o parentesco decorrente

de afinidade, a contagem se dá até o segundo grau. **Atenção:** apenas na linha colateral.

2. O parentesco em linha reta, quando decorre do casamento ou da união estável, não se rompe com a dissolução do casamento (ex.: sogra e sogro).

Capítulo 7
Filiação

7.1 Conceito

Segundo Silvio Rodrigues (*Direito Civil – Direito de Família*, 2002, p. 321), filiação "é a relação de parentesco consanguíneo, em primeiro grau e em linha reta, que liga uma pessoa àquelas que a geraram, ou a receberam como se as tivessem gerado". Dessa forma, abrange-se não apenas a filiação natural, mas também a decorrente de adoção ou socioafetividade (favor corrigir, por favor).

No entanto, com o avanço de alguns preceitos legais, como a filiação decorrente da reprodução assistida, até com material genético de terceira pessoa, a definição mais completa deve incluir essas novas possibilidades.

Assim, preferimos conceituar a filiação como a relação de parentesco em linha reta de primeiro grau que se estabelece entre pais e filhos, seja essa relação decorrente de vínculo sanguíneo ou de outra origem legal, como no caso de adoção, reprodução assistida com utilização de material genético de pessoa estranha ao casal o da relação socioafetiva gerada pelo convívio paterno-filial.

Como se pode perceber, tal definição está em consonância com a igualdade entre filhos, prevista constitucionalmente, e com o artigo 1.596 do Código Civil, que estabelece:

> *Os filhos, havidos ou não da relação de casamento, ou por adoção, terão os mesmos direitos e qualificações, proibidas quaisquer designações discriminatórias relativas à filiação.*

FAMÍLIA & SUCESSÕES

Atualmente, todavia, diante da evolução da medicina genética, com a possibilidade de inseminação e fertilização artificiais, a filiação passa por um momento delicado, pois, diante da ausência de regulamentação específica sobre a matéria, poderemos ter complicações não só relacionadas com a questão patrimonial, como a sucessão, mas também com as de ordem biológica e moral, como aquela que propicia o risco de casamento entre irmãos.

Teceremos outros comentários acerca da filiação decorrente de reprodução assistida quando analisarmos as presunções previstas no artigo 1.597 do Código Civil, mas, de início, pontuaremos os aspectos histórico-legislativos sobre as classificações de filiação.

7.2 Classificação da filiação antes da Constituição de 1988

Somente a título de curiosidade, os filhos, antes da Constituição Federal de 1988, eram divididos em:

a) **Legítimos** – havidos de pessoas unidas pelo casamento;

b) **Ilegítimos** – aqueles havidos fora do casamento. Subdividiam-se em:

- **Naturais** – filhos de pessoas que não estavam impedidas de contrair o matrimônio;
- **Espúrios** – filhos de pessoas unidas, mas impedidas de se casar por previsão legal.

Estes, por sua vez, subdividiam-se em:

- **adulterinos** – havidos de pais impedidos de casar por casamento anterior;
- **incestuosos** – havidos de pais que não podiam casar pelo parentesco natural, civil ou afim.

Essas classificações, reforçamos, apenas nos fazem conhecer a evolução histórico-legislativa de tratamento da filiação, vez que, entre filhos, desde 1988, com a entrada em vigor do atual texto constitucional, ficaram vedadas quaisquer designações discriminatórias, incluindo as de cunho pejorativo, como aquela traduzida pela expressão "filho bastardo".

7.3 Presunção de paternidade

O artigo 1.597 do Código Civil cuida da presunção da paternidade, como segue:

Art. 1.597 – Presumem-se concebidos na constância do casamento os filhos:
I – nascidos cento e oitenta dias, pelo menos, depois de estabelecida a convivência conjugal;
II – nascidos nos trezentos dias subsequentes à dissolução da sociedade conjugal, por morte, separação judicial, nulidade e anulação do casamento;
III – havidos por fecundação artificial homóloga, mesmo que falecido o marido;
IV – havidos, a qualquer tempo, quando se tratar de embriões excedentários, decorrentes de concepção artificial homóloga;
V – havidos por inseminação artificial heteróloga, desde que tenha prévia autorização do marido.

Observe-se, de pronto, que o legislador não contemplou, no *caput*, a prole resultante da união estável, deixando ao desamparo legal os filhos havidos dessa união, a não ser que, por analogia, se estenda essa presunção a eles.

Com relação às hipóteses, as duas primeiras já haviam sido tratadas na legislação anterior, tomando por base dados científicos de que a gestação humana pode variar entre seis e dez meses, daí a explicação dessa presunção temporal adotada pelo legislador.

Claro que tais presunções não mais se justificariam em razão do avanço dos exames pré-natais que poderiam precisar sem maiores problemas a idade gestacional. Sem dizer, ainda, que o exame de DNA hoje esclareceria qualquer questão relacionada à origem genética do ser concebido. Parece-nos, porém, que por tratar-se de dispositivos que pretendem pontuar a atribuição inicial da filiação, optou o legislador por manter referidas presunções.

As novidades do Código Civil de 2002, entretanto, resumem-se aos três últimos incisos, e é exatamente quanto a esses que faremos alguns comentários.

Em primeiro lugar, é preciso conceituar as expressões *homóloga* e *heteróloga*.

Homóloga é a inseminação ou fertilização "promovida com o material genético (sêmen e óvulo) dos próprios cônjuges", enquanto **heteró-**

FAMÍLIA & SUCESSÕES

loga é a inseminação ou fertilização "realizada com material genético de pelo menos um terceiro, aproveitando ou não os gametas (sêmen ou óvulo) de um ou de outro cônjuge" (RODRIGUES, Silvio. *Direito Civil: Direito de Família*. São Paulo: Saraiva, 2002, p. 341).

Além disso, é preciso também entender a diferença entre inseminação e fecundação. Inseminar vem de *inseminare* – que significa colocação do sêmen dentro da mulher. Fecundar, por sua vez, tem origem no verbo *fecundare*, traduzindo a fase de fertilização do óvulo pelo espermatozoide.

Em suma, podemos concluir que os três novos incisos dizem respeito à filiação que decorre de reprodução assistida, situação em que pessoas, por questões de saúde, buscam o auxílio de um médico para que possam conceber e gerar um filho.

Da redação dos dispositivos, por seu turno, pode-se evidenciar que tanto ao filho nascido com material genético do próprio casal, quanto àquele que nasceu em decorrência da utilização de material genético de doador(es), foi atribuída a presunção de ter sido havido na constância do casamento.

Porém, fazemos aqui um alerta. Se pararmos para analisar com mais atenção as inovações trazidas pelo artigo 1.597 do Código Civil, poderemos chegar a situações nada tranquilas.

Pensemos na hipótese do inciso III: o filho poderá ser havido, mesmo que o pai – marido – já tenha falecido? Não fosse esse um problema apenas de ordem afetiva, o que dizer sobre a herança? Teria esse filho direito de receber a herança de seu pai já falecido, mesmo que os bens já tivessem sido partilhados?

Ainda sobre essa primeira hipótese, é necessária a autorização do genitor para que seu material genético seja utilizado após o seu falecimento? Pensamos em genitor, porque o mesmo direito teria de ser dado à mulher, em razão da igualdade constitucional, situação em que outra dificuldade surgiria: é possível o empréstimo de útero, conhecido, popularmente, por "barriga de aluguel"?

Essas questões ainda não são as mais difíceis. No caso do inciso IV, qual o destino dos embriões excedentários? Por que apenas se reconhece a presunção dos havidos por fecundação homóloga? Os excedentários da fecundação heteróloga não são filhos?

Por fim, se pensarmos na última hipótese, ou seja, nos casos de utilização de material genético de terceiros, há controle suficiente quanto à utilização do material genético doado a fim de evitar, no futuro, que ocorra o casamento entre irmãos? Por que somente apenas a autorização do marido é exigida? A mulher não precisa concordar para ter um filho com material genético de terceiro? Só se presume a filiação no caso de *inseminação* heteróloga, ou seja, apenas sêmen de terceiro pode ser inserido no útero de uma mulher? Não poderia este casal contar com doadora de óvulos, necessitando, dessa forma, de uma *fertilização*?

Nessas últimas linhas levantamos mais de uma dezena de questões a serem resolvidas, mas afirmamos que existem muitas outras consequências ainda não tuteladas que merecem nossa especial atenção, como o caso de registro de nascimento quando se utiliza a cessão temporária de útero, questões de ordem previdenciária, trabalhista e, até mesmo, no âmbito do direito penal, envolvendo a matéria.

Em razão da especificidade da matéria, defendemos a criação de um Estatuto específico para cuidar do assunto, pois partimos do *Direito à Reprodução Assistida* para alcançarmos o *Direito da Reprodução Assistida* (Para maior aprofundamento vide SCALQUETTE, Ana Cláudia S. *Estatuto da Reprodução Assistida*. São Paulo: Saraiva, 2010, p. 322), diante da irradiação da matéria em diversas áreas que a ela se tornam conexas.

O caminho já foi traçado, pois em razão de nossa proposta de anteprojeto de lei, apresentada à Comissão de Biotecnologia e Estudos sobre a Vida da OAB/SP, aprovada por unanimidade pela referida comissão, o médico e deputado federal Eleuses Paiva (PSD/SP) apresentou ao Congresso Nacional, em 19 de dezembro de 2012, o PL n. 4.892/12 que visa a instituir o Estatuto da Reprodução Assistida, para regular a aplicação e utilização das técnicas de reprodução humana assistida e seus efeitos no âmbito das relações civis sociais. Referido projeto foi reapresentado, em sua integralidade, pelo também deputado Juscelino Rezende Filho, sob o n. 115/2015, tramitando, atualmente, em regime de prioridade (Disponível em https://www.camara.leg.br/proposicoesWeb/fichadetramita cao?idProposicao=945504).

Enfim, há muitas perguntas ainda sem respostas, e, com certeza, nossa legislação terá de avançar para suprir as lacunas deixadas pelo código civil atual bem como resguardar a segurança jurídica das relações decorrentes dessa nova previsão legal.

7.4 Ação investigatória de paternidade

É o meio pelo qual se pode reconhecer judicialmente a filiação de alguém. Com essa ação, qualquer filho poderá pedir o reconhecimento de sua filiação imputando ao suposto pai a paternidade.

No Código Civil de 1916, deveria haver a prova de um dos requisitos do artigo 363, a saber:

- concubinato com o pretenso pai;
- rapto da mãe pelo suposto pai ou relações sexuais entre eles ao tempo de sua concepção;
- existência de escrito daquele a quem se atribuía a paternidade, reconhecendo-a expressamente.

O Código Civil de 2002 não mais prevê essas exigências, mas é necessário que haja pedido motivado para que a ação possa ser proposta.

Qualquer filho poderá propor a ação de investigação pessoalmente ou por intermédio de seu representante legal, se incapaz, em face de seu genitor ou de seus herdeiros ou legatários.

O pedido de reconhecimento de paternidade poderá ser cumulado com:

- petição de herança;
- ação de alimentos;
- anulação de registro civil.

Essa ação para declaração de estado de filho é imprescritível, como demonstra a Súmula 149 do Supremo Tribunal Federal:

> *É imprescritível a ação de investigação de paternidade, mas não o é a de petição de herança.*

Vários são os meios de prova que podem colaborar para que a paternidade seja reconhecida, dentre eles o exame de DNA, o mais preciso. Atualmente, por força de previsão expressa da Lei 12.004 de 29 de julho de 2009, que alterou a lei que regula a investigação de paternidade (Lei n. 8.560/92), a recusa do réu em se submeter a esse exame gerará a presunção de paternidade, a ser apreciada em conjunto com o contexto probatório.

Compete ao filho, enquanto viver, a ação de prova de filiação, mas caso morra menor ou incapaz, a ação de prova de filiação passará aos seus herdeiros. Se quando da morte do suposto filho, a ação já havia sido iniciada, os herdeiros poderão continuá-la, salvo se for julgado extinto o processo (art. 1.606 e parágrafo único, CC).

7.5 Ação negatória de paternidade

A ação negatória de paternidade compete ao "marido" que, diante de determinados fatos, possa ser levado a crer que a paternidade que lhe foi atribuída não condiz com a realidade. Dessa forma, pode-se dizer que a presunção de paternidade é *juris tantum*, isto é, relativa, e não *juris et de jure*, absoluta.

Colocamos "marido" entre aspas porque pode ser que aquele que quer negar a paternidade não seja propriamente o "marido", mas um companheiro, um namorado ou até mesmo um ex-marido que, após concordar com o registro, teve motivos suficientes para acreditar que não era o pai biológico da criança.

Essa ação, com o Código Civil de 2002, por força do artigo 1.601, passou a ser imprescritível, pois na legislação anterior o marido tinha dois ou três meses para negar a paternidade, caso estivesse presente ou ausente ao nascimento (art. 178, §§ 3º e 4º, CC/1916).

Oportuno ressaltar que a imprescritibilidade da ação pode ser entendida, de início, como um benefício aos pais que se equivocaram com a paternidade, contudo, por não mais existir qualquer prazo, o convívio pode ter gerado entre filho e pai uma relação afetiva, que não pode nem deve ser descaracterizada em uma possível ação negatória de paternidade. Ou seja, dependendo do caso concreto, ainda que biologicamente se consiga provar a inexistência de vínculo, o afeto construído ao longo de anos de convívio não pode ser desprezado para que se desconstitua uma relação paterno-filial, na mais correta aplicação do "princípio literário" de que *"tu te tornas eternamente responsável por aquilo que cativas"* e não poderia ser diferente, sob pena de termos, ao invés de um avanço, um retrocesso nas relações familiares e paterno-filiais.

Retomando os aspectos histórico-legislativos, relatamos que no Código de 1916, para que o marido pudesse contestar a legitimidade de filho concebido na constância do casamento, havia a necessidade de provar um dos seguintes requisitos:

FAMÍLIA & SUCESSÕES

- que ele se achava fisicamente impossibilitado de coabitar com a mulher nos 121 dias, ou mais, dos 300 precedentes ao nascimento do filho;
- que a esse tempo estavam os cônjuges legalmente separados.

Hoje não mais existem esses dois requisitos, bastando, para que a negativa ocorra, que o marido comprove fatos que acabem com a presunção do artigo 1.597, como provar sua impotência para gerar filhos (art. 1.599) ou, em nosso entendimento, ainda nas hipóteses de impossibilidade de fecundação homóloga – em virtude de não ter fornecido sêmen –, nem heteróloga, quando não dada a autorização necessária.

Por fim, será que o adultério comprovado da mulher pode ilidir a presunção de paternidade? Segundo o artigo 1.600, o adultério da mulher, ainda que confessado, não é suficiente para ilidir presunção legal de paternidade. Também a confissão materna não basta para excluir a paternidade (art. 1.602, CC). No entanto, é claro, podem ser motivos de desconfiança que levarão ao questionamento.

Caso seja contestada a paternidade e o pai venha a falecer, seus herdeiros têm o direito de prosseguir na ação (art. 1.601, parágrafo único, CC).

7.6 Reconhecimento voluntário

O reconhecimento voluntário é o meio legal colocado à disposição dos pais para que possam reconhecer seus filhos. Segundo o artigo 1.609 do Código Civil, o reconhecimento dos filhos havidos fora do casamento poderá ocorrer nos seguintes casos:

- *No próprio termo de nascimento* – O pai deverá comparecer ao Cartório de Registro Civil e declarar sua paternidade, assinando o termo. A mãe, nessa hipótese, somente poderá contestar sua maternidade provando a falsidade do termo ou das declarações nele contidas. Se o reconhecimento for realizado apenas pela mãe, caso ela forneça o nome do suposto pai, o juiz corregedor permanente do cartório ouvirá a mãe e mandará notificar o pai, independentemente de seu estado civil, para que se manifeste sobre a paternidade que lhe é atribuída. Se o suposto pai confirmar expressamente a paternidade, será lavrado termo de reconhecimento, remetendo-se, em seguida, a certidão ao oficial do registro para a devida averbação. No caso de o suposto pai não atender à notificação judicial no prazo de 30 dias ou negar a paternidade, o juiz remeterá os autos ao Ministério Público, para que intente ação de investigação de paternidade (conforme disposição do art. 2º, §§ 1º a 5º, Lei 8.560/92).

- *Por escritura pública ou escrito particular a ser arquivado em cartório* – Da mesma forma que ocorre quando a manifestação é feita diretamente ao juiz, esse reconhecimento "pode ser incidente em qualquer ato notarial idôneo", necessitando apenas que a "declaração seja explícita e inequívoca" (VENOSA, Sílvio de Salvo. *Direito Civil: Direito de Família*, v. 6. São Paulo: Atlas, 2007, p. 237) – por exemplo, uma escritura de compra e venda.
- *Por testamento, ainda que incidentalmente manifestado* – Esse reconhecimento é válido ainda que o testamento tenha sido julgado nulo ou revogado, salvo se o motivo que promova a nulidade for doença mental do testador à época da feitura do testamento.
- *Por manifestação direta e expressa perante o juiz, ainda que o reconhecimento não tenha sido o objeto único e principal do ato que o contém* – essa possibilidade facilita o reconhecimento e regulariza a paternidade ainda não reconhecida.

Ressalte-se que o reconhecimento de filho não pode estar sujeito a condição ou termo (art. 1.613, CC).

O filho maior não poderá ser reconhecido sem seu consentimento, e ao filho menor caberá impugnar esse reconhecimento nos quatro anos que se seguirem a sua maioridade ou emancipação (art. 1.614, CC).

EM RESUMO

Filiação

Filiação é o vínculo existente entre pais e filhos. Vem a ser a relação de parentesco em linha reta de primeiro grau entre uma pessoa e aqueles que lhe deram a vida ou que a receberam como se filha fosse.

FAMÍLIA & SUCESSÕES

Presunção de paternidade

> *Art. 1.597, CC – Presumem-se concebidos na constância do casamento os filhos:*
> *I – nascidos cento e oitenta dias, pelo menos, depois de estabelecida a convivência conjugal;*
> *II – nascidos nos trezentos dias subsequentes à dissolução da sociedade conjugal, por morte, separação judicial, nulidade e anulação do casamento;*
> *III – havidos por fecundação artificial homóloga, mesmo que falecido o marido;*
> *IV – havidos, a qualquer tempo, quando se tratar de embriões excedentários, decorrentes de concepção artificial homóloga;*
> *V – havidos por inseminação artificial heteróloga, desde que tenha prévia autorização do marido.*

Homóloga é a reprodução promovida com o material genético (sêmen e óvulo) dos próprios cônjuges.

Heteróloga é a reprodução realizada com material genético de pelo menos um terceiro, aproveitando ou não os gametas (sêmen ou óvulo) de um ou de outro cônjuge.

Ação investigatória de paternidade (reconhecimento judicial)

Pode ser proposta por qualquer filho e ser cumulada com:

- petição de herança;
- ação de alimentos;
- anulação de registro civil.

É imprescritível.

Ação negatória de paternidade

- A presunção de paternidade é *juris tantum*, isto é, relativa, e não *juris et de jure*, absoluta.
- É imprescritível (art. 1.601, CC).
- Admite condições que acabem com a presunção do artigo 1.597 do Código Civil.
- O adultério não serve para ilidir a presunção de paternidade, podendo ser usado apenas como prova (art. 1.600, CC).

- A confissão da mãe não é suficiente para excluir a paternidade (art. 1.602, CC).

Reconhecimento voluntário

- Pode ser realizado espontaneamente pelo pai, pela mãe ou por ambos.
- Não admite condição ou termo (art. 1.613, CC).
- Pode ocorrer:
  - no próprio termo de nascimento;
  - por escritura pública ou escrito particular a ser arquivado em cartório;
  - por testamento, ainda que incidentalmente manifestado;
  - por manifestação direta e expressa perante o juiz, ainda que o reconhecimento não tenha sido o objeto único e principal do ato que o contém.

PRESTE ATENÇÃO

1. Os filhos são todos iguais, ou seja, têm os mesmos direitos e os mesmos deveres em relação aos pais e à família.

2. As grandes novidades do Código Civil de 2002, em relação à filiação, são as três novas formas de presunção decorrentes da reprodução humana assistida, como a fecundação homóloga (material genético do próprio casal) e a fertilização heteróloga (material genético de pelo menos um terceiro).

3. As ações de investigação e negatória de paternidade são imprescritíveis.

Capítulo 8
Adoção

8.1 Conceito

Adoção é "o ato jurídico solene pelo qual, observados os requisitos legais, alguém estabelece, independentemente de qualquer relação de parentesco consanguíneo ou afim, um vínculo fictício de filiação, trazendo para sua família, na condição de filho, pessoa que, geralmente, lhe é estranha" (DINIZ, Maria Helena. *Curso de Direito Civil brasileiro*, v. 5. São Paulo: Saraiva, 2007, p. 483).

Para que possamos evidenciar algumas das alterações pelas quais passou o instituto da adoção, faremos breves apontamentos do instituto na vigência dos dois Códigos Civis, o de 1916 e o de 2002.

8.2 Adoção na vigência do Código Civil de 1916

Na vigência do Código Civil de 1916, havia duas espécies de adoção:

- **Adoção simples ou limitada** – Estabelecia o vínculo de filiação entre adotante e adotado. Era utilizada para a adoção de menores entre 18 e 21 anos ou maiores (lembrando que a maioridade civil no antigo Código ocorria aos 21 anos) e se dava por meio de escritura pública (arts. 368 a 378, CC/1916).

- **Adoção plena** – Espécie de adoção prevista pelo Estatuto da Criança e do Adolescente, pela qual o menor adotado entra na família do adotante como se filho de sangue fosse, desligando-se de

FAMÍLIA & SUCESSÕES

qualquer vínculo com os pais biológicos e parentes, salvo quanto aos impedimentos matrimoniais. Era a adoção de menores até 18 anos. Poderia, contudo, ocorrer a adoção de menor entre 18 e 21 anos desde que já estivesse sob guarda ou tutela do adotante (arts. 39 a 52, Lei 8.069/90).

8.3 Adoção na atualidade

A adoção no Código Civil de 2002 vinha disciplinada nos artigos 1.618 a 1.629, porém, em 3 de agosto de 2009, foi sancionada pelo presidente Luiz Inácio Lula da Silva a Lei 12.010, que dispõe sobre adoção. A referida lei previu inúmeras alterações sobre a matéria no Estatuto da Criança e do Adolescente (ECA) e, além de alterar três artigos do Código Civil de 2002, revogou outros dez, justamente aqueles que cuidavam da adoção, sobre os quais nos baseávamos, até então, para tratar do assunto.

Pois bem, como fica então disciplinada a adoção com a Lei n. 12.010?

A nova redação dada pela Lei n. 12.010 ao artigo 1.618 do Código Civil elucida a nossa dúvida. Vejamos:

> Art. 1618. A adoção de crianças e adolescentes será deferida na forma prevista pela Lei 8.069, de 13 de julho de 1990 – Estatuto da Criança e do Adolescente.

Ou seja, quaisquer dúvidas que tenham pairado sobre a aplicabilidade integral ou não do ECA às adoções de crianças e adolescentes ficam agora resolvidas, pois, expressamente, o próprio Código Civil prevê que a matéria deverá ser tratada por lei especial.

O legislador também cuidou de complementar, no artigo 1619, que:

> Art. 1619. A adoção de maiores de 18 (dezoito) anos dependerá da assistência efetiva do poder público e de sentença constitutiva, aplicando-se, no que couber, as regras gerais da Lei 8.069, de 13 de julho de 1990 – Estatuto da Criança e do Adolescente.

Diante deste novo quadro legislativo, em que até mesmo as adoções de maiores estão submetidas ao ECA, passamos a destacar as principais regras relativas à adoção, já com as alterações previstas na Lei 12.010/09.

A adoção é medida excepcional e irrevogável, à qual se deve recorrer apenas quando esgotados os recursos de manutenção da criança ou ado-

ADOÇÃO

lescente na família natural ou extensa. Por família extensa entende-se aquela que se estende para além da unidade pais e filhos ou da unidade do casal, formada por parentes próximos com os quais a criança ou adolescente convive e mantém vínculos de afinidade e afetividade.

A adoção atribui a condição de filho ao adotado, com os mesmos direitos e deveres, inclusive sucessórios, desligando-o de qualquer vínculo com os pais e parentes, salvo os impedimentos matrimoniais.

Podem adotar os maiores de 18 (dezoito) anos, independentemente do estado civil, mas para a adoção em conjunto é indispensável que os adotantes sejam casados civilmente ou mantenham união estável, comprovada a estabilidade da família.

Caso os adotantes estejam divorciados, separados ou tenham terminado sua união estável também poderão adotar conjuntamente se o estágio de convivência com o adotando tiver sido iniciado na constância do relacionamento e desde que seja comprovada a existência de vínculos de afinidade e afetividade com o aquele que não detiver a guarda que justifiquem a excepcionalidade da concessão.

Se um dos cônjuges ou companheiros adotar o filho do outro, permanece o vínculo de filiação entre o adotado e o cônjuge ou companheiro do adotante e seus respectivos parentes.

O adotante tem de ser, pelo menos, 16 anos mais velho que o adotando e a adoção somente será deferida quando apresentar reais vantagens para o adotando e fundar-se em motivos legítimos.

A adoção dependerá do consentimento dos pais ou do representante legal do adotando, mas o consentimento será dispensado em relação à criança ou adolescente cujos pais sejam desconhecidos ou tenham sido destituídos do poder familiar.

Em se tratando de adotando maior de 12 anos de idade também será necessário o seu consentimento.

A pedido do adotante, o novo registro poderá ser lavrado no Cartório de Registro Civil do município de sua residência e nenhuma observação sobre a origem do ato poderá constar nas certidões de registro.

A sentença conferirá ao adotado o nome do adotante e, a pedido de qualquer deles, poder-se-á determinar a modificação do prenome. Caso, todavia, o pedido de modificação do prenome seja requerido pelo adotante, é obrigatória a oitiva do adotando.

FAMÍLIA & SUCESSÕES

A adoção produzirá efeitos a partir do trânsito em julgado da sentença constitutiva, excepcionado o caso de óbito do adotante, ocorrido no curso do processo, após ter manifestado inequivocamente sua vontade de adotar, situação em que a sentença terá força retroativa à data do óbito.

Destacamos, por fim, que com a nova redação do artigo 48 do ECA finda-se discussão que por muito tempo ocupou o mundo jurídico, qual seja, a de ter ou não o filho adotivo o direito de conhecer sua origem biológica. Observemos:

> Art. 48. O adotado tem direito de conhecer sua origem biológica, bem como de obter acesso irrestrito ao processo no qual a medida foi aplicada e seus eventuais incidentes, após completar 18 (dezoito) anos.
>
> Parágrafo único. O acesso ao processo de adoção poderá ser também deferido ao adotado menor de 18 (dezoito) anos, a seu pedido, assegurada orientação e assistência jurídica e psicológica.

Sabemos que a situação emocional para os pais adotivos e pessoa adotada ainda é complexa quando se pensa na possibilidade legal que há, com esse dispositivo, de o adotado conhecer sua origem biológica, mas, se por um lado, a insegurança familiar é um obstáculo para aqueles que desejam conhecer suas origens, a verdade é libertadora, pois a dúvida e a obscuridade podem, sim, prejudicar a higidez psicológica dos envolvidos. Enfim, atribui-se o direito e faz uso dele aqueles que desejam.

8.4 Adoção e filiação socioafetiva

Nesta oitava edição decidimos acrescentar alguns comentários acerca da filiação socioafetiva no capítulo relativo à adoção. A razão de nossa escolha tem relação com a similitude entre os dois meios de constituição de relação paterno-filial, embora haja uma diferença temporal entre eles. Explicamos.

Na adoção a decisão de busca de tutela jurisdicional precede o convívio e, portanto, o afeto entre os envolvidos, ou seja, após exaustivo processo judicial é que tem início uma relação entre o(s) adotante(s) e o adotado.

Já na filiação socioafetiva, todavia, o convívio, a relação afetiva que gostamos de chamar de paterno-filial, precede qualquer pedido judicial. A situação está posta. É concreta. O papel do magistrado, aqui, é o de reconhecer uma relação afetiva já existente e não, como ocorre com a adoção, que será construída.

De qualquer forma, pode-se afirmar que o "afeto" no âmbito do Direito de Família é ainda um tema recente e, para muitos, um pouco superficial. Cumpre-nos dizer que discordamos veementemente de quem assim pensa. O afeto, a nosso ver, pode e deve ser entendido como a fonte maior de ligação entre pessoas para a constituição de uma família. Não fosse assim, oficializaríamos a frustação de alguns que não conseguiriam, em sua família biológica, encontrar qualquer identidade de sentimentos ou noção de amor e bem-querer e abandonaríamos à própria sorte aqueles que não tiveram a oportunidade de nascer em um lar amoroso.

O papel restaurador, harmonizador e de pacificação do Direito de Família se perderia em si mesmo não fosse o reconhecimento de que existe família onde existe afeto e, dessa forma, existem pais e filhos, onde se encontra este sentimento mútuo de amor e compreensão. Esse pensamento pode libertar, igualar e trazer completude àqueles que não puderam encontrar, em seu núcleo biológico, o amparo que precisavam para se desenvolver e viver com dignidade.

Como a situação, porém, é bastante complexa e, por vezes, a vontade do legislador e de outras fontes de regulamentação, na ânsia de facilitar o processo, acaba por procurar soluções mais simplificadas, correm-se alguns riscos sobre os quais não podemos deixar de externar nossa preocupação.

O Conselho Nacional de Justiça – CNJ – no uso de suas atribuições legais, editou o provimento de n. 63, de 14 de novembro de 2017, para, dentre inúmeras determinações, permitir o reconhecimento voluntário de paternidade e maternidade socioafetivas de pessoas de qualquer idade, perante os oficiais de registro civil das pessoas naturais.

Não pretendemos, aqui, analisar exaustivamente o referido provimento, mas apenas levantar um questionamento que julgamos ser pertinente.

Quem de nós não conhece pelo menos um relacionamento conturbado em que existe a reclamação de que um filho de uma relação anterior atrapalha a vida conjugal, sobretudo, porque um dos cônjuges ou companheiros não tem autoridade sobre o filho? Quem de nós também não conhece ao menos um relacionamento abusivo em que esta referida

FAMÍLIA & SUCESSÕES

autoridade sobre filhos do parceiro é exigida como prova de amor? Pois bem, estes casos, agora, podem ser levados a um oficial registrador para serem reconhecidos, voluntariamente, como relação socioafetiva entre pais e filhos. Será que sem processo judicial, sem a intervenção do Ministério Público, estariam os interesses e a segurança do menor envolvido devidamente resguardados? Claro que este reconhecimento pode ser feito, de acordo com o provimento, para maiores e menores, mas os menores, sem dúvida, são os mais vulneráveis.

Claro, também, que sabemos que o genitor biológico, tem que concordar com este reconhecimento, conforme também prevê o provimento, mas todos conhecemos aqueles que adorariam se "ver livres" de seu compromisso com uma criança não amada e, por vezes, não desejada.

Enfim, louvável a iniciativa do Conselho Nacional de Justiça de buscar mecanismos que viabilizem a oficialização de uma relação familiar, mas ousamos dizer que, quando se trata de crianças e adolescentes, um cuidado maior tem de ser exigido e a simplificação, neste caso, nos parece representar um risco. Oxalá estejamos equivocados!

Por fim, observamos que, em decisão histórica, os ministros do STF, em dezembro de 2016, entenderam que o reconhecimento da filiação sociafetiva não afasta o vínculo biológico, podendo haver a multiparentalidade.

Desta feita, pais biológicos podem coexistir com pais socioafetivos tendo, ambos, as mesmas obrigações.

A tese, aprovada por maioria de votos em sessão plenária, tem repercussão geral e servirá de parâmetro para casos semelhantes em trâmite na justiça em todo o país.

De fato, o caso que deu origem ao entendimento foi o Recurso Extraordinário (RE) n. 898060. Nele, um pai, pleiteava a não possibilidade de reconhecimento de seu vínculo biológico, descoberto posteriormente, uma vez que o filho já possuía, no assento de nascimento, o nome de um pai socioafetivo, devendo a este, segundo o pai biológico, caber toda e qualquer obrigação parental. (Disponível em: http://www.stf.jus.br/arquivo/cms/noticiaNoticiaStf/anexo/RE898060.pdf)

A pluriparentalidade ou multiparentalidade é tema que suscita grandes discussões, mas em seu voto, o Ministro Relator Luís Fux, assevera:

"o direito à busca da felicidade funciona como um escudo do ser humano em face de tentativas do Estado de enquadrar a sua realidade familiar em modelos pré-concebidos pela lei. É o direito que deve se curvar às vontades e necessidades das pessoas, não o contrário, assim como um alfaiate, ao deparar-se com uma vestimenta em tamanho inadequado, faz ajustes na roupa, e não no cliente."

Ou seja, é simples e até mesmo confortável para o pai biológico o argumento da impossibilidade de coexistência de dois pais, um afetivo e outro biológico, até porque poderia, desta forma, esquivar-se de suas obrigações.

A nosso ver, a Suprema Corte fez a melhor interpretação possível do Direito de Família que deve ser instrumento, como já defendemos, de harmonização das relações familiares e proteção da dignidade da pessoa humana, sobretudo dos filhos, por serem os mais vulneráveis.

Cremos que o Direito de Família não pode ser um mecanismo do Estado para exclusões e classificações. Exige-se, portanto, na interpretação jurídica de questões familiares uma volatilidade e uma fluidez que se afastam do casuísmo exatamente por privilegiarem a proteção integral da família e de seus membros, sempre norteada pelo afeto e pelo princípio do melhor interesse da criança.

EM RESUMO

Adoção

Adoção é o ato jurídico por meio do qual uma pessoa, em conformidade com os requisitos legais, confere a outra a condição de filho.

Características
- Idade mínima do adotante: 18 anos.
- Diferença de idade entre adotante e adotado: 16 anos.
- Depende do consentimento dos pais ou dos representantes legais e da concordância do adotado se tiver mais que 12 anos.
- A sentença conferirá ao adotado o nome do adotante e, a pedido de qualquer deles, poder-se-á determinar a modificação do prenome.

PRESTE ATENÇÃO

1. A adoção, com as alterações da Lei 12.010 de 3 de agosto de 2009, passa a ser integralmente regida pelo Estatuto da Criança e do Adolescente – ECA, mesmo para maiores de 18 anos.

2. Pela Constituição Federal de 1988, os filhos foram todos igualados, inclusive os adotivos.

3. Pode ocorrer a adoção por duas pessoas, desde que sejam casadas ou convivam em união estável, comprovada a estabilidade da família.

4. O adotado tem direito de conhecer sua origem biológica, bem como de obter acesso irrestrito ao processo no qual a medida foi aplicada e seus eventuais incidentes.

5. O reconhecimento da filiação socioafetiva pode ser feito judicialmente e, por previsão do Provimento n. 63/2017, do CNJ, também voluntariamente perante os oficiais de registro civil das pessoas naturais.

6. Segundo tese de repercussão geral firmada pelo STF, a paternidade socioafetiva não exime de responsabilidade aquele que possui vínculo biológico, reconhecendo, dessa forma, a possibilidade de existência de *pluriparentalidade*.

Capítulo 9
Poder Familiar

9.1 Conceito e características

O poder familiar, antes da Constituição Federal de 1988, tinha o nome de "pátrio poder", pois estava concentrado apenas nas mãos do pai.

A nova nomenclatura – poder familiar –, embora tenha sido alvo de algumas críticas por traduzir a ideia de poder da família e não poder dos pais, substituiu a expressão antiga em atenção à igualdade, prevista no texto constitucional.

Devemos entender, portanto, que o poder familiar, exercido em igualdade de condições pelos genitores, compreende um conjunto de obrigações e direitos legalmente estabelecidos que os pais detém em relação aos filhos e que tem de ser exercido tendo em vista o melhor interesse do menor.

O poder familiar é, sobretudo, um poder-dever, pois os pais não podem dele abrir mão, devendo cuidar da educação e bem-estar dos filhos e zelar por seus bens. Não pode ser objeto de negociação, isto é, ser comercializado ou alienado.

Aliás, esse poder-dever de cuidado que os pais têm para com os filhos foi objeto de recente decisão do Superior Tribunal de Justiça em que era apreciado o pedido de indenização por dano moral formulado por uma filha contra seu pai por ter sofrido abandono moral e afetivo durante a infância e adolescência (vide REsp 1159242/SP).

FAMÍLIA & SUCESSÕES

A Ministra relatora do Recurso Especial – Nancy Andrighi – com a frase "amar é faculdade e cuidar é dever" decidiu ser cabível a indenização por danos morais no caso apreciado, afirmando que não há restrições legais para a aplicação das regras relativas à responsabilidade civil e o consequente dever de indenizar no direito de família.

O abandono afetivo, outrora apenas discutido no campo emocional, chega ao âmbito jurídico com um fato gerador previsto legalmente e que decorre da paternidade/maternidade, qual seja, o dever de criar, educar e guardar os filhos.

Nessa seara, a jurisprudência encontra um meio de apreciar situações que não deveriam sequer chegar aos tribunais, pois deveriam decorrer de forma inata do sentimento que liga pais e filhos, mas infelizmente, nem sempre essa é a realidade. Congratulamo-nos, destarte, com o avanço na interpretação dada pelo nosso tribunal superior.

Frise-se, por fim, que o poder familiar é uma relação de autoridade incompatível com a tutela, pois esta só ocorrerá se os pais tiverem sido destituídos do poder familiar.

9.2 Usufruto e administração dos bens dos filhos menores

Cabe aos pais, enquanto estiverem no exercício do poder familiar, a administração dos bens dos filhos menores, bem como o direito ao usufruto desses bens. Caso ocorra divergência nessa administração, compete ao juiz buscar a solução necessária.

Embora administrem os bens dos filhos, os pais não poderão aliená-los ou gravá-los de ônus real nem contrair, em nome deles, dívidas e obrigações, salvo com autorização judicial e desde que sejam preservados os interesses dos menores.

Excluem-se dessa administração e não ensejam o usufruto:

- os bens adquiridos pelo filho havido fora do casamento antes do reconhecimento;
- os valores recebidos pelo filho no exercício de atividade profissional e os bens adquiridos com esses recursos;
- os bens deixados ou doados ao filho com a condição de não existir usufruto ou administração dos pais;
- os bens que couberem ao filho na herança, quando os pais dela forem excluídos.

9.3 Extinção, suspensão e perda do poder familiar

Segundo prevê o artigo 1.635 do Código Civil, extingue-se o poder familiar:

- pela morte dos pais ou do filho;
- pela emancipação, nos termos do artigo 5º, parágrafo único, do Código Civil;
- pela maioridade;
- pela adoção;
- por decisão judicial, na forma do artigo 1.638 (artigo que cuida da perda do poder familiar, analisado adiante).

O artigo 1.637 do Código Civil, por seu turno, prevê as seguintes hipóteses em que os pais serão afastados temporariamente do exercício do poder familiar, podendo, posteriormente, retomá-lo:

- se qualquer um dos genitores abusar de sua autoridade, faltando aos deveres a eles inerentes ou arruinando os bens dos filhos;
- se qualquer um dos genitores for condenado por sentença irrecorrível, em virtude de crime cuja pena exceda a dois anos de prisão.

Lembramos que no item 5.2.4.2, tecemos algumas considerações sobre a alienação parental que pode ser causa de suspensão do poder familiar do genitor alienante.

Cabe esclarecer que somente se suspenderá o poder familiar do pai ou da mãe que abusar de seu poder ou sofrer a condenação, subsistindo o poder dos filhos em relação ao outro.

Por fim, perderá o poder familiar aquele que (art. 1.638, CC):

- castigar imoderadamente o filho

Observe-se que aqui estão abrangidos quaisquer atos de maus-tratos físicos e morais que submetam os menores ao destempero dos genitores.

A expressão imoderadamente nos traz a ideia de permissão de castigo moderado e vedação apenas do imoderado. Como, na prática, tem-se esse termômetro? Para muitos, a palmada é uma ofensa grave, por ser um ato de violação física. A matéria controversa tramitou no Congresso, dando origem à Lei 13.010/2014, originada no projeto conhecido como Lei da Palmada. A referida lei alterou o Estatuto da Criança e do Ado-

FAMÍLIA & SUCESSÕES

lescente para estabelecer o direito da criança e do adolescente de serem educados e cuidados sem o uso de castigos físicos ou tratamentos cruéis ou degradantes.

Com relação à obediência que os filhos têm de ter para com seus pais, o artigo 1.634 dispõe, em seu inciso VII, que compete aos pais quanto à pessoa dos filhos menores: *exigir que lhes prestem obediência, respeito e os serviços próprios de sua idade e condição*.

Questionamos, porém, como se daria essa exigência? Poderia haver a aplicação de um castigo físico?

Essa indagação também é feita por Isa Gabriela de Almeida Stefano e Oswaldo Peregrina Rodrigues (*O dever jurídico dos profissionais da saúde e educação no ECA in* Cuidado e Vulnerabilidade. São Paulo: Atlas, 2009, p. 158):

> O ponto problemático é com relação ao modo com que se autoriza os pais a se utilizarem de coerção que inclui reprimendas físicas moderadas, mas como a norma é ampla o critério do que seja moderado é subjetivo. O significado de violência varia conforme os fatores sociais e culturais.

Concordamos com os autores quando à possível variação cultural do que se possa entender por castigo, já que, em tempos remotos, tinha-se como comum, por exemplo, o uso de vara de marmelo para que os pais castigassem seus filhos, o que parece inadmissível nos dias atuais.

Afirmamos, dessa forma, nossa posição no sentido de que eventual castigo deve preservar tanto a incolumidade física quanto a psíquica da criança e do adolescente, tolerando-se apenas as reprimendas que tenham caráter educativo e que respeitem a condição vulnerável do menor.

- deixar o filho em abandono

O abandono talvez seja um dos piores atos que os pais podem praticar contra seus filhos, pois o cuidado e a presença dos pais, além de obrigação legal, transmitem a segurança necessária para o desenvolvimento da criança e do adolescente.

Aquele, portanto, que não zelar pelo bem-estar físico e moral, abandonando um filho em suas necessidades mínimas para uma vida com dignidade, pode perder o poder familiar.

PODER FAMILIAR

• praticar atos contrários à moral e aos bons costumes

Mais uma vez estamos diante de questões subjetivas, devendo ser analisado o caso concreto, pois o que se tinha como ato contrário à moral há duas décadas, pode não mais ser considerado como tal na atualidade.

Há situações, contudo, que têm sido utilizadas como exemplos de atos em que os pais submetem seus filhos a maus exemplos, como prostituição e vício em tóxicos ou álcool.

• incidir, reiteradamente, nas faltas previstas no artigo 1.637

O artigo em comento trata das situações de suspensão do poder familiar por abuso de autoridade e condenação definitiva por crime com pena superior a dois anos de prisão.

• entregar de forma irregular o filho a terceiros para fins de adoção

Esta hipótese foi incluída pela Lei n.13.509/2017 e tem por fim coibir as irregularidades que ocorrem na adoção. Sabe-se que o Brasil é imenso e desigual. Pessoas que geram filhos, por vezes, diante de uma situação difícil, acabam entregando estes filhos de forma irregular para adoção. Arrependidas, na sequência, desencadeiam uma luta em busca da retomada de sua condição de pais e, por vezes, se satisfazem com algum valor monetário para abandonar seu intento. Seja qual for a razão que gerou esta irregularidade, boas ou más intenções, achou por bem o legislador colocar, dentre as causas de perda do poder familiar, aqueles que praticarem estas irregularidades.

• por força da Lei n. 13.715/2018, perderá, também, o poder familiar aquele que praticar contra outrem, igualmente titular do mesmo poder familiar:

  a) homicídio, feminicídio ou lesão corporal de natureza grave ou seguida de morte, quando se tratar de crime doloso envolvendo violência doméstica e familiar ou menosprezo ou discriminação à condição de mulher;

b) estupro ou outro crime contra a dignidade sexual sujeito à pena de reclusão; e

- praticar contra filho, filha ou outro descendente:
a) homicídio, feminicídio ou lesão corporal de natureza grave ou seguida de morte, quando se tratar de crime doloso envolvendo violência doméstica e familiar ou menosprezo ou discriminação à condição de mulher;
b) estupro, estupro de vulnerável ou outro crime contra a dignidade sexual sujeito à pena de reclusão.

Como se pode perceber, as inclusões mais recentes visam à proteção do menor, seja porque foi vítima dos crimes acima citados ou porque qualquer um que os praticou contra o outro genitor e ou, até mesmo, contra outro descendente não apresenta as condições necessárias para desempenhar o poder familiar que tem como objetivo exatamente coibir os atos de violência que por ele foram praticados.

EM RESUMO

Poder Familiar

Poder familiar é o conjunto de direitos e deveres conferido aos pais para que possam cuidar tanto dos bens como da pessoa dos filhos.

Estão sujeitos ao poder familiar os filhos menores não emancipados.

Extinção do poder familiar:
- Morte dos pais ou do filho.
- Emancipação.
- Maioridade.
- Adoção.
- Decisão judicial (art. 1.638, CC).

Suspensão do poder familiar:
- Em caso de abuso de autoridade do pai ou da mãe.
- Quando o pai ou a mãe for condenado por sentença irrecorrível, em virtude de crime cuja pena exceda a dois anos de prisão.

Perderá o poder familiar o pai ou a mãe que:

- castigar imoderadamente o filho;
- deixar o filho em abandono;
- praticar atos contrários à moral e aos bons costumes;
- incidir, reiteradamente, nas faltas previstas no artigo 1.637 do Código Civil (abuso de autoridade ou condenação por crime com pena maior que dois anos);
- entregar de forma irregular o filho a terceiros para fins de adoção;
- praticar contra outrem, igualmente titular do mesmo poder familiar:
  a. homicídio, feminicídio ou lesão corporal de natureza grave ou seguida de morte, quando se tratar de crime doloso envolvendo violência doméstica e familiar ou menosprezo ou discriminação à condição de mulher;
  b. estupro ou outro crime contra a dignidade sexual sujeito à pena de reclusão;

- praticar contra filho, filha ou outro descendente:
  a. homicídio, feminicídio ou lesão corporal de natureza grave ou seguida de morte, quando se tratar de crime doloso envolvendo violência doméstica e familiar ou menosprezo ou discriminação à condição de mulher;
  b. estupro, estupro de vulnerável ou outro crime contra a dignidade sexual sujeito à pena de reclusão.

PRESTE ATENÇÃO

O poder familiar deve ser exercido em igualdade de condições entre os pais. Só no caso de ausência, perda, suspensão ou extinção é que poderá haver concentração nas mãos de um só deles.

Capítulo 10
Alimentos

10.1 Conceito e características

Quando se pensa em alimentos, é importante destacar que há inúmeras situações geradoras da obrigação. Elas podem decorrer de parentesco, vínculo conjugal, relação de união estável, dentre outras.

Para que se possa compreender o sentido e alcance do instituto, destacamos as lições de Silvio Rodrigues (*Direito Civil: Direito de Família*. São Paulo: Saraiva, 2002, p. 418) segundo o qual, denomina-se alimentos a "prestação fornecida a uma pessoa, em dinheiro ou em espécie, para que possa atender às necessidades da vida".

Explica o autor que a expressão tem sentido muito mais amplo do que apenas o sustento, incluindo vestuário, habitação, assistência médica em caso de doença e, se se tratar de criança, o necessário para a instrução (*idem*).

O próprio Código Civil de 2002 confirma esse entendimento no artigo 1.694, *in fine*:

> [...] alimentos de que necessitem para viver de **modo compatível com sua condição social**, inclusive para atender às **necessidades de sua educação**. (destaques nosso)

Em razão da especificidade da matéria e, por vezes, da especialidade da situação fática apresentada, destacamos algumas características da obrigação alimentar:

FAMÍLIA & SUCESSÕES

- Os alimentos são irrenunciáveis, pois o credor pode abrir mão de seu exercício, mas não do direito.
- Os alimentos são insuscetíveis de cessão ou compensação.
- Os alimentos são impenhoráveis.
- A obrigação de prestar alimentos é transmissível aos herdeiros do devedor, até a força da herança.
- Os alimentos não são reembolsáveis, ainda que tenha ocorrido a extinção de sua necessidade.
- O direito aos alimentos é imprescritível. A pretensão para haver prestações alimentares atrasadas, no entanto, prescreve em dois anos, contados a partir da data em que venceram (art. 206, § 2º, CC).

Exceções à prescritibilidade da pretensão de haver prestações alimentares atrasadas estão previstas nos artigos 197, II e 198, I do CC. O primeiro prevê que não corre prescrição entre ascendentes e descendentes durante o poder familiar; e, o segundo prevê que não corre prescrição contra incapazes do artigo 3.º do CC, ou seja, os menores de dezesseis anos. Portanto, nesses casos, será imprescritível a pretensão para haver prestações alimentares atrasadas.

Observamos, ainda, um aspecto importante sobre os alimentos. Eles são intransacionáveis, ou seja, não admitem transação. Aliás, salientamos que muitos dos direitos assegurados pelo Direito de Família não admitem qualquer espécie de transação, sobretudo por serem direitos, em sua grande maioria, inderrogáveis pelas partes.

A propósito, o jurista Giovanni Sciancalepore, em obra específica sobre a transação no direito positivado italiano, destaca:

> A possibilidade de os cônjuges utilizarem a transação para regular as suas relações se coloca no mais amplo tema da autonomia negocial e sua indisponibilidade. Neste contexto, deve-se distinguir o perfil de indisponibilidade relativo à existência e ao conteúdo dos direitos inerentes à relação familiar dos possíveis reflexos de natureza patrimonial, dos quais, se afirma a plena transigibilidade (*Il Codice Civile Commentario. Artt. 1965-1976. Della transazione.* Milano: Giuffrè Francis Lefebvre, 2018, p. 130).

Pois bem, quanto aos alimentos estamos na seara dos direitos inerentes à relação familiar e não apenas no campo dos reflexos de natureza patrimonial, daí a intransigibilidade, em concordância com o direito italiano.

Há, contudo, quem defenda a possibilidade de transação quanto à somatória das prestações vencidas, posicionamento de Maria Helena Diniz (*Curso de Direito Civil brasileiro*, v. 5. São Paulo: Saraiva, 2007, p. 558).

Antes de passarmos aos pressupostos da obrigação de alimentos, destacamos que grande conquista envolvendo a matéria adveio com a Lei 11.804/08 que disciplinou o direito a alimentos gravídicos, protegendo o ser humano em formação.

Os alimentos gravídicos compreenderão os valores suficientes para cobrir as despesas adicionais do período de gravidez, do momento da concepção ao parto, sem olvidar a contribuição que também haverá de existir por parte da mulher grávida.

Para fixá-los o juiz deverá estar convencido da existência de indícios da paternidade e sopesar as necessidades da autora e possibilidades do suposto pai. Ressalta Rolf Madaleno (*Curso de direito de família*. Rio de Janeiro: Forense, 2009, p. 670) que o juiz deve ater-se a indícios fortes, capazes de levá-lo à presunção de paternidade, atentando para fotografias, declarações, depoimentos, prova testemunhal, dentre outras, subsistindo eventual responsabilidade subjetiva da autora, provado seu dolo ou culpa, caso aponte o réu indevidamente como pai.

Após o nascimento com vida os alimentos gravídicos ficam convertidos em pensão alimentícia em favor do menor até que uma das partes solicite a sua revisão.

10.2 Pressupostos da obrigação de alimentos

São três os pressupostos para que se configure a obrigação de prestar alimentos (GOMES, Orlando. *Direito de Família*. Rio de Janeiro: Forense, 2001, p. 429):

a) existência de determinado vínculo de família entre o alimentando e a pessoa obrigada a suprir alimentos;

b) estado de necessidade do alimentando;

c) possibilidade econômico-financeira da pessoa obrigada a prestar alimentos.

FAMÍLIA & SUCESSÕES

Presentes tais requisitos, os alimentos devem ser fixados guardando a proporção entre o binômio necessidade-possibilidade, de modo que a prestação seja suficiente para suprir as necessidades do alimentando e seja possível de ser prestada pelo alimentante.

O cônjuge não foi citado na ordem acima descrita porque o fundamento da obrigação é outro, isto é, não decorre da relação de parentesco, mas sim do dever de mútua assistência em decorrência da dissolução da sociedade conjugal, tendo o devedor de pagá-los a quem necessita (Cf. DINIZ, Maria Helena. *Curso de Direito Civil brasileiro*, v. 5. São Paulo: Saraiva, 2007, p. 560-561).

A mesma regra se aplica aos companheiros.

A obrigação, por sua vez, não cessa se o cônjuge devedor se casar novamente, devendo ainda prestá-la ao cônjuge necessitado. Se, contudo, o cônjuge credor contrair nova união, perde o direito a receber alimentos do antigo consorte.

Inovou a legislação civil ao prever no artigo 1.704, parágrafo único:

> *Se o cônjuge declarado culpado vier a necessitar de alimentos, e não tiver parentes em condições de prestá-los, nem aptidão para o trabalho, o outro cônjuge será obrigado a assegurá-los, fixando o juiz o valor indispensável à sobrevivência.*

Para muitos, essa previsão é uma injustiça, pois a culpa de que se trata é quanto à quebra dos deveres do casamento, o que nos faz analisar que, o cônjuge inocente, embora ofendido ou magoado, apresentando-se o quadro acima descrito, ainda deverá socorrer em suas necessidades o cônjuge culpado.

Ressalte-se, todavia, que ao cônjuge culpado só serão devidos os alimentos indispensáveis à sobrevivência, isto é, os chamados *naturais*.

10.3 Classificação dos alimentos

Os alimentos são divididos em várias classificações, a saber: quanto à natureza, quanto à finalidade e quanto à causa jurídica (Cf. DINIZ, Maria Helena. *Curso de Direito Civil brasileiro*, v. 5. São Paulo: Saraiva, 2007, pp. 553-554).

Quanto à *natureza*, os alimentos classificam-se em:

- **Naturais** – Aqueles estritamente necessários à sobrevivência do alimentando, como alimentação, remédios, vestuário e habitação.

ALIMENTOS

- **Civis** – Aqueles que englobam outras necessidades, como as intelectuais e morais, ou seja, educação, instrução, assistência e recreação.

Quanto à *finalidade* os alimentos podem ser:
- **Definitivos ou regulares** – Aqueles de caráter permanente, estabelecidos pelo juiz na sentença ou em acordo das partes devidamente homologado, embora, segundo o artigo 1.699 do Código Civil, possam ser revistos em caso de mudança na situação financeira do devedor ou do credor de alimentos.
- **Provisórios** – Aqueles fixados liminarmente (*initio litis*) na própria ação de alimentos, de rito especial, estabelecido na Lei 5.478/68, exigindo-se, para tanto, prova pré-constituída de parentesco, casamento ou união estável.
- **Provisionais, acautelatórios ou *ad litem*** (Cf. RODRIGUES, Silvio. *Direito Civil – Direito de Família*. São Paulo: Saraiva, 2002, p. 430; DINIZ, Maria Helena. Curso de Direito Civil brasileiro, v. 5. São Paulo: Saraiva, 2007, p. 553) – Aqueles determinados em medida cautelar (ex.: separação de corpos) preparatória ou incidental de ação de separação judicial, de divórcio, de anulação ou nulidade de casamento ou mesmo de alimentos. Destinam-se a manter o litigante, bem como a custear as despesas com o processo, na pendência da lide, daí a nomenclatura *ad litem*, isto é, para a lide.

Já quanto à *causa jurídica* (Diniz, Maria Helena. *Curso de Direito Civil brasileiro*, v. 5. São Paulo: Saraiva, 2007, p. 554):
- **Voluntários** – Aqueles que resultam de declaração de vontade, *inter vivos* ou *causa mortis*.
- **Ressarcitórios** – Aqueles destinados a indenizar as vítimas de ato ilícito.
- **Legítimos** – Aqueles impostos por lei em virtude do fato de existir entre as pessoas um vínculo familiar.

10.4 Modos de satisfação da obrigação alimentar e execução do devedor de alimentos

Os alimentos, segundo o artigo 1.701 do Código Civil, poderão ser supridos por meio de pensão ao alimentando e por meio de hospedagem e sustento, sem prejuízo ao necessário à educação, quando menor.

FAMÍLIA & SUCESSÕES

Cabe ressaltar que quem é obrigado a prestar também pode exigir seu recebimento, pois o direito à prestação de alimentos é recíproco entre as pessoas definidas em lei (Cf. RODRIGUES, Silvio. *Direito Civil: Direito de Família*. São Paulo: Saraiva, 2002, p. 422).

Pela redação do artigo 1.697 do Código Civil, pode-se observar que estão envolvidos nessa relação de obrigação-direito: os ascendentes, os descendentes e os irmãos germanos e unilaterais. Já o artigo 1.700 prevê, como vimos, a transmissibilidade da obrigação alimentar aos herdeiros, lembrando que somente é transmissível até a força da herança.

Diante de uma sentença que fixou a prestação alimentícia, quando não for possível a satisfação do débito, o credor deverá proceder à execução nos termos dos artigos 911 e seguintes do Código de Processo Civil. Nessa execução, o juiz mandará citar o devedor para, em três dias, efetuar o pagamento, provar que o fez ou justificar a impossibilidade de fazê-lo. Se o devedor não pagar nem justificar, o magistrado decretará sua prisão civil, conforme expressamente previsto pelo artigo 5º, inciso LXVII, da Constituição Federal. O prazo da prisão será de um a três meses (art. 528, § 3º, CPC/2015).

O devedor ainda poderá ser denunciado e responder processo criminal por crime de abandono material, previsto no artigo 244 do Código Penal.

Com a Súmula 309 do Superior Tribunal de Justiça, publicada em 4 de maio de 2005, com enunciado alterado em 22 de março de 2006 (publicação DJ 19/4/2006, p. 153), incorporada ao texto do atual Código de Processo Civil (Lei n.13.105/2015), no artigo 528, § 7º,

> *"o débito alimentar que autoriza a prisão civil do alimentante é o que compreende as três prestações anteriores ao ajuizamento da execução e as que vencerem no curso do processo".*

Ou seja, dessa forma, permite-se somente a prisão do devedor de alimentos com base nos débitos relativos aos três meses anteriores à propositura da ação, o que possibilita ao devedor realizar o pagamento relativo a esses meses e se livrar da penalidade.

Essa interpretação faz com que a execução tenha de ser agilizada a fim de que não se perca a força da medida da prisão, pois, essa previsão objetiva, sobretudo, garantir que o débito será pago.

Por fim, destacamos que, em 12 de dezembro de 2018, a Segunda Seção do Superior Tribunal de Justiça – STJ – aprovou a Súmula n. 621, pondo fim a uma longa discussão doutrinária sobre a possibilidade de retroatividade de sentença que exonera o alimentante da obrigação ou reduz o valor dos alimentos devidos aos alimentado à data da citação. Vejamos o texto da referida Súmula:

> *"Os efeitos da sentença que reduz, majora ou exonera o alimentante do pagamento retroagem à data da citação, vedadas a compensação e a repetibilidade."*

Desta forma resta claro que não só nos casos de majoração, mas nos de redução e até exoneração da obrigação a sentença retroagirá à data da citação, sendo vedadas a compensação e a repetibilidade.

10.5 Extinção da obrigação de alimentos

São causas de extinção da obrigação de prestar alimentos:

- morte do alimentado;
- desaparecimento de um dos pressupostos, seja a possibilidade ou a necessidade (veja o tópico 10.2 "Pressupostos da obrigação de alimentos");
- se o credor tiver procedimento indigno em relação ao devedor (art. 1.708, parágrafo único, CC);
- se o cônjuge ou companheiro credor contrair nova união.

Afora essas hipóteses, a obrigação não cumprida gera direito ao alimentado de buscar judicialmente a satisfação de seu crédito.

EM RESUMO

Alimentos

Alimentos são prestações determinadas para satisfazer as necessidades de pessoa que não tenha condições de garantir a própria manutenção, de modo a propiciar-lhe uma vida digna.

Características:
- Direito pessoal.
- Irrenunciável.
- Impenhorável.
- Incompensável.
- Intransacionável.
- Imprescritível.

Pressupostos:
- Existência de vínculo de parentesco entre alimentante e alimentado.
- Necessidade do alimentado.
- Possibilidade econômica do alimentante.
- Proporcionalidade entre as necessidades de um e os recursos financeiros de outro.

Obrigação de alimentos do cônjuge:
Tem como causa o dever de assistência em decorrência da dissolução da sociedade conjugal, tendo o devedor de pagá-los a quem necessita. Se quem paga se casa novamente, continua devedor. Se o credor contrair nova união, perde o direito a alimentos do antigo consorte.

Segundo o artigo 1.694, § 2º, do Código Civil, "os alimentos para o cônjuge culpado serão somente os necessários à sobrevivência".

Modo de satisfação da obrigação alimentar:
- Dar pensão ao alimentando.
- Dar-lhe hospedagem e sustento.

Obrigação recíproca – Quem é obrigado a prestar também pode exigir. Estão envolvidos nessa relação de obrigação-direito:
- descendentes;
- ascendentes;
- colaterais até segundo grau.

Quanto à natureza, os alimentos são classificados em:
- alimentos naturais – para a sobrevivência;
- alimentos civis – indispensáveis para a vida social.

Extinção da obrigação de alimentos. Causas:

- Morte do alimentado.
- Desaparecimento de um dos pressupostos.

PRESTE ATENÇÃO

1. Os alimentos não são apenas para alimentação, mas para todo o conjunto de necessidades que uma pessoa tem, como moradia, educação, saúde, dentre outras.

2. O binômio necessidade-possibilidade deve sempre estar presente para que a obrigação se confirme. Para a fixação do valor devido, contudo, o que se deve observar é a proporcionalidade.

3. A grande novidade do Código Civil de 2002 foram os alimentos devidos ao cônjuge culpado se não houver parentes em condição de prestá-los e se ele não tiver aptidão para o trabalho. Ainda assim, a obrigação limita-se aos alimentos necessários à sobrevivência, ou seja, aos alimentos naturais.

4. O direito aos alimentos é imprescritível, mas a pretensão para haver prestações alimentares atrasadas prescreve em dois anos, a partir da data em que se vencerem (art. 206, § 2º, CC).

   Exceções: artigos 197, II, e 198, I, do CC, pois não corre a prescrição entre ascendentes e descendentes durante o poder familiar, nem contra incapazes do artigo 3º do CC, ou seja, menores de dezesseis anos. Portanto, nesses casos, será imprescritível a pretensão para haver prestações alimentares atrasadas.

Capítulo 11
Bem de Família

11.1 Considerações preliminares

É permitido aos cônjuges ou à entidade familiar destinar parte de seu patrimônio para instituir bem de família. A instituição também poderá ser realizada por terceiro, seja por testamento ou por doação, dependendo, nesse caso, da aceitação expressa dos cônjuges ou da entidade familiar beneficiada. Em ambos os casos, o bem de família constitui-se pelo registro de seu título no Registro de Imóveis.

Qual é o benefício em instituir um bem como bem de família?

O bem de família é isento de execução por dívidas posteriores à sua instituição, salvo as provenientes de tributos relativos ao prédio ou de despesas de condomínio.

Requisitos:

- A parte destinada à constituição do bem de família não poderá superar um terço do patrimônio líquido existente ao tempo da instituição.
- A instituição do bem de família deve ocorrer por meio de escritura pública ou testamento.

São algumas das particularidades do bem de família:

- O bem de família poderá ser imóvel residencial urbano ou rural.

- Deve ser o domicílio familiar.
- Abrange as pertenças e os acessórios.
- Poderá abranger também valores mobiliários com renda aplicada na conservação do imóvel e no sustento da família.

11.2 Duração da isenção

A isenção de execução pelo pagamento de dívidas durará enquanto viver um dos cônjuges ou, na falta destes, até que os filhos completem a maioridade.

A dissolução da sociedade conjugal não extingue o bem de família, mas se a dissolução se der pela morte de um dos cônjuges, o sobrevivente poderá pedir a extinção do bem de família, se for o único bem do casal.

11.3 Espécies

Segundo o artigo 1.711, *in fine*, do Código Civil, são mantidas as regras relativas à impenhorabilidade do bem imóvel residencial, estabelecidas por lei especial. Dessa forma, pode-se afirmar que há duas espécies de bem de família:

a) **Bem de família voluntário** – Decorrente da vontade dos cônjuges, entidade familiar ou terceiros. Essa instituição deverá obedecer a limitação imposta pelo artigo 1.711 do Código Civil que determina que o bem instituído como bem de família não poderá ultrapassar um terço do patrimônio líquido existente ao tempo da instituição, mantidas as demais regras estabelecidas para o bem de família estabelecidas em lei especial.

b) **Bem de família involuntário ou legal** – Resultante de estipulação legal (Lei 8.009/90), que torna impenhorável o imóvel residencial, próprio do casal ou da entidade familiar, que não responderá por qualquer tipo de dívida civil, comercial, fiscal, previdenciária ou de outra natureza, contraída pelos cônjuges ou pelos pais ou filhos que sejam seus proprietários e nele residam, salvo nas hipóteses expressamente previstas no artigo 3º, incisos I a VII (fiança em contrato de locação, pensão alimentícia, impostos e taxas que recaem sobre o imóvel, etc.).

Conclui-se que só será necessária a instituição do bem de família nos termos do atual Código Civil na hipótese do parágrafo único do artigo 5º da Lei 8.009/90, isto é, quando o casal ou entidade familiar possuir vários imóveis, utilizados como residência, e não desejar que a impenhorabilidade recaia sobre o de menor valor, devendo instituí-lo mediante escritura pública ou testamento registrado no Registro de Imóveis (art. 1.714, CC).

EM RESUMO

Bem de Família

O bem de família é isento de execução por dívidas posteriores a sua instituição, salvo as provenientes de tributos relativos ao prédio ou de despesas de condomínio.

Características
- Pode ser imóvel residencial urbano ou rural.
- Deve ser o domicílio familiar.
- Abrange as pertenças e os acessórios.
- Poderá abranger valores mobiliários.

PRESTE ATENÇÃO

Há duas espécies de bem de família:

1. Bem de família voluntário: decorrente da vontade dos cônjuges, entidade familiar ou terceiros.

2. Bem de família involuntário ou legal: previsto pela Lei 8.009/90.

Capítulo 12
Tutela, Curatela e Tomada de Decisão Apoiada

12.1 Tutela

Ao iniciarmos o – estudo da tutela, destacamos a definição trazida por Orlando Gomes (*Direito de Família*. Rio de Janeiro: Forense, 2001, p. 402), para quem, "tutela é o encargo conferido a alguém para proteger a pessoa e administrar os bens dos menores que não se acham sob o pátrio poder".

Interessante, ainda, observarmos o conceito elaborado por Silvio Rodrigues (*Direito Civil: Direito de Família*. São Paulo: Saraiva, 2002, p. 436): "Tutela é um instituto de caráter assistencial e que visa a substituir o pátrio poder em face das pessoas cujos pais faleceram ou foram suspensos ou destituídos do poder paternal".

Destaque-se que tais conceitos devem ser entendidos segundo a nova expressão consagrada pelo Código Civil, "poder familiar", poder este desempenhado em igualdade de condições por ambos os pais.

Ademais, do confronto dos conceitos acima é possível extrairmos que a tutela é um encargo atribuído a alguém com o fim de assistir o menor que, em razão de qualquer das situações descritas (morte, suspensão ou destituição do poder familiar), necessita desses cuidados não só quanto a sua pessoa, mas também quanto a seus bens.

Destaque-se que o tutor representa o menor até 16 anos e o assiste após essa idade até os 18, não podendo, em qualquer hipótese, castigá-lo fisicamente.

12.1.1 Espécies de tutela

A tutela pode ser testamentária, legítima ou dativa.

A *tutela testamentária* ocorre em virtude da nomeação do tutor por meio de testamento, melhor dizendo, quando o pai ou a mãe, por testamento ou qualquer outro documento autêntico, nomeia pessoa que deve ser o tutor de seus filhos menores.

São pressupostos dessa espécie:

– que o outro genitor não possa exercer o poder familiar por já ter falecido ou por qualquer outra razão prevista em lei;
– que o pai/mãe que nomeie o tutor esteja no exercício do poder familiar.

A *tutela legítima*, por sua vez, ocorre quando a lei determina quem deve ser o tutor dentre os parentes consanguíneos do menor, pela ordem do artigo 1.731 do Código Civil, na falta de testamento ou qualquer outro documento autêntico deixado pelos pais. A ordem é a seguinte:

– ascendentes, preferindo os de grau mais próximo aos de grau mais remoto;
– colaterais até o terceiro grau, preferindo os mais próximos aos mais remotos e os mais velhos aos mais moços, devendo o juiz escolher, dentre eles, o mais apto para o exercício da tutela.

A *tutela dativa* decorre de sentença judicial, na falta de tutor testamentário ou legítimo, ocasião em que o juiz nomeia o tutor.

Pode-se ainda citar a tutela irregular, analisada por Washington de Barros Monteiro (Curso de Direito Civil, 36. ed., p. 318).

Tutela irregular ocorre quando não há propriamente uma nomeação na forma legal, mas o suposto tutor vela pelo menor e seus interesses como se estivesse legalmente investido. Essa tutela não gera efeitos jurídicos, sendo apenas a mera gestão de negócios.

12.1.2 Escusa da tutela

A possibilidade de escusa de tutores vem elencada no artigo 1.736, que traz um rol taxativo, a saber:

> Art. 1.736. Podem escusar-se da tutela:
> I – mulheres casadas;

II – maiores de 60 anos;

III – aqueles que tiverem sob sua autoridade mais de três filhos;

IV – os impossibilitados por enfermidade;

V – aqueles que habitarem longe do lugar onde se haja de exercer a tutela;

VI – aqueles que já exercem tutela ou curatela;

VII – militares em serviço.

Em todos esses casos é possível observar a preocupação do legislador em elencar pessoas que, por motivo de incapacidade física ou porque já estão desempenhando atividade que lhes subtraia grande parte do tempo, são pouco indicadas para o exercício da função de tutor, pois não poderão dedicar-se como é esperado. No caso da mulher casada, essa escusa é discutível.

12.1.3 Garantia da tutela

Há a necessidade de caução por parte do tutor se o patrimônio do menor for de valor considerável, podendo ser dispensada pelo juiz caso o tutor seja de reconhecida idoneidade.

A fim de que se evite a dispensa sem a devida cautela, o legislador coloca o juiz como responsável subsidiário, nos termos do artigo 1.744, inciso II, do Código Civil. A responsabilidade do juiz será direta e pessoal quando não tiver nomeado o tutor ou não o tiver feito oportunamente (art. 1.744, I, CC).

Como novidade do Código Civil de 2002 no âmbito da tutela, o legislador previu a figura do protutor que desempenha o papel de auxiliar do juiz, fiscalizando a atuação do tutor e informando ao magistrado qualquer irregularidade na administração dos bens desempenhada por ele (Cf. GONÇALVES, Carlos Roberto. *Direito Civil brasileiro: Direito de Família.* São Paulo: Saraiva, 2006, v. VI, p. 590). Essa função do protutor pode ser evidenciada no artigo 1.742, que assim prevê:

Para fiscalização dos atos do tutor, pode o juiz nomear um protutor.

Por essa função, o protutor faz jus a uma gratificação, conforme previsão do artigo 1.752, § 1º, vejamos:

Ao protutor será arbitrada uma gratificação módica pela fiscalização efetuada.

FAMÍLIA & SUCESSÕES

Como se pode observar, cada vez mais tem-se buscado idealizar formas elaboradas a fim de proteger os direitos do menor em razão de sua especial condição de vulnerabilidade.

12.1.4 Atos que o tutor não tem legitimidade para praticar

O artigo 1.749 prevê que, mesmo com autorização judicial, o tutor não poderá praticar determinados atos sob pena de nulidade. São eles:

- adquirir por si, ou por interposta pessoa, mediante contrato particular, bens móveis ou imóveis pertencentes ao menor;
- dispor dos bens do menor a título gratuito;
- constituir-se cessionário de crédito ou de direito, contra o menor.

O tutor só pode alienar os imóveis do menor quando houver manifesta vantagem e mediante prévia avaliação e autorização judicial (art. 1.750, CC).

12.1.5 Remuneração do tutor

Não haverá remuneração se se tratar de tutela de crianças e adolescentes cujos pais forem desconhecidos, nos termos do artigo 1.734 do Código Civil, mas, nos outros casos, o tutor tem o direito de ser pago pelo que realmente despender no exercício da tutela, bem como o direito de perceber remuneração proporcional à importância dos bens administrados. Se existir protutor, também receberá gratificação pela fiscalização efetuada, como vimos acima.

12.1.6 Prestação de contas e cessação da tutela

O tutor deverá prestar contas de dois em dois anos, quando deixar o exercício da tutela ou toda vez que o juiz achar conveniente.

Há, ainda, a obrigação de que, ao fim de cada ano de administração, ele submeta à apreciação do juiz o balanço anual, que deverá ser aprovado e anexado aos autos do inventário. Essa obrigação subsiste ainda que os pais tenham desobrigado o tutor de tal atividade. É obrigação legal que visa a defender os interesses patrimoniais do menor.

A tutela cessa em relação ao tutelado:

- com a maioridade ou emancipação do menor;
- caindo o menor sob o poder familiar, no caso de legitimação, reconhecimento ou adoção;

- quando o tutelado se alistar ou for sorteado para o serviço militar – segundo Decreto n. 20.330/31; art. 73, Lei n. 4.375/64, reproduzido pelo art. 239, pelo Decreto n. 57.654/66, e pela Lei n. 8.239/91 (Cf. DINIZ, Maria Helena. Curso de Direito Civil brasileiro, v. 5. São Paulo: Saraiva, 2007, p. 598);
- se falecer.

Cessam as funções do tutor sem que cesse a tutela:
- expirando o termo em que era obrigado a servir – dois anos (art. 1.765, CC);
- sobrevindo escusa legítima;
- sendo removido.

12.2 Curatela

Os institutos da tutela e curatela guardam muita semelhança. Ambos são institutos de direito chamado de assistencial e enquanto a tutela é destinada a proteger os menores incapazes, a curatela destina-se, em regra, à proteção de maiores "incapazes", salvo algumas situações especiais.

A fim de aclarar melhor as diferenças, apresentaremos, a seguir, definição extraída da doutrina.

Segundo Orlando Gomes (*Direito de Família*. Rio de Janeiro: Forense, 2001, p. 417), a curatela, do mesmo modo que a tutela, destina-se "à regência de pessoas incapazes, mas se organiza para a defesa e proteção daquilo cuja incapacidade não resulta da idade".

Incluindo as situações especiais, não abordadas pelo conceito acima, poderíamos apresentar outra definição para o instituto:

> *"curatela é o encargo público, conferido, por lei, a alguém, para proteger pessoas e administrar seus bens uma vez que, sozinhas, não apresentam condição de fazê-lo, seja por não poderem exprimir sua vontade, não saberem o valor do dinheiro ou terem vício em drogas e bebidas, ou, ainda, para aqueles que, embora já concebidos, não são nascidos, em situações especiais."*

12.2.1 Pessoas sujeitas à curatela

O artigo 1.767 do Código Civil prevê quais são as pessoas que estão sujeitas à curatela:

FAMÍLIA & SUCESSÕES

a) aqueles que, por causa transitória ou permanente, não puderem exprimir sua vontade; como exemplo de causa transitória ou duradoura que pode impedir uma pessoa de exprimir sua vontade temos o estado de coma após um acidente, o que enseja a nomeação de um curador;

b) os ébrios habituais e os viciados em tóxicos – tanto os ébrios habituais como os viciados em tóxicos são considerados relativamente incapazes pelo artigo 4º, inciso II, do Código Civil e, por isso, necessitam de curador que os assista;

c) os pródigos – segundo Silvio Rodrigues (*Direito Civil: Direito de Família*. São Paulo: Saraiva, 2002, p. 458), "pródigo é aquele que dissipa desvairadamente o seu patrimônio, como se não tivesse noção da importância da riqueza material, na civilização moderna, de modo que, se lhe fosse permitido agir sem qualquer restrição, seu destino seria a integral miséria".

12.2.2 Interdição e os limites da curatela

Após uma modificação substancial, promovida no instituto da Curatela no Código Civil pelo Código de Processo Civil – Lei n. 13.105/2015 e pelo Estatuto da Pessoa com Deficiência – Lei n. 13.146/2015, ao invés de se detalhar como seria feita a interdição para nomeação de curador, resolveu-se, apenas, após a revogação dos dispositivos a esta matéria concernentes, determinar:

> "*Art. 1.774. Aplicam-se à curatela as disposições concernentes à tutela, com as modificações dos artigos seguintes.*"

Pela determinação do artigo acima, percebemos que se deve seguir o que foi previsto para a tutela, analisada por nós nos itens 12.1.2 e seguintes.

Também encontra previsão expressa a necessidade de se preservar o direito à convivência familiar e comunitária, devendo-se evitar o recolhimento da pessoa sujeita à curatela em estabelecimento que a afaste desse convívio (art. 1.777, CC).

Frise-se, por fim, que a autoridade do curador estende-se à pessoa e aos bens dos filhos do curatelado, observadas as determinações previstas no artigo 5º do Código Civil, que versa sobre a maioridade e demais casos em que cessa a incapacidade para menores.

Sempre é bom lembrar que o processo para que se nomeie um curador é denominado processo de interdição e tem por fim apurar se estão presentes os fatos que autorizam a nomeação.

A curatela pode ser total ou parcial, isto é, pode privar o interditado ou curatelado de praticar todos os atos da vida civil ou somente parte deles.

A interdição do pródigo, por exemplo, só o privará de emprestar, transigir, dar quitação, alienar, hipotecar, demandar ou ser demandado e praticar, em geral, os atos que não sejam de mera administração (art. 1.782, CC). Para os demais atos, pode ser considerado uma pessoa plenamente capaz. Isso ocorre para que o pródigo somente seja privado da prática que ponha em risco seu patrimônio, pois o problema que deu causa à curatela foi exatamente esse.

12.2.3 Exercício da curatela

Poderão ser curadores legítimos o cônjuge ou companheiro, os pais ou os descendentes. O cônjuge ou companheiro não separado judicialmente ou de fato é, de direito, curador do outro quando este for interditado (art. 1.775, CC). Se não houver cônjuge ou companheiro, o pai ou a mãe assumirá o encargo e, não os havendo, o descendente que demonstrar maior aptidão (art. 1.775, § 1º, CC). Destaque-se que, entre os descendentes, os mais próximos precedem os mais remotos.

Há também, na falta de qualquer um dos aqui mencionados, a possibilidade de curador dativo, isto é, determinado pelo juiz (art. 1.775, § 3º, CC).

No que tange à pessoa com deficiência, na nomeação de curador, o juiz poderá estabelecer curatela compartilhada a mais de uma pessoa (art. 1.775-A do Código Civil).

Se o cônjuge for nomeado curador e o regime de bens for o da comunhão universal, não será obrigado à prestação de contas, exceto se assim determinar o juiz (art. 1.783, CC).

12.2.4 Curatela especial: nascituro

Nascituro é o ser já concebido, mas que ainda se encontra no ventre materno. Para que tenha curador, devem estar presentes dois requisitos:

a) que faleça o pai estando a mulher grávida;

b) que a mãe não tenha o exercício do poder familiar.

FAMÍLIA & SUCESSÕES

Se a mulher grávida estiver interdita, seu curador será o do nascituro.

Neste tópico, costumávamos abordar a curatela para o portador de deficiência, mas pelas alterações trazidas pela Lei n. 13.146/2015 – Estatuto do Deficiência, houve a revogação expressa do artigo 1.780, passando a constar uma proteção especial para as pessoas com deficiências chamada de "Tomada de Decisão Apoiada" sobre a qual passaremos a discorrer.

12.3 Tomada de Decisão Apoiada

O artigo 1.783-A do Código Civil define a "Tomada de Decisão Apoiada" como:

> *"o processo pelo qual a pessoa com deficiência elege pelo menos 2 (duas) pessoas idôneas, com as quais mantenha vínculos e que gozem de sua confiança, para prestar-lhe apoio na tomada de decisão sobre atos da vida civil, fornecendo-lhes os elementos e informações necessários para que possa exercer sua capacidade."*

Tal definição, diga-se, está em consonância com o espírito do *Estatuto da Pessoa com Deficiência* que parte da capacidade de todas as pessoas e, em situações excepcionais, da necessidade de apoio para que possam exercer adequadamente a sua capacidade, obstaculizada exatamente pela deficiência que apresenta.

Seguindo com as determinações legais do artigo acima citado e de seus onze parágrafos, tem-se que para formular pedido de tomada de decisão apoiada, a pessoa com deficiência e os apoiadores devem apresentar termo em que constem os limites do apoio a ser oferecido e os compromissos dos apoiadores, incluindo, ainda, o prazo de vigência do acordo bem como o respeito à vontade, aos direitos e aos interesses da pessoa que devem apoiar.

Este pedido terá de ser feito pela própria pessoa a ser apoiada, com indicação expressa das pessoas aptas a prestarem o apoio necessário.

O juiz, por seu turno, antes de se pronunciar sobre o pedido de tomada de decisão apoiada, será assistido por equipe multidisciplinar, ouvirá o membro do Ministério Público e, pessoalmente, o requerente e as pessoas que lhe prestarão apoio.

Há preocupação do legislador de garantir que as decisões tomadas por pessoa apoiada terão validade e efeitos sobre terceiros, prevendo que, para tanto, deverão estar inseridas nos limites do apoio acordado. Na prática, determina-se que o terceiro com quem a pessoa apoiada mantém relação negocial pode solicitar que os apoiadores contra-assinem o contrato ou acordo, especificando, por escrito, sua função em relação ao apoiado.

Podem, porém, ocorrer situações em que eventual risco ou prejuízo possa gerar divergência de opiniões entre a pessoa apoiada e um dos apoiadores. Neste caso, cabe ao juiz decidir a questão controversa, após ouvir o representante do Ministério Público.

Em caso de negligência do apoiador ou inadimplência das obrigações assumidas, a pessoa apoiada ou qualquer pessoa poderá apresentar denúncia ao Ministério Público ou ao juiz. Caso seja julgada procedente a denúncia, o juiz destituirá o apoiador e nomeará outro, ouvida a pessoa apoiada e desde que seja de seu interesse.

Interessante destacar que tanto a pessoa apoiada quanto o apoiador podem solicitar o término do acordo firmado, dependendo o desligamento do apoiador de manifestação do juiz sobre a matéria.

Por fim, aplicam-se à tomada de decisão apoiada, no que couber, as disposições referentes à prestação de contas na curatela.

EM RESUMO

Tutela, Curatela e Tomada de Decisão Apoiada

Tutela

É o conjunto de direitos e deveres que a lei confere a alguém para que cuide de um menor e administre seus bens pelo fato de este se encontrar fora do poder familiar. Pode ser:

- *Tutela testamentária* – Quando pai ou mãe, por testamento ou documento autêntico, indica quem deve servir para tutor dos filhos menores, caso morra.
- *Tutela legítima* – Quando não há testamento, a lei determina tutor dentre os parentes consanguíneos, pela ordem do artigo 1.731 do Código Civil.
- *Tutela dativa* – Deriva da sentença judicial (art. 1.732, CC).

FAMÍLIA & SUCESSÕES

- *Tutela irregular* – Não há propriamente uma nomeação na forma legal, mas o suposto tutor zela pelo menor e seus bens. Não gera efeitos jurídicos.

O tutor representa o menor até 16 anos e o assiste após essa idade, não podendo castigá-lo fisicamente.

Cessação da tutela
A tutela cessa em relação ao tutelado:
- com a maioridade ou emancipação do menor;
- caindo o menor sob o poder familiar, no caso de reconhecimento ou adoção.

Cessam as funções do tutor sem que cessem a tutela:
- expirando o termo em que era obrigado a servir – dois anos (art. 1.765, CC);
- sobrevindo escusa legítima;
- sendo removido.

Curatela
É o encargo público imposto pelo Estado por meio do qual é conferido a alguém poderes para cuidar de pessoa maior incapaz, bem como administrar-lhe os bens. Difere da tutela por proteger o incapaz maior, e não o menor.

Pessoas sujeitas à curatela:
a) aqueles que, por causa transitória ou permanente, não puderem exprimir sua vontade;
b) os ébrios habituais e os viciados em tóxicos;
c) os pródigos.

Quem pode ser curador:
- Curador legal: rol do artigo 1.775 do Código Civil.
- Curador dativo: determinado pelo juiz.

Curatela do nascituro

Nascituro é o ser já concebido, mas que ainda se encontra no ventre materno. Para que tenha curador, devem estar presentes dois requisitos:

a) que faleça o pai estando a mulher grávida;

b) que a mãe não tenha o exercício do poder familiar.

Tomada de Decisão Apoiada

É o processo pelo qual a pessoa com deficiência elege pelo menos 2 (duas) pessoas idôneas, com as quais mantenha vínculos e que gozem de sua confiança, para prestar-lhe apoio na tomada de decisão sobre atos da vida civil, fornecendo-lhes os elementos e informações necessários para que possa exercer sua capacidade.

O pedido terá de ser feito pela própria pessoa a ser apoiada, com indicação expressa das pessoas aptas a prestarem o apoio necessário, mas o juiz, antes de decidir, será assistido por equipe multidisciplinar e ouvirá o membro do Ministério Público e, pessoalmente, o requerente e demais envolvidos.

PRESTE ATENÇÃO

1. A distinção fundamental entre tutela e curatela é que a primeira protege o incapaz menor e a segunda, o incapaz maior.

2. Como inovação do legislador do Código Civil de 2002, um pro-tutor poderá ser nomeado pelo juiz para fiscalização dos atos do tutor.

3. Outra novidade é a possibilidade de nomeação de dois apoiadores para as pessoas com deficiências para que possam ter o que fora previsto no Código Civil como "Tomada de Decisão Apoiada".

Parte II
Direito das Sucessões

Capítulo 1
Considerações Iniciais

1.1 Introdução

A palavra "sucessão" significa transmissão de direitos e/ou encargos segundo certas normas. Essa transmissão tanto pode dar-se entre pessoas vivas (*inter vivos*) como quando há o falecimento de alguém (*causa mortis*).

Quando se fala em Direito das Sucessões, aborda-se a transmissão de direitos e/ou encargos decorrentes do fato morte, isto é, todas as regras que disciplinam as consequências derivadas do falecimento de certa pessoa, seja quanto a seu patrimônio, seja quanto a quaisquer outros fatos ligados ao evento.

O Direito das Sucessões é consequência do direito de propriedade previsto no artigo 5º, inciso XXII, da Constituição Federal, pois, tendo a liberdade de adquirir um conjunto de bens durante a vida de trabalho, é prerrogativa que a pessoa possa dele dispor da maneira que mais lhe for conveniente, desde que, é claro, sejam respeitadas certas regras, como a preservação da legítima que pertence aos herdeiros necessários.

Vale dizer que o direito à herança também é previsto constitucionalmente no artigo 5º, inciso XXX, o que demonstra a importância da matéria.

1.2 Disposição da matéria no Código Civil

Sempre é útil, quando vamos iniciar o estudo de uma matéria, procurarmos sua localização no Código e também suas divisões para que

FAMÍLIA & SUCESSÕES

possamos formar uma visão geral e, por que não dizer, um "mapa mental" de todo o seu conteúdo para que, dessa forma, entendamos de maneira lógica a disposição de cada tópico.

O Direito das Sucessões está dividido no Código Civil em:

- **Título I – Sucessão em Geral** – Traz várias informações para que possamos aplicar aos demais dispositivos, isto é, o momento da abertura da sucessão, a capacidade para suceder, a aceitação e a renúncia, dentre outros, que nos possibilitarão iniciar o estudo da matéria. Embora possa parecer aos olhos do leitor que os conceitos não têm ligação uns com os outros, o fato é que essa é a função da parte geral de uma disciplina: dar base para o desenvolvimento das regras subsequentes.

- **Título II – Sucessão Legítima** – Embora subsidiária da sucessão testamentária, a sucessão legítima é a mais frequente em nosso país, pois, na falta de testamento ou quando este é julgado nulo ou ineficaz, é essa espécie de sucessão que prevalecerá. Cumpre dizer que houve alterações substanciais na sucessão legítima no Código Civil de 2002, especialmente quanto à situação do cônjuge na ordem de vocação hereditária.

- **Título III – Sucessão Testamentária** – Sucessão testamentária é a que permite a transmissão de bens, segundo a manifestação de última vontade do próprio falecido. É espécie de sucessão que obedece a grande formalidade, com o fim de garantir que a manifestação de última vontade seja mesmo a do falecido e não a de terceiros que sobre ele tenham exercido alguma influência. Houve, também, importantes alterações trazidas pelo Código Civil de 2002, especialmente em relação ao cumprimento do testamento particular, vigorando, desde então, maior maleabilidade por parte do juiz para que possa fazer valer tal espécie com regras especiais quanto ao número de testemunhas.

- **Título IV – Inventário e Partilha** – Além de cuidar do inventário e da partilha, essa parte envolve a questão processual, que deve ser estudada sempre em conjunto com o Código de Processo Civil.

1.3 Terminologia

De cujus

É sempre motivo de curiosidade a utilização de certos nomes e expressões em nosso mundo jurídico, e uma delas é a expressão "de cujus".

Segundo Silvio Rodrigues (Direito Civil: Direito das Sucessões. São Paulo: Saraiva, 2003, p. 11), "a expressão de cujus é tirada da sentença latina *de cujus sucessione agitur*", isto é, de cuja sucessão se trata. Em decorrência da economia vocal trazida pelo costume ao longo do tempo, passou-se a falar "de cuja sucessão", que acabou por tornar-se "de cujus", expressão hoje largamente empregada por toda a doutrina.

Herança

Quando nos deparamos com a palavra "herança", quase imediatamente pensamos em receber alguma coisa, o que pode nos levar a confundir herança com sucessão. Sucessão é transmissão, enquanto herança é o conjunto de direitos e obrigações transmitidos em razão da morte, ou seja, bens e dívidas que alguém acumulou no decorrer da vida. Herança é uma universalidade de bens, o patrimônio do falecido: débitos e créditos.

Por isso, falar que fulano recebeu uma herança não necessariamente é um fato bom, pois nesse patrimônio pode haver mais dívidas do que créditos, o que torna a herança ilíquida, isto é, nada havendo para se transmitir.

Herdeiro e legatário

Em geral, usamos a palavra "herdeiro" indiscriminadamente quando nos referimos a alguém que foi ou será beneficiado por uma herança. É importante ressaltar que há distinção quanto à nomenclatura daquele que é destinatário de uma herança.

Há duas espécies de herdeiro:

- Herdeiro legítimo – Aquele que recebe uma herança de acordo com a ordem disposta em lei (sucessão legítima). É chamado, nesse caso, de herdeiro.
- Herdeiro testamentário – Aquele que é instituído por meio de testamento (sucessão testamentária). Pode ser:
  - a título universal, quando recebe uma parte da totalidade da herança – herdeiro;

FAMÍLIA & SUCESSÕES

– a título singular, quando recebe um bem ou vários bens determinados – legatário.

Como se depreende, nem sempre aquele que é o beneficiário de uma herança é denominado herdeiro; se receber um ou vários bens determinados, especificados em um testamento, será chamado de legatário.

1.4 Abertura da sucessão

A abertura da sucessão se dá no momento da morte. Segundo Maria Helena Diniz, o momento da morte precisa ser comprovado, no plano biológico, pelos recursos empregados na medicina legal e, no plano jurídico, pela certidão passada pelo oficial do Registro Civil (*Curso de Direito Civil brasileiro*, v. 6. São Paulo: Saraiva, 2005, p. 27). Tal regra é importantíssima, pois é nesse momento que ocorre a transmissão da herança aos herdeiros legítimos e testamentários, bem como se verifica a capacidade para suceder. Como ensina Caio Mário da Silva Pereira (*Instituições de Direito Civil, v. 6*. Rio de Janeiro: Forense, 2009, p. 13), "é o fator genético da aquisição do direito pelos herdeiros", pois não existe herança de pessoa viva (*viventis nulla hereditas*). Os pactos sucessórios são, até mesmo, vedados pelo Código Civil, que, em seu artigo 426, dispõe que não poderá ser objeto de contrato a herança de pessoa viva.

Segundo Washington de Barros Monteiro (*Curso de Direito Civil*, v. 6. São Paulo: Saraiva, 2003, p. 13), a legislação pátria mostrou-se fiel à tradição romana, vedando tanto o pacto aquisitivo como o renunciativo de herança antes da morte, destacando que tais disposições eram conhecidas como pacta corvina, isto é, "pacto de corvos".

Vale dizer que, antes da morte biológica comprovada, morte presumida com declaração de ausência ou sem declaração de ausência, possibilidade esta trazida pelo Código Civil de 2002, não há direito à herança, mas somente a expectativa de recebê-la, operando-se o direito apenas com a morte.

Questão que sempre se faz presente é a de saber qual lei deve ser aplicada para regular a sucessão, ainda mais em tempos de mudança de legislação, como ocorreu com a promulgação do atual Código Civil. A regra do artigo 1.787 é clara: deve regular a sucessão e a legitimação para suceder a lei vigente ao tempo da abertura, isto é, a vigente na época da morte do *de cujus*.

CONSIDERAÇÕES INICIAIS

Dessa forma, se uma pessoa veio a falecer em meados de dezembro de 2002, mesmo que o inventário fosse aberto somente quando o atual Código Civil já estivesse vigorando, ou seja, a partir de janeiro de 2003, essa sucessão seria regulada pelo Código de 1916, pois era a lei vigente ao tempo da morte.

1.5 Princípio da *saisine*

Caio Mário da Silva Pereira (*Instituições de Direito Civil*. Rio de Janeiro: Forense, 2009, p. 15) ensina que,

> "na Idade Média, instituiu-se a praxe de ser devolvida a posse dos bens, por morte do servo, ao seu senhor, que exigia dos herdeiros dele um pagamento, para autorizar a sua imissão. No propósito de defendê-lo dessa imposição, a jurisprudência no velho direito costumeiro francês, especialmente no Costume de Paris, veio a consagrar a transferência imediata dos haveres do servo aos seus herdeiros, assentada a fórmula: *le serf mort saisit le vif, son hoir de plus proche*. Daí ter a Doutrina fixado por volta do século XIII, diversamente do sistema romano, o chamado *droit* de saisine, que traduz precisamente esse imediatismo da transmissão dos bens, cuja propriedade e posse passam diretamente da pessoa do morto aos seus herdeiros: *"le mort saisit le vif"* ".

Pelo princípio da saisine, desde a abertura da sucessão, o domínio e a posse da herança transmitem-se aos sucessores. Vem expresso no artigo 1.784 do Código Civil, que dispõe:

> *Aberta a sucessão, a herança transmite-se, desde logo, aos herdeiros legítimos e testamentários.*

Segundo Carlos Alberto Bittar (*Direito das Sucessões*. Rio de Janeiro: Forense Universitária, 1992, pp. 19-20), com a morte, a transmissão é automática, efetivando-se *ipso iure* para os herdeiros. Dessa forma, a propriedade e a posse dos bens herdados transferem-se imediatamente, pelo simples fato morte, aos herdeiros legítimos e testamentários, independentemente da abertura do inventário.

Vale ressaltar que o mesmo não ocorre quando se trata de legatários, pois a estes somente é transferido o direito, cabendo aos herdeiros entregar a posse dos bens legados (arts. 1.923, § 1º, e 1.934, CC).

FAMÍLIA & SUCESSÕES

Convém lembrar que a posse transmitida com a morte é a mesma que o *de cujus* gozava antes de falecer, isto é, se o *de cujus* era possuidor indireto de determinado imóvel, com sua morte, seus herdeiros passarão também a ser possuidores indiretos, sub-rogando-se na posse de seu antecessor, consoante o artigo 1.207 do Código Civil.

1.6 Morte simultânea ou comoriência

É a morte de duas ou mais pessoas na mesma ocasião em razão do mesmo acontecimento (art. 8º, CC).

Diante de tal situação, é difícil aplicar a regra de transmissão de herança, pois não se sabe qual indivíduo morreu primeiro para que se determine a transmissão de seus bens.

Essa questão tem importância quando as pessoas que falecem ao mesmo tempo são herdeiras uma da outra, como na morte de um pai com seu filho. Para solvê-la, a regra é a de que um não sucederá ao outro, sendo chamados à sucessão seus herdeiros. Há presunção *juris tantum* (relativa) de que faleceram ao mesmo tempo.

1.7 Lugar da abertura da sucessão

Para determinar o lugar da abertura da sucessão, devemos seguir o disposto no artigo 1.785 do Código Civil, socorrendo-nos também do artigo 48 do Código de Processo Civil:

- foro do domicílio do falecido (arts. 1.785, CC, e 48 CPC/2015);
- se o autor da herança não possuía domicílio certo, a competência é do local onde os imóveis estiverem (art. 48, I, CPC/2015);
- em caso de domicílio incerto e bens em diversas localidades, qualquer destas localidades (art. 48, II, CPC/2015);
- não havendo bens imóveis, é competente o foro do local de qualquer dos bens do espólio (art. 48, III, CPC/2015);
- falecido no estrangeiro, a competência é do foro do domicílio do *de cujus* no Brasil (arts. 48, caput, CPC/2015, e 1.785, CC).

EM RESUMO

Considerações Iniciais

Direito das Sucessões é o ramo do Direito que cuida da transmissão de bens, direitos e obrigações em decorrência da morte.

Terminologia

De cujus: a pessoa de cuja sucessão se trata.
Herança: o patrimônio, tanto o ativo como o passivo.
Herdeiro: sucessor. Pode ser:
- legítimo (de acordo com a lei);
- testamentário (instituído por testamento), subdividindo-se em:
  - a título universal – herdeiro (sucede no todo ou em parte dos bens, sendo titular dos ativos e responsável pelo passivo);
  - a título singular – legatário (sucede em um ou mais bens determinados destacados da herança, como carro, cavalo, imóvel).

Abertura da sucessão

Ocorre com a morte do de cujus.

Consequências:

- Herdeiro deve ter capacidade no momento da morte.
- O herdeiro que sobreviver por um segundo faz sua a herança e transmite a seus herdeiros.

Comoriência

Morte de dois ou mais indivíduos na mesma ocasião, não se podendo averiguar qual deles precedeu aos outros, motivo pelo qual presumir-se -ão simultaneamente mortos.

Consequências:

- Um não sucederá ao outro.
- São chamados à sucessão seus herdeiros.
- Presunção *juris tantum* (relativa) de que faleceram ao mesmo tempo.

Princípio da saisine

Desde a abertura da sucessão, o domínio e a posse da herança transmitem-se aos herdeiros. Atribui ao herdeiro a condição de possuidor, ainda que a posse seja indireta, posse que o falecido desfrutava.

Lugar da abertura da sucessão

Último domicílio do falecido (art. 1.785, CC).

PRESTE ATENÇÃO

1. O momento da morte é muito importante, porque é nele que se abre a sucessão e se verifica a capacidade para receber os bens da herança.

2. No caso de comoriência, quando duas ou mais pessoas morrem sem que seja possível determinar quem morreu primeiro, ninguém herda de ninguém.

Capítulo 2
Indivisibilidade da Herança
e Cessão de Direitos Hereditários

2.1 Indivisibilidade da herança

Segundo o artigo 1.791, *caput* e parágrafo único, do Código Civil, a herança é indivisível até a sentença de partilha. Derivam dessa regra as seguintes consequências:

- Qualquer um dos herdeiros poderá reclamar a herança das mãos de quem injustamente a possua, pois seu direito é indivisível e regulado pelas regras relativas ao condomínio (Cf. RODRIGUES, Silvio. *Direito Civil: Direito das Sucessões*. São Paulo: Saraiva, 2003, p. 24; DINIZ, Maria Helena. *Curso de Direito Civil brasileiro*, v. 6. São Paulo: Saraiva, 2005, p. 44; arts. 1.824 e segs., CC).
- O herdeiro pode ceder uma parte alíquota de seu quinhão por meio de escritura pública (art. 1.793, CC), mas nunca bem certo do acervo, sem prévia autorização do juiz da sucessão, se estiver pendente a indivisibilidade (art. 1.793, §§ 2º e 3º, CC).

2.2 Cessão de direitos hereditários

Sobre as regras da cessão, cumpre reforçar que é ineficaz a disposição, sem prévia autorização do juiz da sucessão, por qualquer herdeiro, de bem componente do acervo hereditário pendente a indivisibilidade (art. 1.793, § 3º, CC).

FAMÍLIA & SUCESSÕES

O coerdeiro não poderá ceder sua quota a pessoa estranha, se o outro coerdeiro a quiser, pelo mesmo preço (art. 1.794, CC).

Caso não seja dado conhecimento da cessão a coerdeiro, este poderá, depositado o preço, haver para si a quota cedida a estranho, se o requerer em até 180 dias após a transmissão (art. 1.795, CC).

Se houver vários coerdeiros exercendo o direito de preferência, o quinhão cedido será distribuído entre eles na proporção de suas respectivas quotas hereditárias (art. 1.795, parágrafo único, CC).

EM RESUMO

Indivisibilidade da Herança e Cessão de Direitos Hereditários

- A herança é indivisível até a sentença de partilha.
- O herdeiro pode ceder uma parte alíquota de seu quinhão, mas nunca bem certo do acervo sem o consentimento dos demais.
- É ineficaz a disposição, sem prévia autorização do juiz da sucessão, por qualquer herdeiro, de bem componente do acervo hereditário pendente a indivisibilidade.
- O coerdeiro não poderá ceder sua quota a pessoa estranha, se o outro coerdeiro a quiser, pelo mesmo preço.

PRESTE ATENÇÃO

1. A herança é indivisível até a partilha; portanto, qualquer um dos herdeiros poderá reclamar a herança das mãos de quem a possua injustamente, pois seu direito é indivisível e regulado pelas regras relativas ao condomínio.

2. Quanto à cessão, o coerdeiro interessado poderá depositar o preço e ter a quota cedida a estranho, desde que o peça em até 180 dias após a transmissão.

Capítulo 3
Aceitação e Renúncia da Herança

3.1 Aceitação

Antes de analisarmos a aceitação, destacamos, conforme exposto no primeiro capítulo, que a transmissão da herança dá-se automaticamente com a morte do *de cujus*, o que nos faz concluir que a aceitação e renúncia da herança são apenas atos confirmatórios do recebimento ou não da herança, pois esta se incorpora de imediato ao patrimônio dos herdeiros.

Segundo Silvio Rodrigues (*Direito Civil: Direito das Sucessões*. São Paulo: Saraiva, 2003, p. 54), o problema da aceitação e renúncia da herança "apresentava-se mais importante no direito anterior, pré-codificado, em que a regra de não responder o herdeiro por encargos superiores à força do monte era desconhecida", devendo-se aceitar *sob benefício de inventário*, isto é, a aceitação só seria eficaz se os ativos superassem os passivos.

Feitas essas considerações, definimos a aceitação como o ato pelo qual o herdeiro declara que aceita a herança.

São espécies de aceitação (art. 1.805, CC):

- **Expressa** – É aquela que resulta de declaração escrita.
- **Tácita** – É aquela que ocorre quando se praticam atos compatíveis com a condição de herdeiro (ex.: paga os impostos do imóvel, administra os bens, etc.).
- **Presumida** – É a aceitação prevista pelo artigo 1.807 do Código Civil. O interessado em que o herdeiro declare se aceita ou não a herança, 20 dias depois de aberta a sucessão, poderá requerer ao

juiz a notificação do herdeiro, para que no prazo, não maior que 30 dias, o herdeiro se pronuncie sobre a aceitação, sendo seu silêncio presumido como aceitação.

Importante ressaltar que nossa legislação veda qualquer espécie de aceitação ou renúncia parcial, condicional ou a termo, pois, se assim fosse possível, todos aceitariam apenas os créditos ou demais direitos que fossem convenientes, deixando as obrigações de lado (art. 1.807, CC).

Esse impedimento garante a segurança nas relações jurídicas e a lisura do processo sucessório. A aceitação, destarte, só poderá ocorrer se for pura e simples.

3.2 Renúncia

Tem-se por renúncia o ato solene em que o herdeiro declara que não aceita a herança a que tem direito.

A renúncia é um ato grave, pois, com ela, a pessoa abrirá mão de um direito garantido pela Constituição, como visto. Para tanto, é necessário que a renúncia conste expressamente de instrumento público ou termo judicial.

Não raro, há casos de pessoas que, diante da boa situação financeira que gozam, renunciam à herança em favor de irmão menos afortunado. Se o herdeiro renuncia em favor de outrem, não é renúncia, mas aceitação e transmissão. É a chamada renúncia *translativa*. Nesse caso, incidem dois tributos: *inter vivos* e *causa mortis*, pois primeiro a pessoa está aceitando e depois transferindo a outrem parte de seu patrimônio.

A renúncia válida é a renúncia *abdicativa*, isto é, cessão gratuita, pura e simples de seu direito, ficando os bens para quem a lei ou o próprio *de cujus* determinar, como no caso de ter sido nomeado substituto (GOMES, Orlando. *Sucessões*. Rio de Janeiro: Forense, 2004, p. 26).

Importante questão que se apresenta é o caso de filho que renuncia à herança do pai. Caberia o direito a seus filhos, netos do falecido, de representá-lo e receber a herança? Para nossa legislação, o filho que renuncia à herança do pai é como se nunca tivesse sido herdeiro. Não há direito de representação para seus filhos – netos do *de cujus*. Estes só herdarão por direito próprio caso o renunciante seja o único de sua classe ou se todos renunciarem (art. 1.811, CC).

3.3 Restrições à liberdade de renunciar

Por ser a renúncia um ato bastante grave, pois o direito de herança é garantido no artigo 5º da Constituição Federal, portanto, direito fundamental, há algumas restrições à liberdade de renunciar. Vejamos:

1. A renúncia depende do consentimento do consorte, pois o Código Civil considera o direito à sucessão aberta um bem imóvel (art. 80, II).
2. Se a renúncia prejudicar credores, poderão estes, com autorização do juiz, aceitá-la em nome do renunciante (art. 1.813, CC). Os credores têm de provar:
   a) que são credores;
   b) que ao herdeiro renunciante não sobravam recursos para saldar suas dívidas.

A habilitação dos credores se fará no prazo de 30 dias posteriores ao conhecimento do fato e, desde que pagas as dívidas do renunciante, prevalecerá a renúncia quanto ao que remanescer, devendo ser devolvido aos demais herdeiros.

3.4 Efeitos da renúncia

O herdeiro renunciante é considerado como se jamais tivesse existido, não havendo direito de representação para seus herdeiros (art. 1.811, CC).

Na sucessão legítima, a parte do renunciante acresce à dos outros herdeiros da mesma classe (art. 1.810, CC).

Na sucessão testamentária, a renúncia torna caduca a deixa testamentária, a menos que seja indicado substituto (art. 1.947, CC) ou haja direito de acrescer entre os herdeiros, conforme artigo 1.943 do Código Civil.

Aquele que renuncia à herança não está impedido de aceitar o legado e vice-versa.

Em regra, a renúncia e a aceitação são irretratáveis (art. 1.812, CC), mas anuláveis quando provenientes de vício de vontade, como todo e qualquer ato jurídico.

FAMÍLIA & SUCESSÕES

EM RESUMO

Aceitação e Renúncia da Herança

Aceitação
- Expressa – Resulta de declaração escrita.
- Tácita – Decorre de atos compatíveis com a condição de herdeiro.
- Presumida – O interessado em que o herdeiro declare se aceita ou não a herança, 20 dias depois de aberta a sucessão, poderá requerer ao juiz a notificação do herdeiro, para que no prazo, não maior que 30 dias, o herdeiro se pronuncie sobre a aceitação, sendo seu silêncio presumido como aceitação.

Não pode haver aceitação parcial, condicional ou a termo para preservar a segurança nas relações jurídicas. A aceitação tem de ser pura e simples.

Renúncia
É ato solene em que o herdeiro declara que não aceita a herança a que tem direito.

A renúncia válida é a renúncia *abdicativa*, isto é, cessão gratuita, pura e simples.

A renúncia tem de ser feita por meio de:
- escritura pública – perante o tabelião;
- termo nos autos – perante o juiz.

PRESTE ATENÇÃO

1. A renúncia válida é a renúncia *abdicativa*, isto é, abrir mão da herança não importando com quem ela vai ficar. Já a renúncia *translativa*, na qual se determina "abro mão da herança em favor de", não é renúncia válida, pois é aceitação e transmissão.

2. Se a pessoa pensa em renunciar à herança só para não pagar credores, eles poderão recorrer ao juiz para aceitar a herança em nome do herdeiro renunciante, até o valor necessário para saldar seus débitos.

3. A regra é de que não poderá haver retratação da aceitação e da renúncia, salvo se houver vícios de consentimento.

Capítulo 4
Herança Jacente e Herança Vacante

4.1 Herança jacente

É aquela cujos herdeiros ainda não são conhecidos. Podemos entender a jacência como "apenas uma fase no processo visante à declaração da vacância da herança" (RODRIGUES, Silvio. *Direito Civil: Direito das Sucessões*. São Paulo: Saraiva, 2003, p. 81).

As possibilidades estão elencadas no artigo 1.819 do Código Civil, a saber:

- quando não houver ou não se souber da existência de nenhum dos herdeiros sucessíveis (descendentes, ascendentes, cônjuge e colaterais até quarto grau);
- quando todos os herdeiros chamados a suceder renunciarem à herança (nesse caso será, desde já, declarada vacante, conforme o art. 1.823).

Há, ainda, outras hipóteses em que a jacência pode configurar-se, ficando os bens sob a administração de um curador, por ainda não ter o herdeiro condições para tornar-se titular do patrimônio que a ela se quer transferir. Por exemplo:

- herdeiro já concebido e ainda não nascido (nascituro). Nascendo com vida, adquire a capacidade para ser titular de direitos e, dessa forma, receber a herança, que perderá a condição de jacente;

- enquanto se aguarda formação ou constituição de pessoa jurídica a que se atribuíram bens (MONTEIRO, Washington de Barros. *Curso de Direito Civil*, v. 6. São Paulo: Saraiva, 2003, pp. 75-76), como as fundações;
- quando o herdeiro for constituído sob condição suspensiva, enquanto não se realizar a condição (*ibidem*, p. 76).

Em todos esses casos, o Estado arrecada os bens para preservá-los.

4.2 Herança vacante

É aquela que não foi disputada com êxito por qualquer herdeiro e que judicialmente foi proclamada de ninguém (RODRIGUES, Silvio. *Direito Civil: Direito das Sucessões*. São Paulo: Saraiva, 2003, p. 84).

Após a arrecadação da herança jacente, o juiz manda publicar edital na rede mundial de computadores, no sítio do tribunal a que estiver vinculado o juízo e na plataforma de editais do Conselho Nacional de Justiça, onde permanecerá por 3 (três) meses, ou, não havendo sítio, no órgão oficial e na imprensa da comarca, por 3 (três) vezes com intervalos de 1 (um) mês entre eles, para que os sucessores do falecido venham a habilitar-se no prazo de seis meses, contado da primeira publicação (art. 741, CPC/2015). Não aparecendo herdeiros, após um ano da primeira publicação, os bens são declarados vacantes (art. 1.820, CC).

4.3 Efeitos da sentença

A sentença de declaração de vacância tem os seguintes efeitos (*idem*):

a) afasta da sucessão legítima os colaterais que não forem notoriamente conhecidos;

b) fixa o prazo de cinco anos, contado da abertura da sucessão, findo o qual os bens vagos passam definitivamente para o Município, o Distrito Federal ou a União (art. 1.822, CC).

Se os colaterais não se habilitarem até a declaração da vacância, ficarão excluídos da sucessão.

EM RESUMO

Herança Jacente e Herança Vacante

Herança jacente é aquela cujos herdeiros ainda não são conhecidos ou, se conhecidos, renunciaram à herança, não havendo outros.

Herança vacante é aquela para a qual não se apresentaram herdeiros.

Após a arrecadação da herança jacente, o juiz manda publicar edital na rede mundial de computadores, no sítio do tribunal a que estiver vinculado o juízo e na plataforma de editais do Conselho Nacional de Justiça, onde permanecerá por 3 (três) meses, ou, não havendo sítio, no órgão oficial e na imprensa da comarca, por 3 (três) vezes com intervalos de 1 (um) mês entre eles, para que os sucessores do falecido venham a habilitar-se no prazo de seis meses, contado da primeira publicação (art. 741, CPC/2015).

Não aparecendo herdeiros, após um ano da primeira publicação, os bens são declarados vacantes.

Efeitos da sentença:

a) afasta da sucessão legítima os colaterais que não forem notoriamente conhecidos;
b) fixa o prazo de cinco anos, contado da abertura da sucessão, findo o qual os bens vagos passam definitivamente para o Município, o Distrito Federal ou a União.

Se os colaterais não se habilitarem até a declaração da vacância, ficarão excluídos da sucessão.

PRESTE ATENÇÃO

A herança jacente é o primeiro passo para a herança vacante. Na herança jacente procura-se localizar os herdeiros para que possam receber a herança ou aguardar até que tenham condições para receber a herança (nascituro, por exemplo). Se ninguém for encontrado até o prazo estabelecido em lei, a herança é declarada vacante, ou seja, de ninguém.

Capítulo 5
Indignidade e Deserdação

5.1 Indignidade

A indignidade é uma pena civil criada pelo legislador para que pessoas que cometem certos atos, previstos em lei, possam ser afastadas da herança por não serem dignas de recebê-la.

A indignidade atinge tanto os sucessores necessários como os não necessários, os legítimos e os testamentários.

As hipóteses de indignidade estão previstas no artigo 1.814 do Código Civil que exclui da sucessão os herdeiros ou legatários:

I – que houverem sido autores, coautores ou partícipes de homicídio doloso, ou tentativa deste, contra a pessoa de cuja sucessão se tratar, seu cônjuge, companheiro, ascendente ou descendente;

Pelo que se pode perceber, não é caso de indignidade o homicídio culposo, pois a lei somente traz a previsão de doloso. Diante da gravidade que representa a prática de tal ato – tirar ou pelo menos tentar tirar a vida de alguém –, é dispensada a prévia condenação, mas será imprescindível prova irrefutável do fato (Cf. DINIZ, Maria Helena. Curso de Direito Civil brasileiro, v. 6, São Paulo: Saraiva, 2005, pp. 53-4).

II – que houverem acusado caluniosamente em juízo o autor da herança ou incorreram em crime contra a sua honra, ou de seu cônjuge ou companheiro;

Aquele que acusa caluniosamente em juízo o autor da herança pratica o crime de denunciação caluniosa, crime contra a administração da justiça, a saber:

FAMÍLIA & SUCESSÕES

Dar causa a instauração de investigação policial, de processo judicial, instauração de investigação administrativa, inquérito civil ou ação de improbidade administrativa contra alguém, imputando-lhe crime de que o sabe inocente (art. 339, CP).

Para que se configure o caso de indignidade, a acusação deve, nesse caso, processar-se em juízo criminal e se revelar falsa e dolosa (MONTEIRO, Washington de Barros. *Curso de Direito Civil*, v. 6, São Paulo: Saraiva, 2003, p. 65).

A segunda parte do inciso cita os crimes contra a honra, que estão previstos nos artigos 138, 139 e 140 do Código Penal e são: calúnia, difamação e injúria. Salienta Washington de Barros Monteiro que, como o legislador do Código Civil se referiu a herdeiros que incorreram em crime contra a honra do de cujus, conclui-se que, nessas hipóteses, a indignidade só poderá ser declarada se houver prévia condenação do indigno no juízo criminal (*ibidem*, p. 66).

III – que, por violência ou meios fraudulentos, inibirem ou obstarem o autor da herança de dispor livremente de seus bens por ato de última vontade.

Esse último inciso visa a preservar a liberdade de testar, embora seja de difícil prova.

A exclusão do herdeiro por indignidade será declarada por sentença (art. 1.815, CC). O direito de demandar a exclusão do herdeiro ou legatário extingue-se em quatro anos, contados da abertura da sucessão.

Em razão de alteração trazida pela Lei n. 13.532/2017, o Ministério Público, na hipótese do artigo 1.814, I, agora tem legitimidade para demandar exclusão do herdeiro ou legatário.

5.2 Perdão do indigno

Pode ocorrer o perdão do indigno desde que o ofendido assim o declare por:

- ato autêntico (escritura pública);
- testamento.

O indigno ainda poderá suceder se o testador, ao testar, já conhecia a causa de indignidade e o contemplou no testamento. Nesse caso, contudo, a sucessão se dará no limite da disposição testamentária.

5.3 Efeitos da exclusão

Para efeitos de sucessão, o indigno é considerado como se morto fosse, cabendo a seus herdeiros o direito de representação. Contudo, o indigno não terá direito ao usufruto e à administração dos bens que couberem a seus sucessores por efeito da exclusão, bem como não poderá suceder quanto a esses bens (art. 1.816, parágrafo único, CC).

O excluído da sucessão por indignidade tem de restituir os frutos e rendimentos relativos aos bens que houver recebido, mas terá direito ao reembolso das despesas realizadas com a conservação deles (art. 1.817, parágrafo único, CC).

Quanto aos atos de disposição praticados pelo indigno, têm validade desde que haja boa-fé e sejam onerosos, pois a disposição a título gratuito não tem validade.

5.4 Deserdação

A deserdação é matéria de direito testamentário, mas, com fins didáticos, será tratada logo após a indignidade por estas serem as duas únicas formas de exclusão de herança previstas em nosso ordenamento jurídico.

Segundo Silvio Rodrigues (*Direito Civil: Direito das Sucessões*. São Paulo: Saraiva, 2003, p. 253), podemos entender a deserdação como "o ato através do qual alguém, apontando como causa uma das razões permitidas em lei, afasta de sua sucessão, e por meio de testamento, um herdeiro necessário".

Para que a deserdação seja válida, alguns requisitos devem ser preenchidos:

- tem de existir testamento válido, pois, se for nulo ou se romper, não prevalecerá a deserdação;
- a causa que deu origem à deserdação tem de estar expressa em lei.

A prova da veracidade da causa alegada pelo testador caberá àquele a quem a deserdação aproveita ou ao herdeiro instituído (art. 1.965, CC).

O direito de provar a deserdação, em juízo e por meio de ação ordinária, extingue-se no prazo de quatro anos, a contar da abertura do testamento (art. 1.965, parágrafo único, CC).

Ao deserdado também cabe ação para impugnar a deserdação, desde que prove que a disposição que o afastou da sucessão não se enquadrava nas causas que a justificam.

FAMÍLIA & SUCESSÕES

5.5 Hipóteses de deserdação e seus efeitos

As hipóteses de deserdação estão previstas nos artigos 1.962 e 1963 do Código Civil. São elas:

- Todas as causas previstas para indignidade (art.1.814, CC).
- Ofensas físicas.
- Injúria grave.
- Relações ilícitas com a madrasta ou padrasto.
- Relações ilícitas com a mulher ou companheira do filho ou neto, ou com o marido ou companheiro da filha ou neta.
- Desamparo do ascendente em caso de alienação mental ou grave enfermidade.
- Desamparo do filho ou neto com deficiência mental ou grave enfermidade.

Até o trânsito em julgado da sentença que afasta o herdeiro necessário, será nomeado depositário judicial, que terá a herança sob custódia.

A pena da deserdação, da mesma forma que no caso de indignidade, só alcança o deserdado, que será representado por seus sucessores como se morto fosse, não tendo, porém, o usufruto dos bens recebidos pelos filhos menores.

Mesmo no caso de a deserdação não ser comprovada, o testamento ainda poderá ser cumprido no que não impedir o restabelecimento da legítima do herdeiro necessário.

A deserdação também poderá ser considerada ineficaz se houver outra disposição testamentária em contrário.

5.6 Distinção entre indignidade e deserdação

A indignidade afasta da sucessão tanto herdeiros legítimos quanto testamentários, necessários ou não. A deserdação é matéria de direito testamentário, servindo apenas para privar da herança herdeiros necessários (descendentes, ascendentes e cônjuge), mesmo quanto à parte legítima.

Para facilitar a visualização da diferença entre herdeiro renunciante e herdeiro indigno quanto à eventual direito de representação de seus sucessores, apresentamos o desenho comparativo:

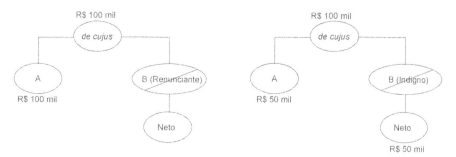

Esquema 5.1a Para a lei, o renunciante é como "se nunca tivesse existido".

Esquema 5.1b Para a lei, o indigno é como "se morto fosse".

Os filhos do primeiro só herdam se for por cabeça no caso de o renunciante ser o único de sua classe ou se todos dessa classe renunciarem. Os filhos do indigno, considerado pré-morto, herdam por estirpe, isto é, representando seu pai. Veja os Esquemas 5.1a e 5.1b.

EM RESUMO

Indignidade e Deserdação

Indignidade
Pena civil criada pelo legislador, atinge os sucessores necessários, os legítimos e os testamentários. Só alcança o indigno, representado por seus sucessores como se morto fosse.
Os excluídos serão:
- aqueles que houverem sido autores, coautores ou partícipes de homicídio doloso, ou tentativa deste, contra a pessoa de cuja sucessão se tratar, seu cônjuge, companheiro, ascendente ou descendente;
- aqueles que houverem acusado caluniosamente em juízo o autor da herança ou incorreram em crime contra sua honra, ou de seu cônjuge ou companheiro;
- aqueles que, por violência ou meios fraudulentos, inibirem ou obstarem o autor da herança de dispor livremente de seus bens por ato de última vontade.

Perdão do indigno
Pode ocorrer desde que o ofendido assim o declare por:
- ato autêntico (escritura pública);
- testamento.

Deserdação
É o ato pelo qual alguém afasta de sua sucessão, por meio de testamento, um herdeiro necessário, justificando tal ato com uma das causas previstas em lei.

Hipóteses
- Todas as causas previstas para indignidade (art. 1.814, CC).
- Ofensas físicas.
- Injúria grave.
- Relações ilícitas com a madrasta ou padrasto.
- Relações ilícitas com a mulher ou companheira do filho ou neto, ou com o marido ou companheiro da filha ou neta.
- Desamparo do ascendente em caso de alienação mental ou grave enfermidade.
- Desamparo do filho ou neto com deficiência mental ou grave enfermidade.

PRESTE ATENÇÃO

Indignidade x deserdação

A indignidade afasta da sucessão tanto herdeiros legítimos como testamentários, necessários ou não.

A deserdação é matéria de direito testamentário, servindo apenas para privar da herança herdeiros necessários (descendentes, ascendentes e cônjuge), mesmo quanto à parte legítima.

Capítulo 6
Herdeiro Aparente e Petição de Herança

6.1 Herdeiro aparente

Herdeiro aparente "é aquele que, embora não tenha tal condição, se apresenta aos olhos de todos como herdeiro, criando a impressão generalizada de ser o sucessor do de cujus" (RODRIGUES, Silvio. *Direito Civil: Direito das Sucessões*. São Paulo: Saraiva, 2003, p. 77).

Existem algumas hipóteses em que essa situação pode ocorrer (*idem*):

- no caso de herdeiro testamentário que, depois de entrar na posse da herança, descobre novo testamento instituindo outro herdeiro;
- no caso de herdeiro testamentário que assiste ao rompimento do testamento pela descoberta de um herdeiro necessário do falecido;
- no caso de herdeiro legítimo que, após a abertura da sucessão, sabe de testamento que beneficia terceira pessoa.

Em todos esses casos, os herdeiros são aparentes. Apresentam-se aos olhos de todos como herdeiros verdadeiros, mas desconhecem a existência de situação que modifique ou acabe com essa posição.

Os atos de disposição são os mesmos do indigno, isto é, se há boa-fé e onerosidade, os atos têm validade.

O herdeiro recém-descoberto poderá, por força da previsão do artigo 1.824 do Código Civil, em ação de petição de herança, demandar o reconhecimento de seu direito sucessório para obter a restituição da herança, ou de parte dela, contra quem, na qualidade de herdeiro, ou mesmo sem título, a possua.

6.2 Petição de herança

O herdeiro poderá demandar os bens da herança, mesmo que os bens estejam na posse de terceiros, ficando o possuidor originário responsável pelo valor dos bens alienados.

A ação de petição de herança poderá compreender todos os bens hereditários, ainda que seja exercida por um só dos herdeiros.

EM RESUMO

Herdeiro Aparente e Petição de Herança

Herdeiro aparente
É aquele que se apresenta aos olhos de todos como herdeiro.

Hipóteses:
- no caso de herdeiro testamentário que, depois de entrar na posse da herança, descobre novo testamento instituindo outro herdeiro;
- no caso de herdeiro testamentário que assiste ao rompimento do testamento pela descoberta de um herdeiro necessário do falecido;
- no caso de herdeiro legítimo que, após a abertura da sucessão, sabe de testamento que beneficia terceira pessoa.

Petição de herança
Pode ser exercida por um só dos herdeiros.
Ainda que os bens já estejam na posse de terceiros, o herdeiro poderá demandar os bens da herança.

PRESTE ATENÇÃO

Serão válidos os atos de disposição onerosa praticados por herdeiro aparente, desde que haja boa-fé.

Capítulo 7
Sucessão Legítima

7.1 Considerações iniciais

De início, devemos lembrar que há duas espécies de sucessão:

a) *legítima*, entendida como aquela que se opera obedecendo à ordem expressa em lei.

b) *testamentária*, aquela que decorre da manifestação de última vontade expressa no testamento.

A sucessão testamentária é a principal; a sucessão legítima, sua subsidiária, ou seja, somente terá espaço se não houver testamento ou se este for julgado nulo ou ineficaz. Nesse caso, aplica-se a ordem de sucessão prevista em lei como se essa fosse a vontade do falecido.

Há, ainda, a possibilidade de ocorrerem, simultaneamente, as duas espécies de sucessão, como a existência de testamento só de parte dos bens, ficando os demais a cargo das regras da sucessão legítima.

Segundo o artigo 2.041 do Código Civil, as disposições relativas à ordem de vocação hereditária não se aplicam à sucessão aberta antes de sua vigência, prevalecendo o disposto na lei de 1916.

7.2 Ordem de vocação hereditária

É a relação de preferência, estabelecida pela lei, de pessoas que são chamadas a suceder o falecido. É entendida como a vontade presumida do falecido e está prevista no artigo 1.829 do Código Civil. Vejamos:

FAMÍLIA & SUCESSÕES

> *Art. 1.829. A sucessão legítima obedecerá à seguinte ordem:*
> *I. descendentes, em concorrência com o cônjuge sobrevivente, salvo se casado com o falecido no regime da comunhão universal ou no da separação obrigatória de bens ou se, no regime da comunhão parcial, o autor da herança não houver deixado bens particulares;*
> *II. ascendentes, em concorrência com o cônjuge;*
> *III. cônjuge sobrevivente;*
> *IV. colaterais até quarto grau.*

Antes de passarmos à análise de cada uma das hipóteses elencadas no artigo acima, a título comparativo, observamos que no Código Civil de 1916 essa ordem era bem mais simples. Em primeiro lugar, estavam os descendentes, sem qualquer concorrência. Não havendo descendentes, eram chamados a suceder os ascendentes, também sem qualquer concorrência. Não havendo descendentes nem ascendentes, o cônjuge ou companheiro receberia os bens. Em último lugar, figuravam os colaterais até 4º grau.

Não podemos deixar de concluir que, por mais de 80 anos, esse sistema propiciou muita tranquilidade no que tange à transmissão de bens, pois caso o interessado desejasse beneficiar seu cônjuge ou outra pessoa qualquer, teria a possibilidade de fazer um testamento e determinar a distribuição de até 50% de seus bens, parte chamada disponível, como veremos mais adiante.

Hoje, porém, a nosso ver, se a colocação do cônjuge sobrevivente como concorrente dos descendentes e dos ascendentes, por um lado, beneficia o parceiro conjugal; por outro, causa confusão e instabilidade, pois a redação do artigo gera dúvidas que incitam o litígio e o aumento das demandas judiciais.

7.2.1 Sucessão dos descendentes se não houver cônjuge

No caso de sucessão de descendentes, podem ocorrer duas situações:

1. Os descendentes herdam por cabeça, isto é, por direito próprio, quando estiverem no mesmo grau.
2. Os descendentes herdam por estirpe, isto é, por representação, quando estiverem em graus diversos.

Para melhor visualização dessas duas possibilidades, apresentam-se duas situações:

SUCESSÃO LEGÍTIMA

SITUAÇÃO 1: pessoa que morre deixando um filho vivo e netos havidos de um filho pré-morto.

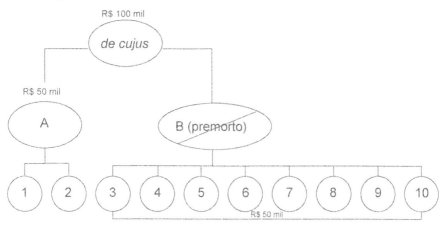

"A" recebe por cabeça, isto é, por direito próprio. Filhos de "B" recebem por estirpe, isto é, representam o pai.

Conclusão: a herança divide-se em duas partes, uma para o filho e outra para os oito netos, que deverão dividi-la, pois representam seu pai falecido (herdam por estirpe).

SITUAÇÃO 2: pessoa que morre deixando apenas dez netos, dois filhos de seu primogênito e oito de seu caçula.

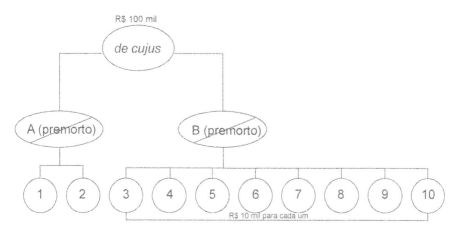

Todos recebem por cabeça, isto é, por direito próprio. R$ 10 mil para cada um.

Conclusão: os netos herdam por direito próprio (por cabeça), pois se encontram no mesmo grau, ficando cada um com 1/10.

Essa é a diferença entre netos que herdam por direito próprio (por cabeça) e netos que herdam por representação (por estirpe).

Embora possamos observar, na Situação 2, que a família do filho B foi beneficiada, recebendo 80% da herança, devemos entender que os netos guardam todos o mesmo grau de parentesco com seu avô, recebendo partes iguais.

Vale lembrar que os filhos havidos por qualquer natureza, inclusive os adotivos, têm os mesmos direitos sucessórios em relação a seus pais.

7.2.2 Sucessão dos ascendentes se não houver cônjuge

A regra muda quando se trata da sucessão de ascendentes. Não há direito à representação.

O ascendente de grau mais próximo exclui o de grau mais remoto, sem distinção de linhas (art. 1.836, § 1º, CC), como mostra a Situação 1.

SITUAÇÃO 1: *de cujus* tinha mãe e avós paternos vivos.

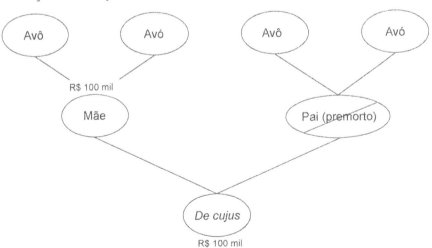

Toda a herança vai para a mãe.

SUCESSÃO LEGÍTIMA

Conclusão: toda a herança vai para a mãe, pois é o ascendente de grau mais próximo.

Se, no entanto, houver igualdade de graus e diversidade de linhas, a herança divide-se entre as duas linhas pelo meio, isto é, materna e paterna (art. 1.836, § 2º, CC), como mostra a Situação 2.

SITUAÇÃO 2: *de cujus* tinha avós maternos e avô paterno vivos.

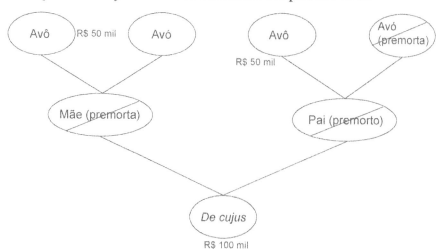

R$ 50 mil vão para os avós maternos e R$ 50 mil para o avô paterno.

Conclusão: cabe a metade aos ascendentes de cada linha, mesmo que sejam apenas três avós, isto é, dois avós maternos e um avô paterno.

7.2.3 Sucessão do cônjuge

O cônjuge é afastado da sucessão se estiver separado judicialmente ou separado de fato há mais de dois anos, exceto no caso de prova de que essa convivência se tornara impossível sem culpa do sobrevivente, conforme disposição do artigo 1.830 do Código Civil.

Tal previsão acaba por trazer a discussão da culpa pelo insucesso da relação para questões hereditárias, o que nem sempre é possível.

Há, ainda, para o cônjuge sobrevivente, qualquer que seja o regime de bens, o direito real de habitação do imóvel destinado à residência da família, desde que se trate do único bem daquela natureza a inventariar.

FAMÍLIA & SUCESSÕES

Esse direito não está condicionado à viuvez. Vale lembrar que no Código Civil de 2002 não há mais previsão de usufruto vidual.

Deve-se observar que a situação do cônjuge melhorou com o atual Código, pois, além de poder participar da sucessão desde a primeira convocação, passou também a ser herdeiro necessário, posição que será analisada no decorrer desta obra.

Vamos, agora, analisar a situação do cônjuge concorrendo com descendentes, isto é, quando tanto o cônjuge como os descendentes são chamados à sucessão juntos, em primeiro lugar.

7.2.4 Sucessão do cônjuge concorrendo com descendentes

Quando se trata da sucessão do cônjuge, existe a possibilidade, trazida pelo Código Civil de 2002, de que este possa receber parte da herança com os descendentes, concorrendo com eles. Tal possibilidade, todavia, foi condicionada ao regime de bens que vigorava entre o casal, isto é, para saber se o cônjuge sobrevivente terá direito de concorrer com os descendentes à herança, deve-se, em primeiro lugar, observar o regime.

Para entender a sucessão do cônjuge quando concorre com descendentes, destaca-se, com fins didáticos, a tabela a seguir.

A primeira coluna apresenta as espécies de regime que darão direito à meação, à divisão de certos bens, não somente pelo fator morte, mas pela simples dissolução do casamento; a meação é prerrogativa trazida pelas regras do Direito de Família. A segunda coluna mostra as espécies de regime que permitirão que o cônjuge seja herdeiro do falecido e a terceira, o direito real de habitação, garantido independentemente do regime de bens que vigorava entre o casal, conforme já ressaltado.

Meeiro	Herdeiro	Direito real de habilitação
-	-	Separação obrigatória de bens
-	Separação convencional de bens	Separação convencional de bens
Comunhão total de bens	-	Comunhão total de bens
Comunhão parcial **com** bens particulares do de *cujus*	Comunhão parcial **com** bens particulares do de *cujus*	Comunhão parcial **com** bens particulares do de *cujus*
Comunhão parcial **sem** bens particulares	-	Comunhão parcial **sem** bens particulares
Participação final nos aquestos	Participação final nos aquestos	Participação final nos aquestos

A partir dessa tabela, é possível observar que somente terá direito a participar da sucessão, juntamente com os descendentes, aquele que for casado sob um dos seguintes regimes:

- separação convencional de bens;
- comunhão parcial de bens com bens particulares do de cujus;
- participação final nos aquestos.

Embora essa tabela possa facilitar a compreensão do disposto no inciso I do artigo 1.829, a polêmica está longe de acabar.

No ano de 2009, em julgamento da Terceira Turma do Superior Tribunal de Justiça em que se discutia a concorrência do cônjuge casado sob o regime da Comunhão Parcial de Bens, a Ministra relatora do REsp 1.117.563/SP – Ministra Nancy Andrighi, defendeu, em explicação correlata que fez de todos os regimes que permitiriam, ou não, a concorrência, que a separação obrigatória é gênero da qual são espécies a separação legal e a separação convencional, manifestando-se no sentido de excluir os direitos sucessórios de concorrência também do cônjuge casado sob o regime da separação convencional de bens.

Data vênia, não acreditamos que essa seja a melhor interpretação em razão da doutrina consolidada no âmbito do Direito de Família em que é apresentado o regime da separação total de bens como gênero, sendo suas espécies a separação *obrigatória ou legal* e a separação *convencional*. Contudo, fornecemos ao nosso leitor a informação de que no próprio voto do recurso citado, a julgadora apresenta três possibilidades de interpretação para o artigo 1.829, I, optando por uma quarta, o que demonstra a complexidade da matéria e a dificuldade de se pacificar o assunto, constatação que já expressamos no início deste capítulo.

Frise-se que tal argumentação no sentido de se excluir o cônjuge casado sob o regime de separação total de bens da concorrência com os descendentes foi, mais tarde, entendida como minoritária pelo próprio STJ, no julgamento do REsp n. 1.472.945, em que o Ministro Relator Villas Boas Cueva defendeu que o "concurso hereditário na separação convencional impõe-se como norma de ordem pública, sendo nula qualquer convenção em sentido contrário, especialmente porque esse regime não foi arrolado como exceção à regra da concorrência posta no artigo 1.829, inciso I, do Código Civil."

FAMÍLIA & SUCESSÕES

Por fim, para completar o rol de polêmicas envolvendo o tema, há uma condicionante quanto ao direito do cônjuge sobrevivente casado com regime da comunhão parcial de bens para que possa concorrer com os descendentes, como se observa na tabela anterior. Se o falecido tiver deixado bens particulares, ele herdará; se não houver deixado bens particulares, ele ficará excluído.

Em caso de herdar, qual seria sua parte na herança? Parte de todos os bens que formam o monte partível? Parte dos bens particulares dos quais não foi meeiro?

Mais uma vez, após anos de discussão doutrinária que aventava três possibilidades de interpretação, quais sejam:

a) seriam os bens particulares apenas condição para a participação na herança e, uma vez cumprida, o cônjuge concorreria em todo o patrimônio deixado pelo falecido;

b) caso a condição de existirem bens particulares fosse cumprida, o cônjuge sobrevivente concorreria com os descendentes apenas na parte dos bens adquiridos onerosamente durante o casamento, parte da qual ele já teria sido meeiro, posicionamento confirmado pela 3ª Turma do STJ no REsp 1.117.563/SP, acima mencionado; ou

c) satisfeita a condição de existência de bens particulares, a concorrência do cônjuge sobrevivente dar-se-ia somente em relação a estes, vez que com relação aos bens comuns já teria ocorrido a meação.

Por fim, a situação foi pacificada, em 2015, quando a Segunda Seção do Superior Tribunal de Justiça – STJ, ao julgar o Recurso Especial 1.368.123/SP, relatado originalmente pelo Min. Sidnei Beneti, entendeu que a concorrência do cônjuge sobrevivente com descendentes no regime da Comunhão Parcial de Bens se dá apenas com relação aos bens particulares, última das correntes acima apontadas.

Como se pode perceber, as polêmicas tiveram de ser resolvidas no âmbito do Tribunal Superior, tamanha a complexidade e a dificuldade de se interpretar a redação do artigo 1.829, I.

Pois bem, depois de verificar quando o cônjuge poderá ser herdeiro concorrendo com os descendentes, deve-se saber quanto lhc caberá na herança. Qual será a parte do cônjuge na herança?

SUCESSÃO LEGÍTIMA

Ele receberá quinhão igual ao dos que sucederem por cabeça, não podendo ser inferior a 25% se for ascendente dos herdeiros com que concorrer (art. 1.832, CC). Observe os exemplos:

EXEMPLO 1

Cônjuge sobrevivente	**1/3 da herança**
Filho 1	**1/3 da herança**
Filho 2	**1/3 da herança**

EXEMPLO 2

Cônjuge sobrevivente	**25% da herança**
Filhos 1, 2, 3 e 4	**75% da herança**

Essa reserva ocorrerá se o cônjuge sobrevivente for ascendente (mãe, pai...) dos herdeiros com que concorrer.

7.2.5 Sucessão do cônjuge com ascendentes

A sucessão do cônjuge, quando concorre com ascendentes, independe do regime de bens. Qualquer que seja o regime de bens, o cônjuge sobrevivente tem o direito de receber a herança com os ascendentes. Mas quanto caberá ao cônjuge sobrevivente, nesse caso?

- Se os ascendentes forem de primeiro grau (mãe e pai do falecido): um terço da herança.
- Se houver um só ascendente: metade da herança.
- Se os ascendentes forem de segundo ou mais graus (avós, bisavós do falecido...): metade da herança.

Nesse caso, observamos que a concorrência é bem mais tranquila do que na primeira hipótese em que o cônjuge sobrevivente concorre com descendentes, pois não há qualquer vinculação do dispositivo com os regimes de bens do casamento.

7.2.6 Sucessão do(a) companheiro(a)

A sucessão do companheiro sobrevivente quando da entrada do Código Civil de 2002 em vigor, estava prevista no artigo 1.790 e limitada aos bens adquiridos onerosamente na constância da união, sem prejuízo da parte que lhe coubesse por meação.

FAMÍLIA & SUCESSÕES

A determinação já era, por si só, complicada, mas quando passávamos à análise dos incisos, outras incongruências apareciam, no que se referia à divisão determinada, a saber:

- Se o companheiro concorresse com filhos comuns, receberia quota equivalente à que por lei fosse atribuída aos filhos.
- Se concorresse com descendentes só do autor da herança, teria direito à metade do que coubesse a cada um deles.
- Se concorresse com outros parentes sucessíveis, ficaria com um terço da herança.
- Caso não houvesse parentes sucessíveis, receberia a totalidade.

As incongruências que poderiam ser apontadas em tais previsões ressaltam o desprestígio que as relações não matrimoniais sofreram com o advento do Código Civil.

A discrepância do regramento previsto no artigo 1.790 com o artigo 1.829 que trata da ordem de vocação hereditária e estabelece os direitos do cônjuge sobrevivente é imensa.

Até a entrada em vigor do Código Civil de 2002, o companheiro sobrevivente era o terceiro colocado na ordem de vocação hereditária, ocupando a mesma colocação do cônjuge, de acordo com previsão do artigo 2º, inciso III da Lei 8.971, de 1994.

Pela redação do artigo 1.790 do Código Civil de 2002, porém, concorria, como vimos, com os parentes colaterais até 4º grau. O artigo 1.790, a nosso ver, sempre representou um retrocesso no tratamento conferido, no campo sucessório, aos companheiros sobreviventes e ainda que se defendesse a diferença entre a união estável e o casamento – que acreditamos realmente existir –, desprestigiar o companheiro fazendo-o concorrer com parentes colaterais e, até mesmo, permitindo que bens particulares fossem entregues ao poder público – em razão da exclusão do *caput* do artigo 1.790 que limitava a sucessão do companheiro aos bens adquiridos onerosamente no decorrer da união – seria algo que não se poderia entender como justo.

Note nosso leitor que utilizamos os verbos no futuro do pretérito porque, em maio de 2017, os Ministros do Supremo Tribunal Federal – STF, em julgamento dos Recursos Extraordinários n. 646.721 e n. 878.694, ambos com repercussão geral reconhecida, declararam inconstitucional o artigo 1.790 do Código Civil que estabelecia diferenças entre a participação do companheiro e do cônjuge na sucessão de bens.

Prevaleceu neste julgamento, o voto do Ministro Luís Roberto Barroso, relator do RE n. 878.694 e também responsável pela abertura da divergência no RE 646.721, de relatoria do Ministro Marco Aurélio. Nas palavras do Ministro Barroso, "quando o Código Civil desequiparou o casamento e as uniões estáveis promoveu um retrocesso e promoveu uma hierarquização entre as famílias que a Constituição não admite". O ministro Barroso também lembrou que "o STF já equiparou as uniões homoafetivas às uniões "convencionais", o que implica utilizar os argumentos semelhantes a ambos".

Segundo o Ministro, a sucessão dos companheiros já havia sido disciplinada em duas leis especiais por nós também anteriormente citadas – Lei n. 8.971/94 e Lei n. 9.278/96, leis que equipararam os regimes jurídicos sucessórios do casamento e da união estável, representando o Código Civil um retrocesso.

Em suma, a sucessão dos companheiros, sejam de uniões estáveis ou uniões estáveis homoafetivas seguirão o disposto no artigo 1.829 do Código Civil, anteriormente analisado.

Contudo, não podemos deixar de mencionar que há, ainda, outros problemas no que tange à situação sucessória do companheiro, infelizmente, não resolvidos. Vejamos.

1. O companheiro e a companheira são herdeiros necessários ou não?

Pela redação do artigo 1.845, não, embora eles também não tenham sido lembrados pelo artigo 1.850, que fala da exclusão dos não necessários – no caso, os colaterais. Acreditamos, embora haja divergência doutrinária, que os companheiros – em razão do *status* constitucional conferido à união estável – devem receber o mesmo tratamento dado aos cônjuges, sendo considerados herdeiros necessários (sobre a polêmica vide TARTUCE, Flávio; SIMÃO, José Fernando. *Direito das Sucessões*. São Paulo: Método, 2008, p. 271).

2. Há ou não direito real de habitação para o(a) companheiro(a)?

O Código Civil de 2002 não traz nenhuma previsão. Em nosso entendimento, por se tratar de lei especial, prevalece a regra do artigo 7º, parágrafo único, da Lei 9.278/96, que traz o direito real de habitação para o convivente até que não constitua nova união.

FAMÍLIA & SUCESSÕES

Essas são apenas algumas amostras de problemas que terão de ser enfrentados pela doutrina e pela jurisprudência, até que se estabeleça a pacificação desejada no âmbito sucessório para os companheiros.

7.2.7 *Sucessão dos colaterais*

Os colaterais são sucessíveis até o quarto grau (art. 1.839, CC). A regra é a de que os colaterais mais próximos excluem os mais remotos (art. 1.840, CC), não havendo direito de representação.

Exceção: quando filhos do irmão falecido do de cujus (seus sobrinhos) concorrerem com irmão vivo deste. Há, nesse caso, direito à representação para os filhos do irmão falecido (art. 1.840, CC). Por exemplo: finado deixou um irmão e um sobrinho, filho de irmão pré-morto. A herança divide-se em duas partes, cabendo uma ao irmão vivo e a outra ao filho do irmão pré-morto.

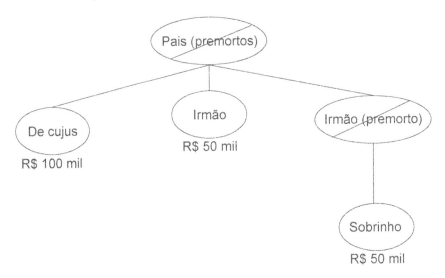

O irmão vivo recebe por direito próprio, e o sobrinho recebe por representação.

Observação: se o filho do irmão pré-morto também for falecido, o neto do irmão pré-morto nada herda, pois o art. 1.840 do Código Civil fala do direito de representação só aos filhos do irmão pré-morto e não a seus netos.

A fim de facilitar a compreensão da divisão quando existem irmãos germanos e irmão unilateral, apresentaremos ilustração abaixo.

No caso de existirem irmãos germanos (filhos do mesmo pai e mesma mãe) e irmãos unilaterais (filhos ou só do mesmo pai ou só da mesma mãe), caberá ao unilateral apenas a metade do que couber ao irmão germano (art. 1.841, CC).

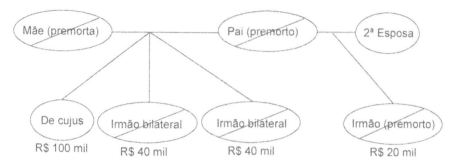

Cada irmão bilateral receberá o dobro do que cada irmão unilateral receberá. Dessa forma, atribuímos duas partes para o bilateral e uma parte para o unilateral, dividindo, nesse exemplo, a herança em cinco partes.

Se o irmão pré-morto for unilateral, seus filhos só receberão metade do que couber aos irmãos vivos, isto é, seus tios.

Importante: sobrinhos e tios do de cujus são seus parentes em terceiro grau, mas o artigo 1.843 do Código Civil dá preferência aos sobrinhos, que ficarão com toda a herança se não houver outros herdeiros de grau mais próximo.

FAMÍLIA & SUCESSÕES

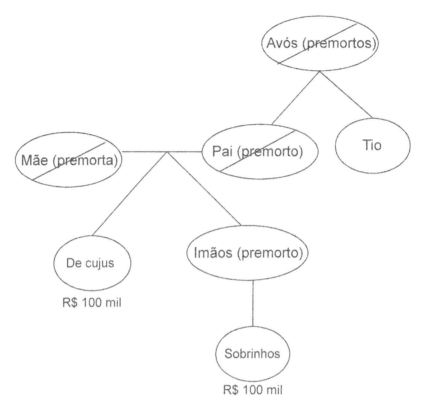

O sobrinho fica com toda a herança.

7.2.8 Sucessão do poder público

Caso não apareçam pessoas das classes anteriores, a herança é arrecadada como jacente, iniciando-se o processo para declará-la vacante, passando para o Município (ex.: casa em Barueri), Distrito Federal (ex.: imóvel no DF) ou União (ex.: depósito em FGTS). A matéria foi detalhada no capítulo 4 da segunda parte desta obra.

7.2.9 Exceção à ordem de vocação hereditária

Segundo o artigo 5º, inciso XXXI, da Constituição Federal de 1988, há exceção à ordem de vocação hereditária, conforme segue:

> *A sucessão de bens de estrangeiros situados no país será regulada pela lei brasileira em benefício do cônjuge ou dos filhos brasileiros, sempre que não lhes seja mais favorável a lei pessoal do de cujus.*

SUCESSÃO LEGÍTIMA

Por exemplo: lei estrangeira prevê que, havendo cônjuge e ascendentes, toda a herança ficará com o cônjuge, mas a lei brasileira prevê a concorrência entre eles; nesse caso, aplicar-se-á a lei estrangeira, pois é mais benéfica ao cônjuge.

EM RESUMO

Sucessão Legítima

A sucessão pode ser
- Legítima: força de lei.
- Testamentária: decorrente da manifestação de última vontade.

A sucessão legítima é subsidiária da sucessão testamentária.

Ordem de vocação hereditária
É a ordem de preferência, estabelecida pela lei, de pessoas que podem suceder o falecido. É a vontade presumida do falecido.
Quem a receberá:
1. descendentes, em concorrência com o cônjuge sobrevivente, salvo se casado com o falecido no regime da comunhão universal ou no da separação obrigatória de bens ou se, no regime da comunhão parcial, o autor da herança não houver deixado bens particulares;
2. ascendentes, em concorrência com o cônjuge;
3. cônjuge sobrevivente;
4 colaterais até quarto grau.

Sucessão dos descendentes se não houver cônjuge
Os descendentes podem receber:
- por cabeça: mesmo grau;
- por estirpe: por representação.

Sucessão dos ascendentes se não houver cônjuge
Não há direito à representação. O ascendente de grau mais próximo exclui o de grau mais remoto, sem distinção de linhas.

Sucessão do cônjuge

É afastado da sucessão se estiver separado judicialmente ou separado de fato há mais de dois anos, salvo prova de que essa convivência se tornara impossível sem culpa do sobrevivente.

Direitos do cônjuge, qualquer que seja o regime de bens

Direito real de habitação do imóvel destinado à residência da família, desde que se trate do único bem daquela natureza a inventariar.

Sucessão do cônjuge em concorrência com descendentes

O cônjuge só será herdeiro em concorrência com os descendentes se estiver casado sob um dos seguintes regimes:

- separação total convencional de bens;
- comunhão parcial de bens, desde que o de cujus tenha deixado bens particulares e somente com relação a eles;
- participação final nos aquestos.

Parte do cônjuge na herança

- Se concorrer com descendentes: quinhão igual ao dos que sucederem por cabeça, não podendo sua quota ser inferior a 25% se for ascendente dos herdeiros com que concorrer;
- Se concorrer com ascendentes:
  - se os ascendentes forem de primeiro grau: um terço;
  - se houver um só ascendente: metade;
  - se os ascendentes forem de segundo ou mais graus: metade.

Sucessão do(a) companheiro(a)

Igual a do cônjuge em razão de declaração de inconstitucionalidade do artigo 1.790, CC, que previa tratamento específico para companheiros.

Sucessão dos colaterais

- Sucessíveis até o quarto grau;
- Os mais próximos excluem os mais remotos;
- Não há direito de representação, com uma exceção.

Irmão germano e irmão unilateral

Cabe ao irmão unilateral somente a metade daquilo que couber ao irmão germano.

PRESTE ATENÇÃO

1. Ordem de vocação hereditária – Há exceção à ordem de vocação hereditária no que se refere à sucessão de bens de estrangeiros situados no país: se a lei pessoal for mais vantajosa para o cônjuge ou filhos brasileiros, prevalecerá em relação à lei brasileira.

2. Ao contrário da concorrência do cônjuge sobrevivente com os descendentes, a concorrência com os ascendentes não dependerá do regime de bens adotado.

3. Colaterais – Entre sobrinhos e tios do falecido, ambos parentes de terceiro grau, toda a herança ficará para os sobrinhos; só se eles não existirem ficará para os tios.

Capítulo 8
Direito de Representação

8.1 Hipótese e particularidades

Há direito de representação quando a lei chama certos parentes do falecido a suceder em todos os direitos em que ele sucederia se vivesse (art. 1.851, CC).

Pode ocorrer na sucessão legítima, mas não na sucessão testamentária. Dá-se na linha reta descendente, nunca na ascendente, e excepcionalmente na colateral (filhos do irmão pré-morto – veja o item 7.2.7 – "Sucessão dos colaterais").

No caso de representação, pessoa que seria afastada pela regra de que mais próximo exclui mais remoto poderá participar da herança, desde que sejam respeitados certos requisitos, a saber (Cf. RODRIGUES, Silvio. *Direito Civil: Direito das Sucessões*. São Paulo, Saraiva, 2003, p. 136):

1. Ter o representado falecido antes do *de cujus*, exceto no caso de indignidade, em que os descendentes do excluído sucedem como se ele estivesse morto (art. 1.816, CC).
2. Descender o representante do representado.
3. Ter o representante legitimação para herdar do representado no momento da abertura da sucessão (o indigno afastado da sucessão de seu pai não pode representá-lo na sucessão de seu avô).
4. Não saltar graus; não há que se falar em representação de pessoa viva e digna de suceder.

FAMÍLIA & SUCESSÕES

Observe-se que herdar por representação é o mesmo que herdar por estirpe.

Importante lembrar que, se os netos herdam por direito próprio, é indiferente que seus pais tenham ou não recebido doações do autor da herança. Se, contudo, herdam por direito de representação, devem conferir as doações recebidas pelo ascendente que representam.

O renunciante à herança de uma pessoa poderá representá-la na sucessão de outra (art. 1.856, CC). Por exemplo: renunciar à herança do pai (por querer ajudar o irmão que necessite mais) não implica renúncia à herança do avô, para representar seu pai, pré-morto.

EM RESUMO

Direito de Representação

Há direito de representação quando a lei chama certos parentes do falecido a suceder em todos os direitos em que ele sucederia se vivesse. Ocorre apenas na sucessão legítima. Configura-se na linha reta descendente, nunca na ascendente, e excepcionalmente na colateral.

Requisitos:

1. Ter o representado falecido antes do de cujus, exceto no caso de indignidade, em que os descendentes do excluído sucedem como se ele estivesse morto (art. 1.816, CC).
2. Descender o representante do representado.
3. Ter o representante legitimação para herdar do representado no momento da abertura da sucessão (o indigno afastado da sucessão de seu pai não pode representá-lo na sucessão de seu avô).
4. Não saltar graus; não há que se falar em representação de pessoa viva e digna de suceder.

PRESTE ATENÇÃO

Herdar por representação é o mesmo que herdar por estirpe.

Capítulo 9
Sucessão Testamentária

9.1 Aspectos gerais

Segundo Silvio Rodrigues, a sucessão testamentária é "a sucessão que deriva da manifestação de última vontade, revestida da solenidade prescrita pelo legislador" (*Direito Civil: Direito das Sucessões*. São Paulo: Saraiva, 2003, p. 144). Uma das características dessa espécie de sucessão é ser limitada, isto é, o testador pode dispor livremente de seus bens contanto que atente para certas regras impostas pelo legislador, como respeitar a legítima, parte que cabe aos herdeiros necessários.

Como o instrumento utilizado para que a sucessão testamentária se materialize é o testamento, é preciso conhecer suas características e espécies.

9.2 Testamento

O atual Código Civil não traz uma definição de testamento como fazia o Código de 1916 em seu artigo 1.626. Vejamos:

> Art. 1.626 – *Considera-se testamento o ato revogável pelo qual alguém, de conformidade com a lei, dispõe, no todo ou em parte, do seu patrimônio, para depois da sua morte.*

Essa definição, contudo, parece-nos bem sucinta, pois no testamento pode haver disposições de caráter não patrimonial, conforme previsão

FAMÍLIA & SUCESSÕES

do artigo 1.857, § 2º, do Código Civil de 2002. Tomando por base essa previsão e o conceito acima transcrito, apresenta-se a seguinte definição de testamento:

> Testamento é o ato solene, personalíssimo e revogável, pelo qual alguém, de conformidade com a lei, dispõe, no todo ou em parte, de seu patrimônio, para depois de sua morte, podendo, ainda, trazer disposições de caráter não patrimonial.

Seguem, abaixo, as principais características do testamento:

- Ato personalíssimo e unilateral – As disposições deverão ser feitas pelo próprio testador, afastada a interferência de procurador (DINIZ, Maria Helena. *Curso de Direito Civil brasileiro*, v. 6. São Paulo: Saraiva, 2005, p. 178).
- Ato revogável – O testamento pode ser alterado a qualquer tempo (art. 1.858, CC).
- Ato solene – Deve obedecer às formalidades expressas na lei, visando a garantir a certeza da vontade do testador (VENOSA, Sílvio de Salvo. *Direito Civil*, v. 7. São Paulo: Atlas, 2005, p. 192).
- Ato gratuito – Não visa em troca nenhuma contraprestação ou vantagem (*ibidem*, p. 195).

9.3 Capacidade para testar

Os artigos 1.860 e 1.861 do Código Civil trazem as previsões sobre a capacidade de testar. Tais artigos usam o critério negativo, preferindo apontar aqueles que não podem realizar tal ato.

Assim, não podem testar:

- os incapazes;
- os que não tiverem pleno discernimento no momento da feitura do testamento.

Embora o legislador não tenha feito nenhuma referência, no *caput* do artigo 1.860, sobre ser a incapacidade absoluta ou relativa, segundo a previsão de seu parágrafo único, podem testar os maiores de 16 anos, e isso sem que haja necessidade de assistência do representante legal, pois, como o testamento é ato personalíssimo, não pode o testador ficar sujeito à assistência, autorização ou anuência de quem quer que seja

(Cf. Rodrigues, Silvio. *Direito Civil: Direito das Sucessões*, São Paulo: Saraiva, 2003, p. 150).

Na segunda hipótese, daqueles que não tiverem pleno discernimento, faltaria um dos pressupostos básicos do ato testamentário, que é a manifestação da vontade.

Vale ressaltar, conforme disposição do artigo 1.861, que a capacidade para testar deve existir no momento em que o testamento é feito, pois a incapacidade superveniente não invalida o testamento eficaz e o testamento do incapaz não se valida com a superveniência da capacidade. Utilizando exemplo dado por Silvio Rodrigues (*ibidem*, p. 151), se menor de 16 anos faz testamento e morre aos 80, seu testamento continua nulo, não se convalescendo, pois ato nulo não se convalesce com o tempo.

9.4 Capacidade para adquirir por testamento

Segundo o artigo 1.798 do Código Civil, todas "as pessoas nascidas ou já concebidas no momento da abertura da sucessão" são legitimadas a suceder. A capacidade é regra; a incapacidade, exceção.

Assim, a regra adotada pelo Código nesse artigo é a da existência – "pessoas nascidas ou já concebidas no momento da abertura da sucessão" –, mas há exceções.

Pelo artigo 1.799, também podem ser chamados a suceder:

- os filhos, ainda não concebidos, de pessoas indicadas pelo testador, desde que vivas estas ao abrir a sucessão – é a prole eventual dessa pessoa;
- as pessoas jurídicas cuja organização for determinada pelo testador sob a forma de fundação.

Vejamos cada uma dessas hipóteses e suas particularidades.

No caso dos **filhos ainda não concebidos**, para Maria Helena Diniz, deverá ser excluído o filho adotivo, uma vez que a pessoa, para não perder a herança, adotará não levando em conta aspectos sentimentais, mas sim econômicos (Cf. Diniz, Maria Helena. *Curso de Direito Civil brasileiro*, v. 6. São Paulo: Saraiva, 2005, p. 186).

Essa posição da autora encontra opositores, pois, como a Constituição Federal de 1988 igualou a posição dos filhos e vedou a discriminação, tal distinção não poderia acontecer na expressão de prole eventual (Cf.

FAMÍLIA & SUCESSÕES

Venosa, Sílvio de Salvo. *Direito Civil*, v. 7. São Paulo: Atlas, 2005, p. 210). Esse também é nosso entendimento.

O prazo para que esse herdeiro seja concebido é de dois anos após a abertura da sucessão, momento em que os bens reservados passarão para os herdeiros legítimos, salvo disposição em sentido contrário, do próprio testador (art. 1.800, § 4º, CC). Nesse caso, os bens serão administrados por um curador, que, não havendo outra previsão, será a pessoa cujo filho o testador esperava ter por herdeiro e, sucessivamente, as pessoas indicadas no artigo 1.775. Se o filho esperado nascer com vida, será deferida a sucessão, tendo direito aos frutos e rendimentos da deixa testamentária a partir da morte do testador.

Quanto à **fundação**, os bens ficam provisoriamente nas mãos da pessoa encarregada de constituí-la, passando ao domínio desta, com seus acessórios, no momento de seu registro.

Se, após a feitura do testamento, o herdeiro ou legatário morrer antes do testador, a cláusula que o beneficia caduca e a disposição que o institui se torna ineficaz, porque a deixa testamentária é *intuitu personae* (Monteiro, Washington de Barros. *Curso de Direito Civil*, v. 6. São Paulo: Saraiva, 2003, p. 213), mas, segundo Maria Helena Diniz, nada impede que o testador, prevendo essa possibilidade, declare que o direito passará aos descendentes daquele que morreu em razão de substituição (*Curso de Direito Civil brasileiro*, v. 6. São Paulo: Saraiva, 2005, p. 184).

9.5 Pessoas que não têm legitimação para suceder por testamento

Segundo o artigo 1.801 do Código Civil, não podem ser nomeados herdeiros nem legatários algumas pessoas que, por terem participado do testamento, ou por outra espécie de relacionamento com o testador, poderiam beneficiar-se de maneira indevida, a saber:

I – pessoa que, a rogo, escreveu o testamento, nem seu cônjuge ou companheiro, ou seus ascendentes e irmãos;

A observação que se faz a esse inciso é quanto à falta do impedimento dos descendentes da pessoa que, a rogo, escreveu o testamento, como era expresso no Código de 1916, artigo 1.719, inciso I.

II – as testemunhas do testamento;

A fim de que se evite a influência que poderão exercer sobre o testador antes ou no momento da feitura do testamento.

III – o concubino do testador casado, salvo se este, sem culpa sua, estiver separado de fato do cônjuge há mais de cinco anos;

A situação descrita traz uma aparente alternativa ao concubino de testador casado, pois, se este, sem culpa sua, estiver separado de fato do cônjuge há mais de cinco anos, pode haver legitimidade.

Segundo Silvio Venosa, o que se teme é a dificuldade probatória (Direito Civil, v. 7. São Paulo: Atlas, 2005, p. 213), a problemática que se criaria, nesse caso, na possibilidade de participação, ou não, do concubino na herança, até com a necessidade de discussão de culpa pela separação, uma demanda que, de fato, levará tempo e ocasionará desgaste à família.

Ademais, exaltamos que se existir separação de fato, independentemente do tempo de sua duração, não há que se falar em concubinato, mas sim em união estável, minimamente confusa, portanto, a nosso ver, a redação do dispositivo. A expressão "salvo se" abre espaço para situação que entendemos ser incongruente.

IV – o tabelião, civil ou militar, ou o comandante ou escrivão, perante quem se fizer, assim como o que fizer ou aprovar o testamento.

A fim, também, de evitar a influência e o abuso.

9.6 Testemunhas testamentárias

Segundo Maria Helena Diniz (*Curso de Direito Civil brasileiro*, v. 6. São Paulo: Saraiva, 2005, p. 224), a testemunha testamentária é "a pessoa que tem capacidade para assegurar a veracidade do ato que se quer provar, subscrevendo-o".

A regra, mais uma vez, é a capacidade. Todas as pessoas podem ser testemunhas testamentárias, salvo aquelas que a lei considerar expressamente incapazes.

Como o Código Civil de 2002 não trouxe regras específicas sobre as testemunhas testamentárias, é preciso ater-se às regras gerais dispostas em seu artigo 228:

> *Art. 228. Não podem ser admitidos como testemunhas:*
> *I – os menores de dezesseis anos;*
> *II – (revogado – lei n. 13.146/2015);*
> *III – (revogado – lei n. 13.146/2015);*

IV – o interessado no litígio, o amigo íntimo ou o inimigo capital das partes;
V – os cônjuges, os ascendentes, os descendentes e os colaterais, até o terceiro grau de alguma das partes, por consanguinidade, ou afinidade.

O primeiro inciso não traz dificuldade alguma.

No entanto, em relação ao inciso IV, é necessário fazer algumas observações. Deve-se entender como interessados no ato os herdeiros ou legatários, pois seriam os beneficiados. Já quanto ao amigo íntimo, não há problema em que seja testemunha, e, quanto ao inimigo capital, dificilmente aceitaria o convite (Cf. VENOSA, Sílvio de Salvo. *Direito Civil*, v. 7. São Paulo: Atlas, 2005, p. 247).

No inciso V, a expressão "alguma das partes" deve ser entendida com relação ao testador, aos herdeiros ou legatários (*idem*).

Observa, cautelosamente, Sílvio Venosa que, no caso dos incisos IV e V, como não há nulidade textual, pois o legislador não assume expressamente essas nulidades, "não há que se entender como irremediavelmente nulo um testamento simplesmente porque, por exemplo, um parente do legatário participou do testamento como testemunha, sem qualquer outra atividade no ato ou na vontade do testador", ressaltando, ainda, que tudo deve ser feito "no sentido de que se evite a captação de vontade do testador ou suspeita de que ocorra" (*ibidem*, p. 247-8).

Há, também, outra incapacidade a ser destacada: a do analfabeto, pois em todas as formas de testamento as testemunhas têm de assinar. Pelo mesmo motivo, aquele que sabe, mas não pode assinar no momento da feitura do testamento está inibido de testemunhá-lo (Cf. RODRIGUES, Silvio. *Direito Civil: Direito das Sucessões*. São Paulo: Saraiva, 2003, p. 178).

Vale lembrar que as disposições feitas em favor de herdeiros ou legatários que forem testemunhas do ato são nulas, conforme o artigo 1.801, inciso II, do Código Civil.

EM RESUMO

Sucessão Testamentária

Sucessão testamentária é aquela que decorre da manifestação de última vontade, observadas as formalidades legais. É limitada, pois tem de respeitar a legítima, parte que cabe aos herdeiros necessários.

SUCESSÃO TESTAMENTÁRIA

Testamento é o ato revogável pelo qual alguém, de conformidade com a lei, dispõe, no todo ou em parte, de seu patrimônio, para depois de sua morte.

Características

É ato pessoal, de caráter personalíssimo, unilateral, revogável, solene, gratuito.

Capacidade para testar

- Os maiores de 16 anos podem testar.
- Não podem testar, além dos incapazes, os que não tiverem pleno discernimento.

A capacidade para testar dever existir no momento em que o testamento é feito.

Capacidade para adquirir por testamento

Todas as pessoas nascidas ou já concebidas no momento da abertura da sucessão podem adquirir por testamento, exceto se a lei expressamente excluí-las.

Exceções à regra da existência

- Filhos, ainda não concebidos, de pessoas indicadas pelo testador, desde que vivas estas ao abrir a sucessão.
- Fundações cuja criação foi determinada pelo de cujus em testamento.

Pessoas que não têm legitimação para suceder por testamento

- A pessoa que, a rogo, escreveu o testamento, nem seu cônjuge ou companheiro, ou seus ascendentes e irmãos.
- As testemunhas do testamento.
- O concubino do testador casado, salvo se este, sem culpa sua, estiver separado de fato do cônjuge há mais de cinco anos.
- O tabelião, civil ou militar, ou o comandante ou escrivão, perante quem se fizer, assim como o que fizer ou aprovar o testamento.

Testemunhas testamentárias

Segundo as regras gerais do Código Civil, dispostas no artigo 228, não podem ser admitidos como testemunhas:

- os menores de dezesseis anos;
- o interessado no litígio, o amigo íntimo ou o inimigo capital das partes;
- os cônjuges, os ascendentes, os descendentes e os colaterais, até o terceiro grau de alguma das partes, por consanguinidade, ou afinidade.

PRESTE ATENÇÃO

1. A sucessão testamentária é a sucessão principal, ou seja, primeiro devemos procurar o testamento e, se este não existir ou for nulo, buscamos as regras da sucessão legítima.

2. Capacidade para testar – A capacidade deve ser verificada no momento em que o testamento é feito.
   A incapacidade superveniente, isto é, que ocorre depois da feitura do testamento, não invalida o testamento eficaz.
   Da mesma forma, o testamento do incapaz não se valida com a superveniência da capacidade, pois ato nulo não se convalesce com o tempo.

3. Capacidade para adquirir por testamento – A capacidade é regra; a incapacidade, exceção.

Capítulo 10
Interposição de Pessoas, Simulação de Contrato Oneroso e Captação da Vontade

10.1 Interposição de pessoas e simulação de contrato oneroso

A interposição ocorre quando, não podendo o testador, por meio do testamento, beneficiar alguém, por incapacidade ou ilegitimidade, utiliza terceiro para conseguir o feito. São nulas as disposições feitas com esse intuito.

Prevendo essa possibilidade, o Código Civil de 2002, em seu artigo 1.802, parágrafo único, reputa como pessoas interpostas os ascendentes, os descendentes, os irmãos e o cônjuge ou companheiro do não legitimado a suceder. É uma presunção, em que é dispensada a prova da interposição. Seria o caso, por exemplo, de, não podendo deixar uma parte da herança para a testemunha, nomear o irmão desta, que, no fim, acabaria beneficiando-a.

Cuidadoso, o legislador prevê que é lícita a deixa ao filho do concubino, quando também o for do testador (art. 1.803, CC).

Outra preocupação do legislador foi com a simulação de negócio oneroso, isto é, não podendo a deixa ficar para certa pessoa, simular-se-ia um negócio oneroso para conseguir o mesmo fim, ou seja, a transmissão do bem a pessoa que não pode receber. Cumpre lembrar que também é nula essa transmissão por determinação expressa do caput do artigo 1.802.

10.2 Captação da vontade

A captação da vontade ocorre toda vez que uma pessoa usa mecanismos fraudulentos para conquistar a confiança de alguém para obter vantagem para si ou para terceiros.

Conquistar a simpatia de uma pessoa com atitudes falsas para obter uma vantagem patrimonial pode não ser uma atitude nobre, mas não se trata de um ato ilícito. Se, no entanto, os métodos utilizados para essa conquista são fraudes, aí sim se configura um caso de captação da vontade, que pode causar a anulação do ato (Cf. RODRIGUES, Silvio. *Direito Civil: Direito das Sucessões*. São Paulo: Saraiva, 2003, p. 153).

Com base nos ensinamentos de Silvio Rodrigues (*idem*), para que a captação da vontade seja considerada causa de anulação do ato, há a necessidade da presença dos seguintes requisitos:

a) que haja dolo;
b) que a atitude tenha dado causa ao ato.

Exemplos de captação dolosa são as mentiras, as calúnias levantadas contra herdeiros legítimos, a interceptação de cartas, o afastamento propositado de membros da família e dos amigos do testador, a despedida de seus criados, entre outros (*idem*).

EM RESUMO

Interposição de Pessoas, Simulação de Contrato Oneroso e Captação da Vontade

Interposição de pessoas
Ocorre quando, não podendo o testador, por meio do testamento, beneficiar alguém, por incapacidade ou ilegitimidade, utiliza terceiro para conseguir o feito. São nulas as disposições feitas com esse intuito.

Captação da vontade
Ocorre toda vez que uma pessoa usa mecanismos fraudulentos para conquistar a confiança de alguém para obter vantagem para si ou para terceiros.

PRESTE ATENÇÃO

1. Interposição de pessoas – Presumem-se pessoas interpostas:
   - os ascendentes;
   - os descendentes;
   - os irmãos;
   - o cônjuge ou companheiro do não legitimado a suceder.

   Cuidado: se houver deixa testamentária ao filho do concubino não legitimado a suceder, mas que também for filho do testador, a deixa é válida.

2. Captação da vontade – São requisitos para que a captação da vontade seja considerada causa de anulação do ato:
   a) que haja dolo;
   b) que a atitude tenha dado causa ao ato.

Capítulo 11
Herdeiros Necessários e Cálculo da Legítima e da Quota Disponível

11.1 Herdeiros necessários

Segundo o artigo 1.845 do Código Civil, são herdeiros necessários os descendentes, os ascendentes e o cônjuge.

Mas, afinal, qual é a vantagem de ser herdeiro necessário? A vantagem é que esses herdeiros não podem ser afastados da sucessão, exceto se forem declarados indignos ou deserdados. Há, ainda, para esses herdeiros, uma parte da herança reservada, isto é, o testador, mesmo querendo, não pode deixá-la para outra pessoa. É o que se chama de legítima.

No início da explicação sobre a sucessão testamentária (capítulo 9), ficou claro que, embora se trate da sucessão em que se cumpre a vontade do testador, essa vontade é limitada, pois deve respeitar a legítima, parte que cabe aos herdeiros necessários.

A legítima representa metade dos bens da herança, sendo que, se for a vontade do testador, ele pode deixar ao herdeiro necessário também a outra metade, que se denomina disponível, sem prejuízo de sua parte na legítima (art. 1.849, CC).

11.2 Cálculo da legítima e da quota disponível

O legislador do Código Civil determinou as seguintes regras para o cálculo da legítima:

1. A primeira providência é a individualização do monte a ser partilhado. Separa-se, antes da partilha, a meação do cônjuge sobrevivente, que não se confunde com a herança, conservando o cônjuge sobrevivente apenas o que já era seu, isso se o regime de bens adotado no casamento permitir a meação. Destaque-se que meação não se confunde com sucessão, lembrando que meação é matéria do Direito de Família.
2. Abatem-se do monte as dívidas do de cujus e as despesas funerárias, que podem ser classificadas como o passivo da herança.
3. Reparte-se ao meio o remanescente desses bens, sendo uma metade a quota disponível e a outra a legítima.

Observe o Esquema desse cálculo:

No entanto, haverá casos em que existiram doações durante a vida da pessoa cuja herança se discute para um ou outro herdeiro. Nessa hipótese, não seria justo proceder à divisão sem levar em conta tais doações, que são consideradas antecipações de herança.

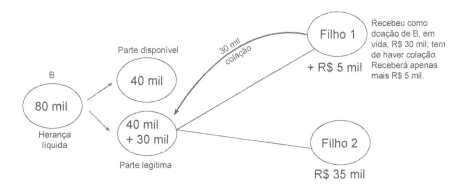

Buscando a igualdade, o legislador trouxe expressamente a obrigatoriedade dos descendentes que concorrerem à herança de ascendente comum de conferir o valor das doações recebidas em vida, por meio da colação.

Para calcular com igualdade a legítima quando houver doações, o valor dos bens conferidos será computado na parte indisponível, isto é, na legítima, sem alterar a parte disponível (art. 2.002, parágrafo único).

Observe o Esquema acima.

11.3 Afastamento da sucessão de herdeiros legítimos não necessários

O artigo 1.850 do Código Civil determina que, para o testador excluir da sucessão os colaterais, basta-lhe dispor de seu patrimônio sem contemplá-los. Isso ocorre porque os colaterais não são necessários e, portanto, não há nenhuma parte reservada a eles.

É possível suscitar outra questão: o herdeiro necessário só poderá receber a legítima ou também poderá ser beneficiado com a parte disponível? Poderá, sim, receber a parte disponível, caso seja a vontade do testador e sem prejuízo do direito de receber a parte que lhe cabe na legítima (art. 1.849, CC).

11.4 Outras características da legítima

Cabe aqui destacar algumas particularidades da legítima.

Salvo se houver justa causa, declarada no testamento, não pode o testador estabelecer cláusula de inalienabilidade, impenhorabilidade ou incomunicabilidade sobre os bens da legítima (art. 1.848, CC).

Tal disposição, inovadora em nosso ordenamento, pois exige justa causa para a existência de uma dessas cláusulas, aplica-se quando aberta a sucessão no prazo de um ano após a entrada em vigor do Código Civil de 2002, ainda que o testamento tenha sido feito na vigência do Código Civil de 1916, conforme previsão do artigo 2.042.

Por exemplo: se um pai, em 1999, fez um testamento e, movido por sentimentos do passado, decidiu castigar sua filha gravando toda a herança como inalienável, sem, contudo, trazer o motivo de tal previsão, morrendo um ano após a entrada em vigor do atual Código Civil, em 2003, não teria sua exigência cumprida, pois, embora o testamento tenha sido feito em 1999, segundo o artigo 2.042, essa exigência de justa

FAMÍLIA & SUCESSÕES

causa teria de ser cumprida no prazo de 1 ano após a entrada em vigor do Código Civil de 2002.

Esse tópico da inalienabilidade será estudado, em pormenores, em item específico (veja o item 13.5 – "Cláusula de inalienabilidade").

Também cabe ressaltar que não é permitido ao testador estabelecer a conversão dos bens da legítima em outros de espécie diversa (art. 1.848, § 1º, CC).

EM RESUMO

Herdeiros Necessários e Cálculo da Legítima e da Quota Disponível

Herdeiros necessários
São os descendentes, os ascendentes e o cônjuge.

Benefício: não podem ser privados do recebimento da metade dos bens da herança (legítima), salvo em hipóteses excepcionais de deserdação ou indignidade. Também poderão receber a parte disponível, sem prejuízo de sua parte na legítima.

Cálculo da legítima e da quota disponível
Regras:
1. Individualização do monte a ser partilhado.
2. Abatem-se do monte as dívidas do de cujus e as despesas do funeral, classificadas como o passivo da herança.
3. Reparte-se ao meio o remanescente desses bens, sendo uma metade a quota disponível e outra a legítima.

PRESTE ATENÇÃO

1. Afastamento da sucessão de herdeiros legítimos não necessários – para excluir da sucessão os colaterais, basta não contemplá-los na disposição.

2. Outras características da legítima – Se houver justa causa, declarada no testamento, pode o testador estabelecer cláusula de inalienabilidade, impenhorabilidade ou incomunicabilidade sobre os bens da legítima.

Capítulo 12
Formas de Testamento

12.1 Classificação

Há, em nosso ordenamento jurídico, duas espécies de testamento: os testamentos *comuns* ou *ordinários* e os testamentos *especiais*.

Segundo Orlando Gomes, "distingue-se cada forma de testamento por um conjunto de solenidades indispensáveis e insubstituíveis" (*Sucessões*. Rio de Janeiro: Forense, 2004, p. 99), não sendo permitida a conversão, isto é, situação em que um testamento "feito sob uma certa forma não inteiramente observada seria aproveitado como de outro tipo" (*idem*).

Testamentos comuns ou ordinários são aqueles "que todas as pessoas capazes podem fazer, em qualquer circunstância" (*ibidem*, p. 100). Podem ser:

- testamento público;
- testamento cerrado;
- testamento particular.

Testamentos especiais são aqueles que somente são permitidos "em circunstâncias extraordinárias e se caracterizam pela dispensa de formalidades exigidas para a validade dos ordinários" (*ibidem*, p. 101). Podem ser:

- testamento marítimo;
- testamento militar;
- testamento aeronáutico.

FAMÍLIA & SUCESSÕES

Antes de analisar cada uma das espécies de testamento, é importante conhecer algumas particularidades de todas elas.

12.2 Testamento realizado para benefício próprio ou de terceiro

Segundo o artigo 1.863 do Código Civil, é proibido o testamento conjuntivo, seja ele simultâneo, recíproco ou correspectivo.

"Testamento conjuntivo, ou de mão comum, é aquele em que duas pessoas, através de um só instrumento, e, portanto, por um mesmo ato de última vontade, dispõem de seus bens" (RODRIGUES, Silvio. *Direito Civil: Direito das Sucessões*. São Paulo: Saraiva, 2003, p. 157). São subespécies (*idem*):

- simultâneo: "quando os testadores dispõem em benefício de terceiros";
- recíproco: "quando os testadores se instituem um ao outro, de modo que o sobrevivente recolha a herança do outro";
- correspectivo: "quando o benefício outorgado por um dos testadores, ao outro, retribui vantagem correspondente".

Tais subespécies de testamento são, na verdade, pactos sucessórios que visam à troca de vantagens ou ao benefício de terceiros, o que não pode ocorrer em testamentos, pois são atos livres de última vontade.

12.3 Nulidade dos testamentos

O testamento será nulo quando não se revestir de forma prescrita em lei (art. 166, IV, CC), podendo a nulidade ser decretada de ofício pelo juiz (art. 168, parágrafo único, CC).

12.4 Testamentos comuns ou ordinários

São classificados como testamentos comuns ou ordinários o testamento público, o testamento particular e o testamento cerrado. Vejamos.

12.4.1 Testamento público

O testamento público vem disciplinado nos artigos Arts. 1.864 a 1.867 do Código Civil.

"É público o testamento constante do livro de notas de um tabelião ou quem exerce a função notarial" (GOMES, Orlando. *Sucessões*, Rio de Janeiro: Forense, 2004, p. 107).

FORMAS DE TESTAMENTO

A principal característica do testamento público é ser revestido de maiores formalidades, o que, no fim, garante maior segurança a essa espécie. São requisitos essenciais:

a) deve ser escrito por tabelião ou por seu substituto legal em seu livro de notas;

b) deve estar de acordo com a vontade do testador;

c) depois de lavrado, deve ser lido em voz alta pelo tabelião ou pelo testador na presença de duas testemunhas, que devem assistir a todo o ato;

d) depois de lido, deve ser assinado pelo testador, pelas testemunhas e pelo tabelião.

Pode ser escrito manual ou mecanicamente, valendo, ainda, a inserção da declaração da vontade do testador em partes impressas de livro de notas, desde que rubricadas pelo testador.

Além do cumprimento dessas formalidades, outras situações podem ocorrer. Por exemplo:

1. E se o testador não puder ou não souber assinar?

Nesse caso, o tabelião declarará o fato, devendo uma das testemunhas assinar pelo testador, a seu rogo.

2. Como fica a leitura do testamento se o testador for surdo?

Se ele souber ler, poderá fazê-lo; se não souber, designará alguém para ler, na presença das testemunhas.

3. Pode haver testamento de testador cego?

Até mesmo para garantir a segurança de que a manifestação da vontade do testador cego seja redigida fielmente, ele só poderá testar por meio de testamento público. Seu testamento será lido duas vezes, em voz alta, uma pelo tabelião e outra por uma das testemunhas por ele designadas.

Essa espécie de testamento, como já afirmado, dá maior segurança ao testador por ter de atender a várias formalidades, ser redigido por pessoa capacitada, no caso o tabelião, e constar do livro de registro de testamentos.

FAMÍLIA & SUCESSÕES

No entanto, como é público, o tema controverso é o de sabermos se qualquer pessoa poderia pedir certidão do ato e, com isso, a vontade do testador se tornar conhecida mesmo antes de sua morte. Divergências doutrinárias à parte, a situação está longe de ser pacificada, mas, independentemente de haver, ou não, o conhecimento do teor das disposições do testador, antes de sua morte, este ainda é o testamento avaliado como o mais seguro.

12.4.2 Testamento cerrado

A disciplina legal do testamento cerrado está prevista nos artigos 1.868 a 1.875 do Código Civil.

Segundo Washington de Barros Monteiro (*Curso de Direito Civil*, v. 6. São Paulo: Saraiva, 2003, p. 138), "testamento cerrado, às vezes chamado secreto ou místico, é o escrito pelo próprio testador, ou por alguém a seu rogo e por aquele assinado, com caráter sigiloso, completado pelo instrumento de aprovação lavrado pelo tabelião ou oficial público substituto, presentes duas testemunhas".

Diante dessa definição, é possível extrair as primeiras exigências do testamento cerrado:

a) que o testador o entregue ao tabelião na presença de duas testemunhas;

b) que o testador declare que aquele é seu testamento e que quer que seja aprovado;

c) que o tabelião lavre o auto de aprovação e o leia na presença de duas testemunhas;

d) que o auto de aprovação seja assinado pelo tabelião, pelas testemunhas e pelo testador.

O testamento cerrado pode ser escrito de próprio punho pelo testador ou mecanicamente, desde que numere e assine todas as folhas.

Para garantir a segurança dessa forma de testamento, outros cuidados são tomados: o tabelião faz um auto de aprovação após a última palavra escrita pelo testador, declarando que este lhe entregou tal documento dizendo ser seu testamento; depois disso, cerra e cose o instrumento aprovado. Se, por acaso, o auto não couber na última folha após a última palavra, o tabelião colocará nele seu sinal público, mencionando o fato ocorrido no auto de aprovação.

FORMAS DE TESTAMENTO

Algumas dúvidas podem surgir, como:

1. Se o tabelião escrever o testamento a rogo do testador, pode aprovar o auto?
Segundo previsão expressa do artigo 1.870, nada impede que isso ocorra.

2. Pode o testador escrevê-lo em língua estrangeira?
Sim, ele poderá escrever tanto em língua nacional como estrangeira.

3. O analfabeto pode fazer um testamento cerrado?
Quem não pode ou não sabe ler não pode dispor de seus bens em testamento cerrado (art. 1.872).

4. O surdo-mudo pode testar pela forma cerrada?
Sim, desde que ele escreva todo o testamento, o assine e, no momento da entrega do testamento ao oficial, na presença das testemunhas, escreva, na face externa do papel, que aquele é seu testamento cerrado e que requer sua aprovação.

Depois de aprovado e cerrado o testamento, o tabelião o entrega ao testador e lança, em seu livro, o lugar, dia, mês e ano em que se deu a aprovação. Esse é o único registro oficial da existência do testamento cerrado, não trazendo, contudo, seu conteúdo. O grande atrativo fica por conta do sigilo. Por ser cerrado, ninguém conhece a vontade do testador antes de sua morte.

12.4.2.1 Cumprimento do testamento cerrado

Em caso de morte do testador, o testamento deve ser apresentado ao juiz que, se não achar vício externo que o torne suspeito de nulidade ou falsidade, o abrirá e mandará que o escrivão o leia em presença do apresentante (art. 735, CPC/2015). Um dos perigos do testamento cerrado é este: se alguém romper seu lacre, não poderá ser cumprido, considerando-se revogado (art. 1.972, CC).

Segundo Silvio Rodrigues, "se o testamento apresentar sinais que provoquem suspeita de haver sido aberto, tais como cortes na costura, por exemplo, o juiz poderá ordenar que se faça perícia, para que, apensa ao termo de abertura, se registre, com precisão, o estado do testamento" (*Direito Civil: Direito das Sucessões*. São Paulo: Saraiva, 2003, p. 164). O autor

FAMÍLIA & SUCESSÕES

observa que tal medida só se justifica "quando se apresentarem sinais veementes de que houve a intenção de revogar o testamento" (*idem*).

Se não houver razões suficientes para concluir que o testador quis revogar o testamento, o juiz mandará abrir o testamento fazendo com que conste o estado em que se encontrava o documento, apensando-se o laudo do perito, caso exista. Tal providência é para que se tenha base para futuros debates acerca da violação do testamento e sua autoria (Cf. RODRIGUES, Silvio. *Direito Civil: Direito das Sucessões*. São Paulo: Saraiva, 2003, p. 164-5).

Aberto o testamento, depois de ouvir o Ministério Público, não havendo dúvidas a serem esclarecidas, o juiz mandará registrar, arquivar e cumprir o testamento (art. 735, § 2º, CPC/2015).

Depois de ouvido o Ministério Público, não havendo dúvidas a serem esclarecidas, o juiz mandará registrar, arquivar e cumprir o testamento.

12.4.3 *Testamento particular*

A disciplina legal do testamento particular está compreendida entre os artigos 1.876 a 1.880 do Código Civil.

"O testamento particular, também chamado testamento hológrafo (de *holos*, inteiro, e *graphein*, escrever), é o escrito e assinado pelo testador, lido perante três testemunhas idôneas, que também o assinarão" (MONTEIRO, Washington de Barros. *Curso de Direito Civil*, v. 6. São Paulo: Saraiva, 2003, p. 143).

Os requisitos dessa espécie de testamento são:

a) deve ser escrito e assinado pelo testador;

b) deve ser lido pelo testador na presença de pelo menos três testemunhas;

c) deve ser assinado pelas testemunhas após a leitura.

Da mesma forma que nas outras espécies, algumas perguntas podem surgir:

1. Se quiser, o testador pode digitar ou datilografar?

Se o documento for feito por processo mecânico (datilografado ou digitado), não pode conter rasuras ou espaços em branco, devendo ser assinado pelo testador, depois de lido na presença de pelo menos três testemunhas, que também o assinarão.

FORMAS DE TESTAMENTO

2. O testamento particular pode ser feito em língua estrangeira?
Sim, desde que as testemunhas a compreendam.

12.4.3.1 Cumprimento do testamento particular

Morre o testador, publica-se em juízo seu testamento, com citação dos herdeiros legítimos (art. 1.877, CC).

O herdeiro, o legatário, o testamenteiro, bem como o terceiro detentor do testamento poderão requerer a publicação em juízo do testamento particular, mas, para o último, apenas se impossibilitado de entregá-lo a algum dos outros legitimados para requerê-la (art. 737, CPC/2015).

Diante da falta das testemunhas, por terem morrido ou se encontrarem ausentes, é necessário, pelo menos, o depoimento de uma delas para que o testamento seja cumprido e desde que o juiz se convença de sua veracidade.

12.4.3.2 Testamento particular excepcional

Novidade do Código Civil de 2002 é a possibilidade de o juiz, a seu critério, confirmar o testamento particular de próprio punho e assinado pelo testador, sem testemunhas, em casos excepcionais declarados no instrumento. Esse é o chamado testamento particular excepcional.

Interessante relatar as situações que Silvio Rodrigues traz como exemplos de excepcionais: "estar o testador em lugar isolado, perdido, sem comunicação, ou ter ocorrido uma calamidade (terremoto, inundação, epidemia), ou achar-se o testador em risco iminente de vida" (*Direito Civil: Direito das Sucessões*. São Paulo: Saraiva, 2003, p. 168).

Em termos gerais, o testamento particular requer menores formalidades, havendo só o aumento do número de testemunhas exigido. O problema, contudo, é a grande possibilidade de extravio do documento, que não tem registro em cartório, como se dá no caso do cerrado, e a dependência da presença das testemunhas para que seja cumprido.

12.5 Codicilo

Interessante iniciar citando os ensinamentos de Sílvio de Salvo Venosa quanto à expressão "codicilo": "O termo codicilo é diminutivo de *codex*, derivado do latim clássico de *caudex*, que significava inicialmente tronco de árvore, e daí o sentido de 'tabuinhas de escrever' e, depois, livro,

FAMÍLIA & SUCESSÕES

registro. Portanto, significava pequeno livro, pequeno registro" (*Direito Civil*, v. 7. São Paulo: Atlas, 2005, p. 248).

O codicilo é um "ato simplificado de última vontade, para disposições de pequena monta" (*idem*). Trata-se de outro meio existente para transmissão de bens em virtude da morte. No entanto, essa espécie de ato guarda características próprias; a principal delas é ter menores solenidades, pois vai transmitir importâncias de pouco valor.

São requisitos para sua validade: ser escrito, datado e assinado pelo disponente (art. 1.881, CC).

Pode ser utilizado para fazer disposições sobre o enterro do próprio autor, sobre esmolas de pouca monta a certas e determinadas pessoas, assim como para deixar móveis e objetos pessoais, como roupas e joias de pequeno valor.

Tais disposições valerão mesmo que haja testamento do próprio autor, segundo prevê o artigo 1.882 do Código Civil, pois, em geral, tais deixas, como roupas e móveis, não aparecem no testamento.

O codicilo será revogado por outro codicilo ou por testamento posterior que traga disposições que modifiquem as previstas ou não as confirmem. No entanto, o testamento não se revoga por codicilo, somente por outro testamento (*ibidem*, p. 250).

12.6 Testamentos especiais

O Código Civil de 2002 prevê como formas de testamentos especiais o marítimo, o aeronáutico e o militar. Esse é um rol taxativo, não sendo admitidas outras formas especiais além das elencadas.

A característica comum a todas essas espécies é a provisoriedade, isto é, tais testamentos são feitos para uma situação de emergência.

12.6.1 Testamentos marítimo e aeronáutico

O **testamento marítimo** é permitido àquele que se encontra em viagem a bordo de navio nacional, de guerra ou mercante, e que receia morrer na viagem, sem testamento (RODRIGUES, Silvio. *Direito Civil: Direito das Sucessões*. São Paulo: Saraiva, 2003, pp. 169-70).

Não valerá esse testamento, ainda que feito no curso de uma viagem, se, ao tempo da feitura, o navio estava em porto onde o testador pudesse desembarcar e testar na forma ordinária (art. 1.892, CC).

O **testamento aeronáutico** é permitido àquele que estiver em viagem a bordo de aeronave militar ou comercial (art. 1.889, do CC).

12.6.1.1 Formas

Tanto para o testamento marítimo como para o aeronáutico, existem duas formas (art. 1.888, CC):

- *Forma que corresponda ao testamento público* – Nesse caso, deve ser lavrado pelo comandante ou por pessoa por ele designada, perante duas testemunhas.
- *Forma que corresponda ao testamento cerrado* – Nessa hipótese, o testador deve escrever o testamento e apresentá-lo ao comandante ou a pessoa por ele designada, na presença de duas testemunhas, dizendo que aquele é seu testamento. O comandante certificará o fato, datando e assinando com o testador e com as testemunhas.

12.6.1.2 Caducidade

Os testamentos marítimo e aeronáutico caducarão se o testador não falecer na viagem nem nos 90 dias subsequentes a seu desembarque em terra, onde possa fazer outro testamento de forma ordinária (art. 1.891, CC).

12.6.2 Testamento militar

É aquele permitido ao militar e mais pessoas que se encontrem em campanha, dentro ou fora do país, em praça sitiada ou em local com comunicações interrompidas. Há três formas possíveis:

- Forma parecida com o testamento público, em que o testamento é escrito pelo comandante da unidade militar, ainda que de graduação ou posto inferior, perante duas ou três testemunhas, conforme saiba ou não assinar (art. 1.893, § 1º, CC).
- Forma em que o testamento é escrito, datado e assinado pelo próprio testador, apresentando-o, aberto ou cerrado, ao auditor, ou ao oficial de patente que lhe faça as vezes, na presença de duas testemunhas. O auditor, ou o oficial de patente, notará, em qualquer parte do testamento, o lugar, dia, mês e ano em que lhe foi apresentado, assinando com as testemunhas (art. 1.894, caput e parágrafo único, CC).

FAMÍLIA & SUCESSÕES

- Forma em que "as pessoas designadas no art. 1.893, estando empenhadas em combate, ou feridas, podem testar oralmente, confiando sua última vontade a duas testemunhas" (art. 1.896, CC). Esse é o chamado **testamento nuncupativo ou verbal** (Rodrigues, Silvio. *Direito Civil: Direito das Sucessões*. São Paulo: Saraiva, 2003, p. 173) e sofre duras críticas dos doutrinadores por representar uma insegurança muito grande, pois, diante de uma pessoa morta em guerra, qualquer um poderá declarar que era da vontade do morto tal ou qual disposição (*ibidem*, p. 174).

Cumpre lembrar que esse testamento não terá efeito se o testador não morrer na guerra ou convalescer do ferimento (art. 1.896, parágrafo único, CC).

12.6.2.1 Caducidade

Caducará o testamento militar se o testador estiver, depois de ter testado por essa forma especial, durante 90 dias seguidos, em lugar onde possa testar na forma ordinária, salvo se esse testamento apresentar as solenidades prescritas no artigo 1.895 do Código Civil.

Abriu-se, nesse caso, uma exceção à regra da caducidade das outras duas formas especiais de testamento, ou seja, o marítimo e o aeronáutico.

EM RESUMO

Formas de Testamento

Testamentos comuns ou ordinários

Testamento público:
- É escrito por oficial público em seu livro de notas, de acordo com a vontade do testador, em língua nacional.
- Duas testemunhas devem assistir a todo o ato.
- É lido pelo oficial na presença das testemunhas e do testador ou pelo testador na presença das testemunhas e do oficial.
- Depois de lido, é assinado pelo testador, pelas testemunhas e pelo oficial.

Testamento cerrado:

- Só é eficaz após o auto de aprovação.
- É escrito pelo testador ou por pessoa a seu rogo (inclusive o tabelião) e por ele assinado, exceto se não souber ou não puder assinar, sendo assinado por quem o escreveu.
- Feito o testamento, deve ser entregue ao oficial público, na presença de duas testemunhas, declarando ser aquele o testamento que deseja ver aprovado.
- Na presença das testemunhas, o oficial lança o auto de aprovação, iniciando-o logo após a última palavra do testamento.
- Declara o oficial que o testador lhe entregou aquele testamento de modo que pedia sua aprovação.
- O instrumento de aprovação, depois de lido em voz alta pelo oficial, é assinado pelo tabelião, pelas testemunhas e pelo testador, se souber e puder, senão a rogo por uma daquelas.
- O tabelião cerra, cose e lacra o testamento e o entrega ao testador, lançando em seu livro nota do lugar, dia, mês e ano em que o testamento foi aprovado e entregue.

Testamento particular:

- Deve ser escrito e assinado pelo testador (próprio punho ou mecanicamente).
- Intervêm em sua feitura três testemunhas.
- Depois de terminado, deve ser lido às três testemunhas, que a seguir o assinam.
- É necessário pelo menos o depoimento de uma das três testemunhas para que o testamento seja cumprido e desde que o juiz se convença da veracidade do testamento.
- Excepcionalmente, o juiz, a seu critério, pode confirmar o testamento particular de próprio punho e assinado pelo testador, sem testemunhas.

Codicilo

É também forma válida para transmissão de bens causa mortis.

- Tem menores solenidades.
- Basta ser escrito, datado e assinado pelo disponente.

FAMÍLIA & SUCESSÕES

- Serve para dispor de esmolas de pouca monta ou para fazer legados de móveis, roupas ou joias não muito valiosas de uso pessoal.

Testamentos especiais

Testamento marítimo
É permitido àquele que se encontra em viagem a bordo de navio nacional, de guerra ou mercante, e que receia morrer na viagem, ab intestato. Não valerá se, ao tempo da feitura, o navio estava em porto onde o testador pudesse desembarcar e testar na forma ordinária.

Testamento aeronáutico
É permitido àquele que estiver em viagem a bordo de aeronave militar ou comercial.

Testamento militar
É o facultado ao militar e mais pessoas que se encontrem em campanha, correndo os riscos da guerra.

PRESTE ATENÇÃO

1. **Testamento conjuntivo** – É proibido o testamento conjuntivo, seja simultâneo, recíproco ou correspectivo.
   Testamento conjuntivo é aquele em que duas pessoas, em um mesmo ato de última vontade, dispõem de seus bens.
   Subespécies:
   - simultâneo: quando os testadores dispõem em benefício de terceiros;
   - recíproco: quando os testadores se instituem um ao outro, de modo que o sobrevivente recolha a herança do outro;
   - correspectivo: quando o benefício outorgado por um dos testadores, ao outro, retribui vantagem correspondente.

2. **Testamento público** – O cego só poderá testar por testamento público, para que seja garantida a segurança de que sua vontade será respeitada.

FORMAS DE TESTAMENTO

3. **Testamento cerrado** – Poderá ser escrito tanto em língua nacional como estrangeira. Quem não pode ou não sabe ler não pode dispor de seus bens em testamento cerrado. O surdo-mudo pode testar por testamento cerrado, desde que ele escreva todo o testamento, assine-o e, no momento da entrega do testamento ao oficial, na presença das testemunhas, escreva, na face externa do papel, que aquele é seu testamento cerrado e que requer sua aprovação.

4. **Testamento particular** – Se for digitado ou datilografado, não pode conter rasuras ou espaços em branco. Pode ser escrito em língua estrangeira, desde que as testemunhas a compreendam.

5. **Testamento particular excepcional** – Novidade do Código Civil, permite que o juiz confirme o testamento, mesmo sem testemunhas, desde que o testador declare qual é a circunstância excepcional no próprio testamento.

Capítulo 13
Disposições Testamentárias

13.1 Regras gerais

As disposições testamentárias passam por dois períodos de exame: o externo e o interno, ou extrínseco e intrínseco. A primeira parte refere-se à forma escolhida do testamento e suas particularidades e a segunda, à nomeação dos herdeiros e legatários e à própria vontade do testador.

São vários os princípios relativos à nomeação do herdeiro e legatários (MONTEIRO, Washington de Barros. *Curso de Direito Civil*, v. 6. São Paulo: Saraiva, 2003, pp. 159-160):

a) Todas as disposições quanto aos herdeiros e legatários devem emanar do próprio ato testamentário, isto é, da disposição *causa mortis*, não sendo possível o complemento com qualquer outro documento, público ou particular, ainda que do próprio testador.

b) As disposições só podem ser feitas em favor de pessoas, naturais ou jurídicas, nunca para benefício de animais ou coisas, exceto quanto à regra da fundação, por exemplo. Há também a possibilidade de disposições em favor do nascituro.

c) A herança deve ser atribuída a determinada pessoa ou várias pessoas, não se permitindo a atribuição àqueles ainda não existentes, salvo na hipótese de fideicomisso, que será estudado mais adiante, na de instituição condicional e na do artigo 1.799, inciso I, do Código Civil, isto é, para beneficiar a prole eventual de alguém.

FAMÍLIA & SUCESSÕES

Apenas para lembrar, pois o assunto já foi abordado no capítulo 1 (item 1.3 – "*Terminologia*"), o herdeiro instituído sucede o *de cujus* em uma universalidade, e o legatário é o que recebe, por meio do testamento, um bem preciso e determinado. O herdeiro sucede a título universal e o legatário, a título particular.

Por parecer-nos mais didática, adotamos a divisão de Silvio Rodrigues quanto às disposições testamentárias, classificando-as em regras interpretativas, proibitivas e permissiva (RODRIGUES, Silvio. *Direito Civil: Direito das Sucessões*. São Paulo: Saraiva, 2003, pp. 180-190).

13.2 Regras interpretativas

As regras interpretativas existem porque, por vezes, podem surgir dúvidas quanto a qual seria a vontade do testador se a cláusula testamentária for suscetível de diferentes interpretações.

Segundo o artigo 1.899 do Código Civil, quando essa situação ocorrer, prevalecerá a interpretação que melhor assegure a observância da vontade do testador. Para Silvio Rodrigues, se o testador deixou obscura sua vontade, tal assertiva deve ser desprezada, pois corre-se o risco de chegar a uma interpretação que não coincida com a vontade do testador (*ibidem*, p. 180).

Vejamos algumas regras interpretativas dispostas no Código Civil:

- Art. 1.903 – Prevê a possibilidade do recurso ao contexto do testamento, a outros documentos e a fatos inequívocos para corrigir o erro quanto à pessoa do herdeiro ou do legatário ou a respeito da coisa legada. De acordo com Washington de Barros Monteiro, para que não ocorra a anulação, esse erro deve ser meramente acidental, isto é, versar sobre qualidades acessórias ou secundárias da pessoa ou objeto. O autor apresenta como exemplo a hipótese de uma pessoa que deixa legado a Jacinto, atribuindo-lhe a profissão de médico, mas o legatário não é médico, e sim engenheiro (*Curso de Direito Civil*, v. 6. São Paulo: Saraiva, 2003, p. 175).
- Art. 1.902 – Prevê a interpretação quanto à vontade do testador de beneficiar os pobres, entendendo-se como tais os pobres do lugar onde o testador morava.
- Art. 1.905 – Dispõe que, se o testador nomear individualmente vários herdeiros e coletivamente outros, dividir-se-á a herança em

tantas quotas quantos forem os indivíduos e os grupos designados. Por exemplo: nomeados herdeiros Pedro, João e os filhos de Manoel, divide-se a herança em três partes.

- Art. 1.907 – Enuncia que, se o testador determinar o quinhão de certos herdeiros e não o de outros, a estes caberá o que restar depois de completas as porções hereditárias dos primeiros.

13.3 Regras proibitivas

As regras proibitivas visam a garantir a segurança das relações jurídicas derivadas das disposições de última vontade.

Inicia o legislador com a previsão do artigo 1.898, que veda a instituição de herdeiro a termo, exceto nas disposições fideicomissárias, a saber:

> Art. 1.898 – A designação do tempo em que deva começar ou cessar o direito do herdeiro, salvo nas disposições fideicomissárias, ter-se-á por não escrita.

A instituição de herdeiro a termo não invalida o testamento nem anula a disposição; somente ocorre a ineficácia do termo entendendo-se que houve a instituição pura (Cf. RODRIGUES, Silvio. *Direito Civil: Direito das Sucessões*. São Paulo: Saraiva, 2003, p. 185).

Já segundo o artigo 1.897, pode ocorrer a instituição de herdeiro ou legatário sob condição.

Outra regra, agora mais severa, está contida no artigo 1.900, pois considera-se nula a disposição:

> I – que institua herdeiro ou legatário sob a condição captatória de que este disponha, também por testamento, em benefício do testador, ou de terceiro;

São as disposições que fazem do testamento uma forma de troca de favores. Como o testamento é ato livre de última vontade, não poderão ocorrer pactos sucessórios.

> II – que se refira a pessoa incerta, cuja identidade se não possa averiguar;

Para a liberalidade testamentária, é necessário que o beneficiário seja determinável. Essa proibição tem exceção na hipótese do artigo 1.901, inciso I, que prevê que pode haver deixa para pessoa incerta a ser determinada por terceiro, no caso de ter de decidir entre duas ou mais pessoas mencionadas pelo testador, ou pertencentes a uma família, por exemplo.

FAMÍLIA & SUCESSÕES

Como exemplifica Silvio Rodrigues, é nula a disposição testamentária que deixa bens para os amigos do testador, para as pessoas virtuosas da cidade. No entanto, é válida a disposição que deixa bens para o melhor aluno de uma escola ou para o aprovado em primeiro lugar em determinado concurso, porque a pessoa é incerta e determinável (*ibidem*, p. 186).

III – que favoreça a pessoa incerta, cometendo a determinação de sua identidade a terceiro;
Tal disposição não pode valer, pois o testamento é ato de última vontade do testador, e deixar a determinação da identidade do beneficiado para terceiro retiraria o caráter personalíssimo do ato. Ressalte-se que essa não é a hipótese da exceção anteriormente descrita (art. 1.901, I, CC).

IV – que deixe a arbítrio do herdeiro, ou de outrem, fixar o valor do legado;
Da mesma forma, esse inciso visa a garantir que a disposição seja do testador e não de qualquer outra pessoa. No entanto, há exceção a essa regra prevista no artigo 1.901, inciso II, ou seja, valerá a disposição que deixa ao arbítrio do herdeiro ou de outrem fixar o valor do legado, quando se trata de remuneração de serviços prestados ao testador, por ocasião da moléstia de que este faleceu.

V – que favoreça as pessoas a que se referem os arts. 1.801 e 1.802.
Esses artigos referem-se às pessoas que não podem ser nomeadas herdeiras nem legatárias.

13.4 Regra permissiva
Pode ser entendida como permissiva a regra do artigo 1.897 do Código Civil, que prevê que a nomeação do herdeiro ou legatário pode acontecer sob condição, para certo fim ou modo, ou por certo motivo.

Condição é a cláusula que, derivada da vontade do testador, subordina o efeito da disposição a um evento futuro e incerto (veja art. 121, CC). Permite-se a condição no testamento, desde que não seja considerada ilícita, como as condições que conflitam com a lei, com a ordem pública ou com os bons costumes.

DISPOSIÇÕES TESTAMENTÁRIAS

Segundo Silvio Rodrigues (*Direito Civil: Direito das Sucessões*. São Paulo: Saraiva, 2003, p. 188), encargo é uma "limitação imposta a uma liberalidade, quer por se dar destino a seu objeto, quer por se impor ao beneficiário uma contraprestação"; distingue-se "da condição suspensiva porque nesta o efeito do negócio não se alcança enquanto a condição não advier, e no encargo o negócio se aperfeiçoa desde logo, devendo aquele ser cumprido posteriormente".

Um exemplo de legado com condição suspensiva é o testador deixar um apartamento a fulano se este for aprovado no exame da OAB. Já um exemplo de legado com encargo ou modal se dá quando o testador deixa um apartamento a herdeiro que deve cuidar de um primo até que atinja a maioridade. Neste último caso, a herança passa para o beneficiário, que deve cumprir o encargo na sequência. Cabe lembrar, contudo, que esse domínio é resolúvel, isto é, se resolverá se o encargo não for cumprido (*idem*).

O artigo 1.938 do Código Civil prevê que, no caso de legados com encargo, aplicam-se ao legatário as mesmas regras da doação de igual natureza.

Vale destacar que se o testador apenas "recomenda" a um herdeiro ou legatário determinado comportamento, não há que se falar em encargo.

13.5 Cláusula de inalienabilidade

Pode-se entender como cláusula de inalienabilidade "a proibição de alienar, a título gratuito ou oneroso, os bens deixados a herdeiros, ou legatários" (GOMES, Orlando. *Sucessões*. Rio de Janeiro: Forense, 2004, p. 170).

A cláusula de inalienabilidade, imposta aos bens, implica impenhorabilidade e incomunicabilidade (art. 1.911, CC). Incomunicabilidade é "a restrição em impedir que integrem a comunhão estabelecida com o casamento" (*ibidem*, p. 176), enquanto na impenhorabilidade figura a restrição à penhora.

A possibilidade de gravar a herança com cláusula de inalienabilidade é alvo de críticas contundentes na doutrina, pois seria uma forma de retirar o bem de circulação, o que não beneficiaria a sociedade nem a economia. Poderia, também, ser usada como uma forma de "superpoder" do testador, que gravaria os bens a seu bel-prazer.

Essa última preocupação, pelo menos, foi amenizada, pois, segundo o artigo 1.848 do atual Código, o testador somente poderá estabelecer

FAMÍLIA & SUCESSÕES

as cláusulas de inalienabilidade, impenhorabilidade ou incomunicabilidade sobre os bens da legítima se houver justa causa, isto é, justo motivo, declarado no testamento.

Mesmo que gravados, os bens poderão ser alienados mediante autorização judicial, sendo o produto da venda convertido em outros bens, sobre os quais incidirão as mesmas restrições impostas aos primeiros.

Como bem ensina Maria Helena Diniz (*Curso de Direito Civil brasileiro*, v. 6. São Paulo: Saraiva, 2005, p. 235), já se decidiu que a cláusula de inalienabilidade não impede penhora do bem gravado por débitos oriundos de tributos que lhe sejam referentes.

13.5.1 Espécies

A inalienabilidade pode ser temporária ou vitalícia, absoluta ou relativa (GOMES, Orlando. *Sucessões*. Rio de Janeiro: Forense, 2004, p. 172).

A inalienabilidade vitalícia durará toda a vida do herdeiro ou legatário, enquanto a temporária pode extinguir-se com o implemento da condição ou com o advento do termo.

Diz-se que a inalienabilidade é absoluta quando recai sobre todos os bens deixados, proibindo a venda a quem quer que seja. Já a relativa ocorre quando é permitida a alienação a determinadas pessoas ou quando somente recai sobre parte dos bens da herança.

EM RESUMO

Disposições Testamentárias

Regras gerais
- Todas as disposições quanto aos herdeiros e legatários devem emanar do próprio ato testamentário.
- As disposições só podem ser feitas em favor de pessoas, naturais ou jurídicas, nunca para benefício de animais ou coisas, exceto quanto à regra da fundação, por exemplo.
- A herança deve ser atribuída a determinada pessoa ou várias pessoas, não se permitindo a atribuição àqueles ainda não existentes, salvo na hipótese de fideicomisso.

Regras interpretativas

- Prevalecerá a interpretação que melhor assegure a observância da vontade do testador.
- Caberá recurso ao contexto do testamento, a outros documentos e a fatos inequívocos para corrigir o erro quanto à pessoa do herdeiro ou do legatário ou a respeito da coisa legada.
- Se a vontade do testador é beneficiar aos pobres, estes devem ser entendidos como os pobres do lugar onde o testador morava.
- Se o testador nomear individualmente vários herdeiros e coletivamente outros, dividir-se-á a herança em tantas quotas quantos forem os indivíduos e os grupos designados.
- Se o testador determinar o quinhão de certos herdeiros e não o de outros, a estes caberá o que restar depois de completas as porções hereditárias dos primeiros.

Regras proibitivas

- A instituição de herdeiro a termo é vedada, exceto nas disposições fideicomissárias.
- A designação do tempo em que deva começar ou cessar o direito do herdeiro, salvo nas disposições fideicomissárias, ter-se-á por não escrita.

É nula a disposição (art. 1.900, CC):

a) que institua herdeiro ou legatário sob a condição captatória de que este disponha, também por testamento, em benefício do testador, ou de terceiro;

b) que se refira a pessoa incerta, cuja identidade se não possa averiguar;

c) que favoreça a pessoa incerta, cometendo a determinação de sua identidade a terceiro;

d) que deixe a arbítrio do herdeiro, ou de outrem, fixar o valor do legado;

e) que favoreça as pessoas a que se referem os artigos. 1.801 e 1.802.

Regra permissiva

A nomeação do herdeiro ou legatário pode se dar sob condição, para certo fim ou modo, ou por certo motivo.

FAMÍLIA & SUCESSÕES

Cláusula de inalienabilidade

É a proibição de alienar, a título gratuito ou oneroso, os bens deixados a herdeiros, ou legatários. Implica impenhorabilidade e incomunicabilidade (art. 1.911, CC).

O testador somente poderá estabelecer as cláusulas de inalienabilidade, impenhorabilidade ou incomunicabilidade sobre os bens da legítima se houver justa causa, isto é, justo motivo.

PRESTE ATENÇÃO

A inalienabilidade vitalícia durará toda a vida do herdeiro ou legatário, enquanto a temporária pode extinguir-se com o implemento da condição ou com o advento do termo.

Mediante autorização judicial, os bens poderão ser alienados, sendo o produto da venda convertido em outros bens, que passarão a ter as mesmas restrições impostas inicialmente.

Capítulo 14
Legados

14.1 Definição

Pode-se definir legado como uma deixa testamentária determinada dentro do acervo transmitido pelo autor da herança (VENOSA, Sílvio de Salvo. *Direito Civil*, v. 7. São Paulo: Atlas, 2005, p. 263).

Importante lembrar que só há legado existindo testamento; estamos, por isso, no campo da sucessão testamentária. Vale lembrar, mais uma vez, que o legatário sucede a título singular, recebendo um ou mais bens determinados.

14.2 Legado de coisa alheia

O Código Civil inicia as disposições gerais sobre os legados estabelecendo, no artigo 1.912, que "é ineficaz o legado de coisa certa que não pertença ao testador no momento da abertura da sucessão". Portanto, é proibido o legado de coisa alheia, pois seria a mesma coisa que admitir que alguém possa doar bem que não é seu.

Contudo, há algumas hipóteses em que isso pode ocorrer:

- No momento em que o testador institui o legado, a coisa é alheia, mas antes de sua morte ele a adquire. Como o que vale é o momento da abertura da sucessão, nesse momento a coisa já lhe pertence.
- Se o testador institui que o herdeiro ou o legatário, para receber a deixa, entregue coisa de sua propriedade a outrem e não há essa

FAMÍLIA & SUCESSÕES

entrega, entender-se-á que renunciou à herança ou ao legado (art. 1.913, CC). Trata-se, na verdade, de um encargo imposto ao herdeiro ou ao legatário.

- Quando o legado for de coisa que se determine pelo gênero, será cumprido, mesmo que tal coisa não exista entre os bens deixados pelo testador (art. 1.915, CC). Nessa hipótese, ressalte-se que o herdeiro é o devedor da obrigação, isto é, de fazer a escolha entre as coisas genéricas, devendo observar o meio-termo para a escolha, ou seja, não pode escolher o pior nem ser obrigado a prestar o melhor (art. 1.929, CC).

A regra geral do artigo 1.916 diz ser possível o legado da parte que pertencer ao testador somente se, ao tempo de sua morte, ela se encontrava entre os bens da herança. Se a coisa encontrada for inferior à descrita no testamento, o legado será eficaz apenas quanto à quantidade existente.

14.3 Tipos de legado

Abordaremos sete espécies de legados, como segue:

a. Legado de coisa retirada de determinado lugar
Segundo o artigo 1.917, o legado de coisa que deva tirar-se de lugar certo só valerá se nele for achada. A exceção existe se a coisa for removida do local indicado a título provisório. Se a remoção for definitiva, indica que o testador não queria mais que o legado fosse cumprido, sendo ineficaz.

b. Legado de crédito
Pode ocorrer tanto para crédito quanto para quitação de dívida. O valor desse legado será a importância do crédito ou da quitação da dívida ao tempo da morte do testador, não sendo compreendidas as dívidas posteriores à data do testamento. O legado será considerado cumprido com a entrega ao legatário do título correspondente.

O artigo 1.919 esclarece que, sendo o legatário devedor do testador e tendo recebido legado de crédito, não ocorrerá a compensação, salvo por disposição expressa do testador.

c. Legado de alimentos

No legado de alimentos estão inclusos o sustento, a cura, o vestuário e a casa, enquanto o legatário viver, bem como as despesas de educação, se ele for menor (art. 1.920, CC).

Washington de Barros Monteiro (*Curso de Direito Civil*, v. 6. São Paulo: Saraiva, 2003, p. 197) lembra que nesse caso não prevalece a incapacidade testamentária passiva dos artigos 1.801 e 1.802 do Código Civil, pois os casos de proibição legal não podem superar o direito à vida.

d. Legado de usufruto

O legado de usufruto é entendido vitalício se o testador não determinou prazo (art. 1.921, CC).

Se o usufrutuário morrer, a propriedade consolida-se no nu-proprietário.

O usufruto instituído em favor de pessoa jurídica durará enquanto ela existir ou pelo decurso do prazo de 30 anos, se ela perdurar por esse tempo (art. 1.410, III, CC).

Caso o legado de usufruto seja em conjunto a duas ou mais pessoas, se uma delas morrer, a parte desta acresce à daquela (art. 1.946, CC). Se, entretanto, o legado não for em conjunto entre os colegatários ou se, em conjunto, cada um tiver certa parte do usufruto, as partes dos que morrerem serão consolidadas na propriedade (art. 1946, parágrafo único, CC).

e. Legado que tem por objeto bem imóvel

Se alguém legar bem imóvel e, após a feitura do testamento, ajuntar-lhe novas aquisições, estas, ainda que contínuas, não fazem parte do legado, salvo disposição expressa do testador (art. 1.922, CC).

Já quanto às benfeitorias, tanto as necessárias como as úteis ou voluptuárias, a regra é diversa, isto é, são incorporadas no legado (art. 1.922, parágrafo único, CC).

f. Legado em prestações periódicas

Segundo Silvio Rodrigues (*Direito Civil: Direito das Sucessões*. São Paulo: Saraiva, 2003, p. 211), "renda vitalícia é a que deve ser prestada pelo herdeiro ao legatário enquanto este viver".

FAMÍLIA & SUCESSÕES

Essas prestações periódicas começam a correr desde a morte do testador, sendo necessário diferenciar o legado de prestações periódicas do legado de quantia fixa e determinada que deve ser paga em prestações, não sendo esse legado de prestações periódicas, mas de única cifra dividida em pagamentos parciais (*ibidem*, p. 212).

g. Legado alternativo

O testador ainda pode instituir o legado alternativo, "onde se tem por objeto uma de várias coisas" (GOMES, Orlando. *Sucessões*. Rio de Janeiro: Forense, 2004, p. 186).

A regra é que a escolha caiba a quem ficar incumbido de pagar o legado, mas o testador poderá determinar expressamente em testamento que o legatário poderá fazer a escolha.

Se o legado for de duas ou mais coisas alternativamente e algumas delas perecerem, subsistirá quanto às restantes (art. 1.940, CC).

14.4 Efeitos do legado e seu pagamento

Depois de analisar cada uma das espécies de legado, é preciso atentar para como o legado chega às mãos do legatário, isto é, pode o legatário entrar na posse do legado de imediato?

Não, não se defere, de imediato, a posse da coisa legada, nem pode o legatário entrar na posse por autoridade própria (art. 1.923, § 1º, CC). Cabe aos herdeiros o cumprimento dos legados e, não existindo herdeiros, aos próprios legatários, na proporção do que herdaram (art. 1.934, CC). Todavia, pode o testador incumbir herdeiro ou legatário da execução do legado e, quando indicar mais de um, eles dividirão entre si essa obrigação, na proporção, também, do que herdaram, salvo disposição expressa em contrário no próprio testamento.

Analisa Washington de Barros Monteiro (*Curso de Direito Civil*, v. 6. São Paulo: Saraiva, p. 198) que "a situação jurídica do herdeiro se torna superior à do legatário. O primeiro recebe a posse logo que se abre a sucessão (art. 1.784); o segundo tem de pedi-la e não pode obtê-la por sua própria autoridade (art. 1.923 e § 1º)".

Convém ressaltar, todavia, que, com a abertura da sucessão, a coisa legada existente no acervo, desde que seja coisa certa, pertence ao legatário (art. 1.923, CC), cabendo a este os frutos que a coisa produzir depois da morte do testador, salvo se o legado depender de condição suspensiva ou termo inicial (art. 1.923, § 2º).

Observação a ser feita é quanto ao legado em dinheiro, no qual os juros só serão devidos a partir da mora da pessoa obrigada a prestar o legado (art. 1.925, CC).

Nas duas exceções acima descritas – legado dependente de condição suspensiva e de termo –, o legatário tem apenas uma expectativa de direito, ficando subordinado ao acontecimento da condição ou à chegada do termo.

No que se refere à posse, ensina Maria Helena Diniz (*Curso de Direito Civil brasileiro*, v. 6. São Paulo: Saraiva, 2005, p. 312) que "nela se investirá o legatário, somente com a partilha, salvo se obteve, anteriormente, a entrega da coisa legada. Em regra, enquanto não se julgar a partilha, o legatário não se investe na posse, porque só depois de verificadas as forças da herança, mediante inventário, é que se deve fazer a entrega da coisa legada, visto que somente após a dedução do passivo devido aos credores do *de cujus* é que há herança e, por conseguinte, só posteriormente à partilha é que os herdeiros e legatários poderão receber o que lhes é cabível".

14.5 Entrega do legado e das despesas

Segundo o artigo 1.937 do Código Civil, a entrega da coisa legada, com seus acessórios, ocorrerá no lugar em que se achava e no estado em que se encontrava na data do falecimento do testador. Ao ser entregue ao legatário, passará com todos os encargos que a oneraram.

Todas as despesas e os riscos da entrega da coisa legada correm por conta do legatário, a não ser que o testador disponha de forma diversa, conforme o artigo 1.936. Cabe ao legatário, por exemplo, arcar com o imposto de transmissão causa mortis que é devido, pois sem seu recolhimento não se defere a entrega do legado (MONTEIRO, Washington de Barros. *Curso de Direito Civil*, v. 6. São Paulo: Saraiva, 2003, p. 205).

14.6 Caducidade do legado

Sílvio Venosa (*Direito Civil*, v. 7. São Paulo: Atlas, 2005, p. 283) ensina que caducar significa "decair, perder a força, a eficácia, enfraquecer". Já Silvio Rodrigues (*Direito Civil: Direito das Sucessões*. São Paulo: Saraiva,

FAMÍLIA & SUCESSÕES

2003, p. 215) traz um conceito em que caducidade pode ser entendida pela "perda, por razão superveniente, da razão de existir de um ato determinado, que foi feito de maneira válida".

O Código Civil prevê cinco hipóteses de caducidade do legado. Segundo o artigo 1.939, caducará o legado se:

I – se, depois do testamento, o testador modificar a coisa legada, a ponto de já não ter a forma nem lhe caber a denominação que possuía;

A modificação tem de ser substancial, pois, se não o for, não é causa de caducidade. Se, por exemplo, o testador deixa como legado um anel de ouro e logo após o transforma em um colar, é caso de caducidade. Em contrapartida, se o legado é de um relógio de marca famosa com pulseira de couro preta e, em razão do desgaste pelo uso, o testador altera a cor da pulseira para cinza, não se trata de uma modificação substancial.

II – se o testador, por qualquer título, alienar no todo ou em parte a coisa legada; nesse caso, caducará até onde ela deixou de pertencer ao testador;

"A alienação faz presumir que o disponente revogou a deixa, dada a incompatibilidade entre aquela e esta, implicando a primeira a retratação da segunda. Referida presunção é *juris et de jure*, não admitindo prova em contrário" (MONTEIRO, Washington de Barros. *Curso de Direito Civil*, v. 6. São Paulo: Saraiva, 2003, p. 209).

Outra questão é saber se a anulação da alienação restabelece o legado. Se a alienação é nula, o legado não é restabelecido, salvo se for declarada nula por razão que tenha afetado diretamente a vontade do alienante, como sua alienação mental, o que não demonstraria a alteração da vontade do testador de beneficiar o legatário e tornar a deixa testamentária sem efeito (Cf. RODRIGUES, Silvio. *Direito Civil: Direito das Sucessões*. São Paulo: Saraiva, 2003, p. 217).

III – se a coisa perecer ou for evicta, vivo ou morto o testador, sem culpa do herdeiro ou legatário incumbido do seu cumprimento;

Essa hipótese de caducidade se dá por perda do próprio objeto do legado. No caso de evicção, tratar-se-ia de legado de coisa alheia.

Se o perecimento da coisa acontecer por culpa do herdeiro ou legatário, a contrario *sensu*, estes deverão indenizar o legatário.

IV – se o legatário for excluído da sucessão, nos termos do art. 1.815;

A caducidade aqui se dá por indignidade do herdeiro ou legatário, segundo previsão dos artigos 1.814 e 1.815. Seria de fato injusto que, depois de matar ou tentar matar o autor da herança, por exemplo, o legatário pudesse receber o legado.

V – se o legatário falecer antes do testador.

É o caso de pré-morte do legatário, mesmo que seja poucos instantes antes do testador. É uma das hipóteses de caducidade porque, se o testador decidiu beneficiar a pessoa do legatário e este não mais existir, não há o benefício. Deve-se esclarecer, ainda, que na sucessão testamentária não se opera o instituto da representação, isto é, os herdeiros do legatário não podem receber o legado em seu nome, como se dá na sucessão legítima.

Maria Helena Diniz (*Curso de Direito Civil brasileiro*, v. 6. São Paulo: Saraiva, 2005, p. 213) ensina que há outros casos de caducidade que não estão elencados no artigo 1.939, como a renúncia do legatário, o falecimento do legatário antes do implemento da condição suspensiva a que estava subordinada a liberalidade ou quando o legatário, no momento da abertura da sucessão, for incapaz de receber o legado (art. 1.801, CC).

EM RESUMO

Legados

Legado é a deixa testamentária individualizada, isto é, determinada dentro do monte partível. É possível o legado:

- da parte que pertence ao testador;
- se a coisa estiver entre os bens do testador à época do falecimento;
- até o montante existente entre os bens do testador.

Tipos de legado

- Legado de coisa retirada de determinado lugar.
- Legado de crédito.
- Legado de alimentos.
- Legado de usufruto.

FAMÍLIA & SUCESSÕES

- Legado que tem por objeto bem imóvel.
- Legado em prestações periódicas.
- Legado alternativo.

Efeitos do legado

- Para obter a coisa objeto do legado, deve o legatário pedi-la ao herdeiro, sendo-lhe vedado entrar em sua posse, por sua exclusiva autoridade.
- A partir da morte do testador, o legatário tem direito aos frutos, a não ser que o legado seja condicional ou a termo.

Pagamento do legado

- Compete ao herdeiro e, não havendo herdeiros, aos legatários.
- Todos os herdeiros respondem proporcionalmente ao que receberem pela execução dos legados, a não ser que o testador incumba a certos herdeiros tal execução.

Caducidade

Caducará o legado (art. 1.939, CC):

a. se, depois do testamento, o testador modificar a coisa legada, a ponto de já não ter a forma nem lhe caber a denominação que possuía;

b. se o testador, por qualquer título, alienar no todo ou em parte a coisa legada; nesse caso, caducará até onde ela deixou de pertencer ao testador;

c. se a coisa perecer ou for evicta, vivo ou morto o testador, sem culpa do herdeiro ou legatário incumbido de seu cumprimento;

d. se o legatário for excluído da sucessão, nos termos do art. 1.815;

e. se o legatário falecer antes do testador.

PRESTE ATENÇÃO

1. É proibido o legado de coisa alheia, salvo nas seguintes hipóteses:
   - Se no momento da instituição o legado é de coisa alheia, mas antes de sua morte o testador a adquire. Como o momento da abertura da sucessão é a morte, a coisa já lhe pertence.

- Se o testador institui que o herdeiro ou o legatário, para receber a deixa, entregue coisa de sua propriedade a outrem. Trata-se, na verdade, de um encargo imposto ao herdeiro ou ao legatário.

2. Entrega do legado e das despesas – A entrega da coisa legada, com seus acessórios, se dará no lugar em que se achava e no estado em que se encontrava na data do falecimento do testador. Será entregue ao legatário com todos os encargos que a oneraram.

   Se o testador não dispuser nada em contrário, todas as despesas e os riscos da entrega da coisa legada correm por conta do legatário.

Capítulo 15
Direito de Acrescer

15.1 Considerações iniciais

Antes de abordarmos o direito de acrescer propriamente dito, devemos acompanhar o que pode acontecer, na sucessão testamentária, se um herdeiro ou um legatário não quiser ou não puder receber a herança ou o legado. Segundo Silvio Rodrigues, são três as possibilidades (*Direito Civil: Direito das Sucessões*. São Paulo: Saraiva, 2003, p. 222):

1. O quinhão retorna a sua fonte original, ou seja, volta ao monte, para ser dividido entre os herdeiros legítimos ou para se incorporar ao patrimônio do herdeiro testamentário que se exime de pagar aquela parte do legado. Todavia, se a quota não recebida se deduziu da parte do herdeiro ou legatário incumbido de cumprir o legado, será a este devolvida (art. 1.944, parágrafo único, CC).
2. O quinhão é recolhido pelo substituto se o testamento o indicou.
3. O citado quinhão acresce aos quinhões dos coerdeiros ou colegatários, se houve direito de acrescer entre eles.

15.2 Direito de acrescer entre os herdeiros

O direito de acrescer ocorrerá quando vários herdeiros forem chamados à herança em quinhões não determinados, na mesma disposição testamentária, e qualquer um deles não puder ou não quiser aceitá-la, desde que não existam herdeiros substitutos (art. 1.941, CC).

Quando um dos coerdeiros de uma só coisa, determinada e certa, ou de objeto que não puder ser dividido por risco de desvalorização morrer antes do testador, renunciar à herança ou dela for excluído, ou caso a condição sob a qual foi instituído não se verificar, sua parte acrescerá à dos coerdeiros conjuntos.

15.3 Direito de acrescer entre os legatários

O direito de acrescer entre os colegatários ocorrerá quando forem nomeados conjuntamente a respeito de uma só coisa, determinada e certa, ou quando o objeto do legado não puder ser dividido sem risco de desvalorização (art. 1.942, CC).

Da mesma maneira que se dá com os herdeiros, quando um dos colegatários morrer antes do testador, renunciar à herança ou dela for excluído, ou caso a condição sob a qual foi instituído não se verificar, sua parte acrescerá à dos colegatários conjuntos.

15.4 Casos em que não ocorrerá o direito de acrescer

Diante do que foi visto, conclui-se que não ocorrerá o direito de acrescer se houver nomeação de substituto, se o testador deixar determinada a parte de cada um dos beneficiários, não havendo nomeação em conjunto, ou se a cédula testamentária for declarada nula ou anulada, caso em que subsistirá a sucessão legítima (art. 1.788, CC) (DINIZ, Maria Helena. *Curso de Direito Civil brasileiro*, v. 6. São Paulo: Saraiva, 2005, pp. 330-331).

15.5 Acréscimo no legado de usufruto

Ocorrerá o direito de acrescer se, para um só usufruto, forem nomeadas, conjuntamente, duas ou mais pessoas.

Se a nomeação não for conjunta entre os colegatários ou se, embora em conjunto, só lhes foi legada certa parte do usufruto, as partes dos que forem morrendo serão consolidadas na propriedade.

EM RESUMO

Direito de Acrescer

Direito de acrescer entre os herdeiros

Ocorrerá quando os herdeiros, pela mesma disposição, forem conjuntamente chamados à herança em quinhões não determinados. Se um dos herdeiros nomeados morrer antes do testador, renunciar à herança ou dela for excluído, seu quinhão acrescerá à parte dos coerdeiros conjuntos, salvo se houver substituto nomeado pelo testador, quando não há direito de acrescer.

Direito de acrescer entre os legatários

Ocorrerá quando os legatários forem nomeados conjuntamente a respeito de uma só coisa, determinada e certa, assim como quando a coisa objeto do legado não puder ser dividida sem o risco de desvalorizar.

Casos em que não ocorrerá o direito de acrescer

- Se houver nomeação de substituto.
- Se o testador deixar determinada a parte de cada um dos beneficiários.
- Se a cédula testamentária foi declarada nula ou anulada, caso em que subsistirá a sucessão legítima.

PRESTE ATENÇÃO

Acréscimo no legado de usufruto

Se para um só usufruto forem nomeadas, conjuntamente, duas ou mais pessoas, ocorrerá o direito de acrescer.

Se não houver nomeação conjunta entre os colegatários ou se, embora em conjunto, só lhes foi legada certa parte do usufruto, as partes dos que forem morrendo serão consolidadas na propriedade.

Capítulo 16
Substituições

16.1 Definição

Substituição, segundo Washington de Barros Monteiro (*Curso de Direito Civil*, v. 6. São Paulo: Saraiva, 2003, p. 223), "é a indicação de certa pessoa a recolher a herança, ou legado, na falta ou depois de outra, nomeada em primeiro lugar".

A substituição pode ser vulgar ou ordinária, recíproca, fideicomissária ou compendiosa.

Em todos os casos, ressaltamos, a substituição dependerá de previsão testamentária.

Estudaremos cada uma das modalidades em item separado a fim de apresentar suas especificidades.

16.2 Substituição vulgar ou ordinária

Ocorre quando o testador indica outra pessoa no lugar do herdeiro ou do legatário nomeado, caso um ou outro não possa ou não queira receber a herança ou o legado, presumindo-se que a substituição foi determinada para as duas alternativas, ainda que o testador só a uma se refira (art. 1.947, CC; RODRIGUES, Silvio. *Direito Civil: Direito das Sucessões*. São Paulo: Saraiva, 2003, p. 241). Essa espécie de substituição só vai ocorrer se a indicação inicial de herdeiro ou legatário não se confirmar, ficando condicionada a um evento futuro e incerto.

Se o testador for muito previdente, pode ser que indique vários substitutos em uma ordem predeterminada, isto é, indique um e, caso este também não aceite, indique outro, e assim sucessivamente, mas ressalte-se que são várias substituições previstas para o herdeiro ou legatário original.

A substituição vulgar ou ordinária pode ser (art. 1.948, CC):

- singular: quando se nomeia um só substituto ao herdeiro ou legatário (ex.: o substituto de João é Cláudio).
- plural: quando várias pessoas são nomeadas para substituir uma só (ex. para substituir João, indico Cláudio e André).

16.3 Substituição recíproca

"É aquela em que o testador, ao instituir uma pluralidade de herdeiros ou legatários, os declara substitutos uns dos outros, para o caso de qualquer deles não querer ou não poder aceitar a liberalidade" (DINIZ, Maria Helena. *Curso de Direito Civil brasileiro*, v. 6. São Paulo: Saraiva, 2005, p. 337).

O artigo 1.950 do Código Civil estabelece duas regras para saber qual a parte dos substitutos na substituição recíproca, caso sejam coerdeiros ou colegatários de partes desiguais. São elas:

1. Se não for incluída mais nenhuma pessoa na substituição, entende-se que a proporção atribuída na primeira disposição dos quinhões deverá ser mantida caso haja a substituição. Por exemplo: foram nomeados herdeiros João, com 2/10 da herança, Pedro, com 3/10 da herança, e Manoel, com 5/10 da herança, sendo substitutos entre si. Se João não aceitar a herança, sua parte (2/10) será dividida entre Pedro e Manoel na mesma proporção (Pedro com três partes e Manoel com cinco).

2. Se na substituição for incluída alguma pessoa com as anteriormente nomeadas, o quinhão vago pertencerá em partes iguais aos substitutos. Por exemplo: foram nomeados herdeiros João, com 2/10 da herança, Pedro, com 3/10 da herança, e Manoel, com 5/10 da herança, nomeando-se Paulo como herdeiro substituto, com os demais. Se João não aceitar a herança, sua parte (2/10) será dividida entre Pedro, Manoel e Paulo, em partes iguais.

16.4 Substituição fideicomissária

É aquela em que o testador impõe a um herdeiro ou legatário, chamado fiduciário, a obrigação de por sua morte, a certo tempo ou sob certa condição, transmitir a herança ou legado a outro, que se qualifica fideicomissário (art. 1.951, CC).

O Código Civil de 2002 só permite a substituição fideicomissária em favor dos não concebidos ao tempo da morte do testador (art. 1.952), pois, se ao tempo da morte do testador já houver nascido o fideicomissário, este terá a propriedade dos bens fideicometidos, convertendo-se em usufruto o direito do fiduciário (art. 1.952, parágrafo único).

Nessa espécie de substituição há dois beneficiários: o fiduciário, que recebe primeiro, e o fideicomissário, que recebe na sequência, logo depois de a disposição do testador cumprir-se.

O fiduciário tem a propriedade do imóvel, mas esta é resolúvel, isto é, com a chegada da data, com o acontecimento da condição ou com sua morte, tem de passar o bem ao fideicomissário.

Se o testador impuser a morte do fiduciário como causa de transmissão do bem, impedirá que os herdeiros do fiduciário recebam o bem fideicometido, dando-lhe destino certo: as mãos do fideicomissário.

O Esquema a seguir simboliza o trajeto do bem gravado em fideicomisso:

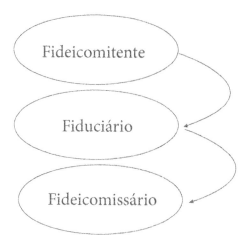

Esquema 16.1 Substituição fideicomissária: *fideicomitente* – aquele que grava o bem; *fiduciário* – aquele que recebe em primeiro lugar; *fideicomissário* – o segundo beneficiário.

FAMÍLIA & SUCESSÕES

16.4.1 Origem do fideicomisso

Segundo Silvio Rodrigues (*Direito Civil: Direito das Sucessões*. São Paulo: Saraiva, 2003, p. 244), o fideicomisso é instituto que se baseia na confiança (fidúcia). Nasceu no Direito Romano, no qual não tinha força coercitiva; contava com a confiança da pessoa que tivesse recebido a herança para cumprir ou não a transmissão. Era forma adotada para burlar a rigidez testamentária.

Para o autor, a inegável vantagem que o fideicomisso apresenta "é a possibilidade de gratificar pessoas não nascidas, como a prole eventual de alguém" (*ibidem*, p. 245).

Nessa espécie de substituição, algumas questões podem surgir.

1. O fiduciário, como proprietário, tem o direito de alienar os bens?

Sim, mas, como seu domínio é resolúvel, caso ocorra a alienação, esta se tornará ineficaz com a morte do fiduciário, com o advento da condição ou com determinado tempo imposto pelo testador, ficando o adquirente obrigado a devolver o bem comprado ao fideicomissário (art. 1.359, CC). Diante desse fato, poucas pessoas podem interessar-se por comprar esse tipo de bem.

2. Qual a diferença entre a substituição vulgar e a fideicomissária?

Na substituição vulgar, só uma pessoa beneficia-se com a deixa testamentária, pois ou o herdeiro/legatário a recebe ou a herança é recebida pelo substituto. Já na substituição fideicomissária, são dois beneficiários: primeiro o fiduciário e depois o fideicomissário.

3. Qual é a diferença dessa substituição para o usufruto?

No usufruto, tanto o nu-proprietário como o usufrutuário são beneficiados ao mesmo tempo; portanto, é necessário que ambos existam. Já no fideicomisso, pode-se beneficiar a prole eventual de alguém.

4. Há alguma obrigação especial para o fiduciário?

O fiduciário é obrigado a proceder ao inventário dos bens gravados em fideicomisso e a prestar caução de restituí-los, se o fideicomissário exigir (art. 1.953, parágrafo único, CC), sem falar que deve conservar o bem fideicometido.

16.4.2 Extinção do fideicomisso

A extinção natural do fideicomisso pode ocorrer com o advento do termo, com o advento da condição ou com a morte do fiduciário, momento em que os bens passarão para o fideicomissário (RODRIGUES, Silvio. *Direito Civil: Direito das Sucessões*. São Paulo: Saraiva, 2003, p. 250).

Ocorre a caducidade se "fatos posteriores ao testamento determinam a ineficácia da disposição válida que instituíra substituição fideicomissária" (MONTEIRO, Washington de Barros. *Curso de Direito Civil*, v. 6. São Paulo: Saraiva, 2003, p. 217).

Podem ser elencados os seguintes acontecimentos:

- se o fideicomissário morrer antes do fiduciário;
- se o fideicomissário morrer antes de se realizar a condição resolutória do direito do fiduciário;
- se o fideicomissário renunciar à herança;
- se a condição se frustrar (ex.: passar em concurso público até o ano de 2020);
- se acontecer a exclusão por indignidade e falta de legitimação para suceder por parte do fideicomissário;
- se o fiduciário renunciar à herança;
- se houver perecimento do bem fideicometido, sem culpa do fiduciário (art. 1.939, III, CC);
- se o fideicomissário nascer antes da morte do testador, ocasião em que o fideicomisso será convertido em usufruto.

Com exceção das três últimas hipóteses, a propriedade deixa de ser resolúvel e se consolida no fiduciário se não houver disposição contrária do testador (arts. 1.955 e 1.958, CC).

Outra questão pode surgir:

E no caso de o fiduciário morrer depois do testador, mas antes de vencido o prazo ou antes do advento da condição resolutória?

Segundo Maria Helena Diniz (*Curso de Direito Civil brasileiro*, v. 6. São Paulo: Saraiva, 2005, pp. 342-3), se o fiduciário morrer antes de vencido o prazo, a propriedade fiduciária será transmitida a seus sucessores, "que a gozarão, porque continua gravada da mesma cláusula e da mesma obrigação restituitória, até o advento do termo ou da condição resolutória, ocasião em que o fideicomissário receberá os bens fideicometidos".

16.4.3 Nulidade do fideicomisso

Segundo o artigo 1.959, são nulos os fideicomissos além do segundo grau, embora essa nulidade não contamine a primeira substituição, somente sendo nula a segunda previsão.

16.5 Substituição especial: substituição compendiosa

Substituição compendiosa, segundo Maria Helena Diniz (*idem*, p. 350), "constitui um misto de substituição vulgar e substituição fideicomissária", em que o testador dá substituto ao fiduciário ou ao fideicomissário, prevendo que um ou outro não queira ou não possa aceitar a herança ou o legado.

EM RESUMO

Substituições

Substituição é o direito que o testador tem de escolher substituto para o herdeiro ou legatário de primeiro grau.

Espécies

Substituição vulgar ou ordinária

Quando o testador indica outra pessoa no lugar do herdeiro ou do legatário nomeado, caso um ou outro não possa ou não queira receber a herança ou o legado, presumindo-se que a substituição foi determinada para as duas alternativas, ainda que o testador só a uma se refira. Subespécies:

- singular: quando se nomeia um só substituto ao herdeiro ou legatário.
- plural: quando são vários os substitutos simultâneos.

Substituição recíproca

É aquela em que o testador, ao instituir uma pluralidade de herdeiros ou legatários, os declara substitutos uns dos outros.

Substituição fideicomissária

É aquela em que o testador impõe a um herdeiro ou legatário, chamado fiduciário, a obrigação de por sua morte, a certo tempo ou sob certa condição, transmitir a outro, que se qualifica fideicomissário, a herança ou legado.

Há dois beneficiários sucessivos: o fiduciário e o fideicomissário.

O Código Civil só permite a substituição fideicomissária em favor dos não concebidos ao tempo da morte do testador (art. 1.952).

Substituição especial: substituição compendiosa

Substituição compendiosa é um misto de substituição vulgar e substituição fideicomissária, em que o testador dá substituto ao fiduciário ou ao fideicomissário, prevendo que um ou outro não queira ou não possa aceitar a herança.

PRESTE ATENÇÃO

1. Fideicomisso – Se o fiduciário morrer depois do testador, mas antes de vencido o prazo ou antes do advento da condição resolutória, a propriedade fiduciária será transmitida a seus sucessores.

2. Substituição vulgar x substituição fideicomissária – Na substituição vulgar, só uma pessoa beneficia-se, pois ou o herdeiro/legatário recebe os bens ou estes são recebidos pelo substituto. Na substituição fideicomissária, são dois beneficiários: primeiro o fiduciário e depois o fideicomissário.

3. Substituição fideicomissária x usufruto – No usufruto, tanto o nu-proprietário como o usufrutuário são beneficiados ao mesmo tempo; portanto, é necessário que ambos existam. Já no fideicomisso, pode-se beneficiar prole eventual de alguém.

Capítulo 17
Redução das Disposições Testamentárias

17.1 Particularidades

Segundo ensinamentos de Silvio Rodrigues, "dá-se a redução testamentária quando estas excederem a quota disponível do testador", tendo os herdeiros necessários, por meio de ação adequada, o direito à redução das disposições até integrar-se a legítima desfalcada (*Direito Civil: Direito das Sucessões*. São Paulo: Saraiva, 2003, pp. 231-2).

As disposições excessivas não anulam o testamento; somente fazem aparecer aos herdeiros a oportunidade de pedir a redução das disposições, sendo que, se estes se resignarem a receber menos, o testamento será cumprido (*ibidem*, p. 232).

Também são proibidas as doações inoficiosas, isto é, aquelas doações que à época de sua feitura excedessem a metade dos bens do testador, sendo nula a parte que exceder a quota que, naquele momento, o doador pudesse dispor em testamento (art. 549, CC).

Qual o momento em que se deve calcular o valor da liberalidade? Qual o momento em que a ação de redução deve ser proposta?

Para verificar se uma doação é excessiva ou inoficiosa, o cálculo deve ser efetuado tendo em vista o momento da liberalidade. Se no decorrer da vida o doador perder grande parte de seus bens, embora o valor da doação possa exceder o permitido, não é possível a redução, pois o cálculo tem de ser feito no momento da doação, o que dá mais segurança às

FAMÍLIA & SUCESSÕES

relações jurídicas. No caso de disposição testamentária excessiva, o valor será apurado mediante verificação do valor dos bens do monte.

Já quanto à época em que se deve propor a ação de redução, a questão é um pouco mais complexa. Para Maria Helena Diniz (*Curso de Direito Civil brasileiro*, v. 6. São Paulo: Saraiva, 2005, p. 258), o momento em que o herdeiro deve propor a ação de redução das doações inoficiosas é após a morte do de cujus, pois é contra o princípio do artigo 426 do Código Civil litigar sobre herança de pessoa viva.

Para Silvio Rodrigues, entretanto, é preciso distinguir o pedido de redução das doações inoficiosas do pedido de redução das disposições testamentárias. No caso de redução de liberalidade testamentária excessiva só pode ser proposta após a abertura da sucessão, uma vez que só nesse instante o testamento é suscetível de ser cumprido (*Direito Civil: Direito das Sucessões*. São Paulo: Saraiva, 2003, p. 238). Entretanto, no caso de doação inoficiosa, liberalidade feita em vida, a ação "pode e deve ser proposta desde logo, prescrevendo em quatro anos o direito do autor ajuizá-la" (*idem*).

Segundo o artigo 1.967, § 1º, do Código Civil, as reduções se darão na seguinte ordem:

1º – nas quotas do herdeiro ou dos herdeiros instituídos, até onde bastem;

2º – se não forem suficientes as reduções nas quotas dos herdeiros, ocorrerão nos legados, na proporção de seu valor.

O testador, prevendo a hipótese de a redução ser necessária, poderá dispor da parte de quais herdeiros ou legatários deverá se dar a redução.

Se o legado que estiver sujeito à redução for divisível, será feita a redução de maneira proporcional. Se, entretanto, o objeto do legado for bem imóvel indivisível, há duas hipóteses (art. 1.968, CC):

- se exceder em mais de um quarto do valor do prédio, o legatário deixará o bem inteiro na herança e terá o direito de pedir o valor que couber na metade disponível;
- se o excesso for menor que um quarto, o legatário ficará com o prédio e entregará a importância correspondente ao excesso em dinheiro aos herdeiros.

Se o legatário for ao mesmo tempo herdeiro necessário, poderá inteirar sua legítima no mesmo imóvel, preferencialmente aos outros herdeiros, sempre que sua parte na legítima e a parte subsistente no legado lhe absorverem o valor (art. 1.968, § 2º, CC).

EM RESUMO

Redução das Disposições Testamentárias

Dá-se a redução testamentária quando estas excederem a quota disponível do testador, podendo os herdeiros necessários, por meio de ação adequada, reduzir as disposições até integrar-se a legítima desfalcada.

Também são proibidas as doações inoficiosas, isto é, aquelas doações que à época de sua feitura excedessem a metade dos bens do testador.

PRESTE ATENÇÃO

1. Momento que se deve calcular o valor da liberalidade – O cálculo deve ser efetuado tendo em vista o momento da liberalidade. Se houve doação, para verificar se excedia o valor disponível, deve-se atentar para o valor do bem no momento da doação. Se for disposição testamentária excessiva, o valor será apurado mediante verificação do valor dos bens do monte.

2. Ordem das reduções:
   1º – nas quotas do herdeiro ou dos herdeiros instituídos, até onde bastem;
   2º – se não forem suficientes as reduções nas quotas dos herdeiros, ocorrerão nos legados, na proporção de seu valor.

   Se o testador imaginar que poderá se dar a redução, pode determinar de qual parte deverá ocorrer a redução.

Capítulo 18
Revogação e Rompimento do Testamento

18.1 Revogação do testamento

A revogação do testamento "é o ato consciente do testador que revela o seu propósito de tornar ineficaz a manifestação de sua vontade, constante de testamento anterior" (RODRIGUES, Silvio. *Direito Civil: Direito das Sucessões*. São Paulo: Saraiva, 2003, p. 264).

Segundo o artigo 1.969, o testamento pode ser revogado pelo mesmo modo e forma como pode ser feito.

18.2 Formas de revogação

A revogação do testamento pode ser expressa ou tácita (GOMES, Olando. *Sucessões*. Rio de Janeiro: Forense, 2004, p. 234). A revogação expressa ocorre quando o testador se manifesta expressamente em testamento posterior; a tácita, quando as disposições testamentárias se tornam incompatíveis com as de outro testamento ou ato *inter vivos* posteriores.

É possível revogar o testamento total ou parcialmente, isto é, atingindo todas ou parte das disposições testamentárias. Se a revogação for parcial, ou se o testamento posterior não contiver cláusula revogatória expressa, o anterior subsiste no que não contrariar o posterior (art. 1.970, parágrafo único, CC).

A revogação poderá ocorrer:

• se houver outro testamento válido;

FAMÍLIA & SUCESSÕES

- se, no caso do testamento cerrado, o testador o abrir ou dilacerar ou, com seu consentimento, permitir que alguém o faça (art. 1.972, CC) – é caso de revogação presumida de testamento cerrado (RODRIGUES, Silvio. *Direito Civil: Direito das Sucessões*. São Paulo: Saraiva, 2003, p. 267).

Silvio Rodrigues (*ibidem*, p. 268) comenta que, "aparecendo dilacerado ou aberto o testamento cerrado, deve o juiz julgá-lo revogado, a menos que os interessados, de maneira veemente, comprovem que a abertura foi feita contra a vontade do testador, possivelmente por terceiros, a quem ela aproveitava".

A revogação ainda poderá ocorrer por testamento ineficaz, ou seja, mesmo que o testamento revogatório venha a caducar por exclusão, incapacidade ou renúncia do herdeiro nele nomeado.

Não ocorrerá a revogação se o testamento revogatório for anulado por omissão ou infração de solenidades essenciais ou por vícios intrínsecos (art. 1.971, CC), bem como se o testador não estava em seu juízo perfeito no momento da feitura do testamento revogatório.

18.3 Rompimento do testamento

O rompimento do testamento ocorre quando há superveniência de uma circunstância de tal modo relevante que é capaz de alterar a manifestação de vontade do testador (RODRIGUES, Silvio. *Direito Civil: Direito das Sucessões*. São Paulo: Saraiva, 2003, p. 269).

Segundo Washington de Barros Monteiro (*Curso de Direito Civil*, v. 6. São Paulo: Saraiva, 2003, pp. 258-259), a revogação e o rompimento não se confundem, pois "a revogação pressupõe a mudança da vontade do testador, que não mais deseja prevaleçam as disposições testamentárias anteriormente prescritas", enquanto "o rompimento independe da vontade do testador; é a lei que determina".

Segundo previsão expressa do Código Civil, rompe-se o testamento em duas hipóteses:

1. quando sobrevêm descendentes sucessíveis ao testador, que não os tinha ou não os conhecia quando testou (art. 1.973);
2. quando o testador ignora a existência de herdeiros necessários (art. 1.974).

REVOGAÇÃO E ROMPIMENTO DO TESTAMENTO

Pode-se ainda citar uma terceira hipótese: no caso de reconhecimento de filho, voluntária ou judicialmente (MONTEIRO, Washington de Barros. *Curso de Direito Civil*, v. 6. São Paulo: Saraiva, 2003, p. 259).

Para Silvio Rodrigues, se a ação de investigação de paternidade é proposta em vida do investigado, caso seja o filho reconhecido na sentença, ele terá direito à legítima, não sendo, contudo, rompido o testamento, pois a própria atitude hostil do pai revela a vontade de que o testamento se cumpra. Se, no entanto, a ação é posterior à morte do investigado e ficar comprovada sua ignorância quanto à existência do filho, o testamento se rompe, pois se pode presumir que o testador teria revogado o testamento caso conhecesse a verdade (*Direito Civil: Direito das Sucessões*. São Paulo: Saraiva, 2003, p. 270).

Segundo o próprio autor, essa é uma posição intermediária, pois para Washington de Barros Monteiro mesmo o reconhecimento forçado de filho seria causa de rompimento, nos termos do artigo 1.973 (veja RODRIGUES, Silvio, *Direito Civil: Direito das Sucessões*. São Paulo: Saraiva, 2003, p. 270; e MONTEIRO, Washington de Barros. *Curso de Direito Civil*, v. 6. São Paulo: Saraiva, 2003, p. 259).

Por fim, cabe lembrar que, diante da igualdade trazida pela Constituição Federal de 1988, o filho adotivo também se inclui na expressão descendente sucessível (MONTEIRO, Washington de Barros. *Curso de Direito Civil*, v. 6. São Paulo: Saraiva, 2003, p. 260).

EM RESUMO

Revogação e Rompimento do Testamento

Revogação do testamento
É o ato pelo qual o testador manifesta sua vontade de modificar total ou parcialmente o testamento anterior.

Formas de revogação
- Expressa – Quando o testamento posterior se refere expressamente ao anterior, retirando-lhe total ou parcialmente a eficácia.
- Tácita – Quando o testamento posterior não se refere expressamente ao anterior, mas dispõe de maneira incompatível com este.

- Total – Quando a manifestação é inteiramente modificada pela manifestação subsequente.
- Parcial – Quando a alteração não recai sobre todo o seu conteúdo.

Rompimento do testamento

Pode ocorrer em três hipóteses:

1. quando sobrevêm descendentes ao testador que não os tinha ou não os conhecia (art. 1.973, CC);
2. quando o testador descobre a existência de herdeiros necessários até então ignorados (art. 1.974, CC);
3. no caso de reconhecimento de filho, voluntária ou judicialmente.

PRESTE ATENÇÃO

1. A revogação poderá ocorrer:
   - se houver outro testamento válido;
   - se, no caso do testamento cerrado, o testador o abrir ou dilacerar ou, com seu consentimento, permitir que alguém o faça;
   - por testamento ineficaz, ou seja, mesmo se ele vier a caducar por exclusão, incapacidade ou renúncia do herdeiro nele nomeado.

2. Não ocorrerá a revogação:
   - se o testamento revogatório for anulado por omissão ou infração de solenidades essenciais ou por vícios intrínsecos;
   - se o testador não estava em seu juízo perfeito no momento da feitura do testamento revogatório.

Capítulo 19
Testamenteiro

19.1 Definição

Testamenteiro é o "executor do testamento" (VENOSA, Sílvio de Salvo. *Direito Civil*, v. 7. São Paulo: Atlas, 2005, p. 353). É a pessoa que vai zelar pelo cumprimento das disposições de última vontade do testador.

Testamentaria, por sua vez, "é o conjunto de funções que lhe são atribuídas pela lei e pelo testador" (*idem*).

O testador pode nomear um ou vários testamenteiros. Serão conjuntos quando atuarem ao mesmo tempo e separados quando exercerem a testamentaria, uns na falta dos outros (RODRIGUES, Silvio. *Direito Civil: Direito das Sucessões*. São Paulo: Saraiva, 2003, p. 274).

O testamenteiro pode recusar a testamentaria sem qualquer restrição, silenciando sobre as razões de sua recusa, pois, diferentemente da tutela, o interesse que prevalece é o particular e não o público (*ibidem*, p. 275).

Na falta da nomeação de um testamenteiro pelo testador, a testamentaria competirá ao cônjuge, e, em falta deste, ao herdeiro nomeado pelo juiz (art. 1.984, CC).

19.2 Espécies e deveres

São espécies de testamenteiro (RODRIGUES, Silvio. *Direito Civil: Direito das Sucessões*. São Paulo: Saraiva, 2003, p. 277):

FAMÍLIA & SUCESSÕES

- Instituído – Aquele que é nomeado pelo testador.
- Dativo – Aquele que é nomeado pelo juiz.
- Universal – Aquele a quem se confere a posse e a administração da herança.
- Particular – Aquele que não desfruta a posse e a administração da herança.

Caso o testamenteiro aceite a testamentaria, ele terá várias obrigações, a saber:

- Cumprir as disposições testamentárias e prestar contas em 180 dias, contados da aceitação testamentária, se o testador não conceder prazo maior. Esse prazo poderá ser prorrogado se houver motivo suficiente.
- Pedir ao juiz que ordene ao detentor do testamento que o leve a registro.
- Defender a validade do testamento.
- Defender a posse da herança, caso o testador a tenha concedido e desde que não haja herdeiros necessários ou se estes não quiserem ou não puderem exercer a posse.
- Prestar contas do que recebeu e despendeu, enquanto durar a execução do testamento.
- Se tiver a posse e a administração dos bens, requerer o inventário e cumprir o testamento, sendo, nesse caso, testamenteiro e inventariante.

19.3 Remuneração

Pelas funções desempenhadas, o testamenteiro que não seja herdeiro ou legatário terá direito a um prêmio, chamado vintena, que, se o testador não houver fixado, será arbitrado pelo juiz, variando de 1% a 5% da herança líquida, conforme a dificuldade na execução do testamento.

Esse percentual é sobre a herança testamentária líquida, de modo que, se a sucessão é legítima e testamentária ao mesmo tempo, só há direito sobre os valores dos bens abrangidos pelo testamento (Rodrigues, Silvio. *Direito Civil: Direito das Sucessões*, 2003, p. 281). Diz-se herança líquida depois de deduzir o passivo e as despesas com a sucessão.

O prêmio arbitrado será pago com a parte disponível, quando houver herdeiro necessário.

Se o testamenteiro for herdeiro ou legatário, poderá preferir o prêmio à herança ou ao legado (art. 1.988, CC), podendo antes pedir ao juiz que fixe a vintena para ver se compensa.

Caso haja a destituição do testamenteiro, por ter sido removido ou por não cumprir as disposições testamentárias, perderá o direito à vintena, que reverterá ao monte.

EM RESUMO

Testamenteiro

Testamenteiro é a pessoa encarregada de cumprir as disposições de última vontade do testador. Também chamado de executor testamentário.

Espécies de testamenteiro
- Instituído – Aquele que é nomeado pelo testador.
- Dativo – Aquele que é nomeado pelo juiz.
- Universal – Aquele a quem se confere a posse e a administração da herança.
- Particular – Aquele que não desfruta da posse e administração da herança.

Deveres
- Cumprir as disposições testamentárias e prestar contas em 180 dias.
- Pedir ao juiz que ordene ao detentor do testamento que o leve a registro.
- Defender a validade do testamento.
- Defender a posse da herança, caso o testador a tenha concedido e desde que não haja herdeiros necessários ou se estes não quiserem ou não puderem exercer a posse.
- Prestar contas do que recebeu e despendeu, enquanto durar a execução do testamento.
- Se tiver a posse e a administração dos bens, requerer o inventário e cumprir o testamento, sendo, nesse caso, testamenteiro e inventariante.

Remuneração

Terá direito a um prêmio, chamado vintena, que, se o testador não houver fixado, será arbitrado pelo juiz, podendo variar de 1% a 5% da herança líquida, conforme a dificuldade na execução do testamento.

PRESTE ATENÇÃO

1. O testamenteiro pode recusar a testamentaria sem qualquer restrição, sem precisar dar motivos para essa recusa, pois o que prevalece é o interesse particular e não o público.

2. Se houver destituição do testamenteiro, por ter sido removido ou por não cumprir as disposições testamentárias, perderá o direito à vintena, que reverterá ao monte.

Capítulo 20
Inventário

20.1 Considerações Gerais

Inventário é o "processo judicial que se destina a apurar os bens deixados pelo finado, a fim de sobre o monte proceder-se à partilha" (RODRIGUES, Silvio. *Direito Civil: Direito das Sucessões*. São Paulo: Saraiva, 2003, p. 285).

O processo de inventário e partilha deve ser instaurado dentro de 2 (dois) meses, a contar da abertura da sucessão, ou seja, do falecimento (art. 611 do Código de Processo Civil).

A não observação desse prazo poderá acarretar sanções, como, no caso do Estado de São Paulo: se não for aberto no prazo de 60 dias contados do falecimento do de cujus, o imposto será calculado com acréscimo de multa de 10% (art. 27, Lei Estadual n. 9.591/66) e, se o atraso for superior a 180 dias, a multa será de 20% (art. 27, parágrafo único, Lei Estadual 9.591/66).

Sua conclusão deve dar-se no prazo de 12 (doze) meses, mas o juiz poderá dilatar o prazo, de ofício ou a requerimento de parte (art. 611, CPC/2015).

20.2 Inventário e partilha por escritura pública

Por força da Lei 11.441/07, incorporada no atual Código de Processo Civil, mais especificamente nos parágrafos 1º e 2º do artigo 610, passou a

FAMÍLIA & SUCESSÕES

ser possível a realização de inventário e partilha por escritura pública, desde que todos sejam capazes e concordes e desde que não haja testamento.

Algumas peculiaridades dessa nova possibilidade são:

- a escritura pública constituirá título hábil para o registro imobiliário;
- o tabelião somente lavrará a escritura pública se todas as partes interessadas estiverem assistidas por advogado comum, por advogados de cada uma delas ou por defensor público cuja qualificação e assinatura constarão do ato notarial.

20.3 Legitimidade para requerer a abertura do inventário

Tem legitimidade para requerer a abertura do inventário quem estiver na posse e administração da herança (art. 615, CPC/2015). Há, contudo, a legitimidade concorrente, pois se permite que outras pessoas peçam a abertura (art. 616, CPC/2015).

São elas:

- o cônjuge ou companheiro supérstite;
- o herdeiro;
- o legatário;
- o testamenteiro;
- o cessionário do herdeiro ou legatário;
- o credor do herdeiro, do legatário ou do autor da herança;
- o administrador judicial da falência do herdeiro, do legatário, do autor da herança ou do cônjuge ou companheiro supérstite;
- o Ministério Público, havendo herdeiros incapazes;
- a Fazenda Pública, quando tiver interesse.

20.4 Escolha do inventariante e demais procedimentos

Após a abertura do inventário, o juiz nomeará o inventariante, que será responsável pela administração da herança desde a assinatura do compromisso até a homologação da partilha. Como o Código Civil não disciplina a nomeação do inventariante, socorremo-nos, novamente, do Código de Processo Civil, que em seu artigo 617 prevê:

Art. 617. O juiz nomeará inventariante:

I – o cônjuge sobrevivente casado sob o regime de comunhão, desde que estivesse convivendo com o outro ao tempo da morte deste;

II – o herdeiro que se achar na posse e administração do espólio, se não houver cônjuge supérstite ou não puder ser nomeado;

III – qualquer herdeiro, quando nenhum deles estiver na posse e administração do espólio;

IV – o herdeiro menor, por seu representante legal;

V – o testamenteiro, se lhe tiver sido confiada a administração do espólio ou toda herança estiver distribuída em legados;

VI – o cessionário do herdeiro ou do legatário;

VII– o inventariante judicial, se houver;

VIII – pessoa estranha idônea, quando não houver inventariante judicial.

Com relação às primeiras declarações, explica Antonio Cláudio da Costa Machado (*Código de Processo Civil interpretado.* São Paulo: Manole, 2004, p. 1.520) que constituem "ato fundamental e típico do procedimento do inventário, e cujo conteúdo é o rol minucioso e preciso de informações documentadas acerca do falecido, seus sucessores e dos bens deixados". São a peça-base do inventário, que deverá conter (art. 620, CPC/2015):

- o nome, o estado, a idade e o domicílio do autor da herança, o dia e o lugar em que faleceu e se deixou testamento;
- o nome, o estado, a idade, o endereço eletrônico e a residência dos herdeiros e, havendo cônjuge ou companheiro supérstite, além dos respectivos dados pessoais, o regime de bens do casamento ou da união estável;
- a qualidade dos herdeiros e o grau de parentesco com o inventariado;
- a relação completa e individualizada de todos os bens do espólio, inclusive aqueles que devem ser conferidos à colação, e dos bens alheios que nele forem encontrados, descrevendo-se:
  a. os imóveis, com as suas especificações, nomeadamente local em que se encontram, extensão da área, limites, confrontações, benfeitorias, origem dos títulos, números das matrículas e ônus que os gravam;
  b. os móveis, com os sinais característicos;
  c. os semoventes, seu número, suas espécies, suas marcas e seus sinais distintivos;

FAMÍLIA & SUCESSÕES

    d. o dinheiro, as joias, os objetos de ouro e prata e as pedras precio-
sas, declarando-se-lhes especificadamente a qualidade, o peso e a
importância;

    e. os títulos da dívida pública, bem como as ações, as quotas e os
títulos de sociedade, mencionando-se-lhes o número, o valor e a
data;

    f. as dívidas ativas e passivas, indicando-se-lhes as datas, os títulos,
a origem da obrigação e os nomes dos credores e dos devedores;

    g. direitos e ações;

    h. o valor corrente de cada um dos bens do espólio.

Após as primeiras declarações, o juiz mandará citar:

- o cônjuge ou companheiro;
- os herdeiros;
- os legatários;
- E intimar:
- a Fazenda Pública;
- o Ministério Público, se houver herdeiro incapaz ou ausente;
- o testamenteiro, se existir testamento.

Se não houver impugnações, ou se forem decididas, o juiz nomeará
um perito para avaliar os bens, se não houver, na comarca, avaliador
judicial. Todavia, se todas as partes forem capazes, não será feita a avaliação caso a Fazenda Pública, depois de ser intimada pessoalmente,
concorde expressamente com o valor atribuído aos bens nas primeiras
declarações.

Aceita a avaliação, o inventariante deverá prestar as últimas declarações, nas quais poderá emendar, aditar ou completar as primeiras. Ouvi-
das as partes sobre as últimas declarações, será calculado o imposto. Depois de ouvir novamente as partes e a Fazenda Pública sobre o cálculo
do imposto, falando ou não os interessados, o juiz homologará o cálculo,
se não houver impugnações.

20.5 Inventário negativo

O inventário negativo não foi previsto em nosso ordenamento jurídico,
mas tornou-se prática rotineira, incorporando-se ao nosso costume

(Rodrigues, Silvio. *Direito Civil: Direito das Sucessões*. São Paulo: Saraiva, 2003, p. 290). É o procedimento utilizado para atestar que o falecido não deixou bens.

No inventário negativo não se arrolam bens, mesmo porque eles não existem. Segundo Silvio Rodrigues, "não se inventaria nada [...] o que se procura é obter uma sentença que diga, exatamente, que não há o que inventariar" (*idem*).

Pode servir tanto como justificativa para não incidência de causa suspensiva (art. 1.523, I, CC) como para comprovar aos credores que não há bens para saldar as dívidas (*ibidem*, p. 291).

20.6 Arrolamento

Sem dúvida, o arrolamento é um procedimento mais simples e mais rápido que o inventário (veja Diniz, Maria Helena. *Curso de Direito Civil brasileiro*, v. 6. São Paulo: Saraiva, 2005, p. 387; e Monteiro, Washington de Barros. *Curso de Direito Civil*, v. 6. São Paulo: Saraiva, 2003, p. 292). "Corresponde a procedimento diferenciado de inventário, cuja característica básica é a simplificação ou redução de formalidades com vista ao rápido proferimento da sentença homologatória de partilha amigável celebrada por partes maiores e capazes" (Machado, Antonio Cláudio da Costa. *Código de Processo Civil interpretado*. São Paulo: Manole, 2004, p. 1.592).

Há duas espécies de arrolamento:

- Aquele que independe do valor e requer partilha amigável (art. 659, CPC/2015).
- Aquele especialmente previsto para bens de menor valor (art. 664, CPC/2015).

Na primeira hipótese, a homologação da partilha amigável será feita de plano pelo juiz, mediante prova da quitação dos tributos relativos aos bens do espólio e a suas rendas. Já a segunda ocorrerá quando o valor dos bens do espólio for igual ou inferior a 1.000 (mil) salários-mínimos.

FAMÍLIA & SUCESSÕES

EM RESUMO

Inventário

Inventário é o processo judicial que se destina a apurar os bens deixados pelo de cujus para que se possa proceder à partilha.

Abertura e prazos

O inventário tem de ser aberto no domicílio do falecido, dentro de 60 dias após o falecimento. A não observação desse prazo poderá acarretar sanções.

Sua conclusão deve dar-se no prazo de 12 meses, mas o juiz poderá dilatar o prazo, de ofício ou a requerimento de parte.

Inventário e partilha por escritura pública

Por previsão da Lei 11.441/07, incorporada ao artigo 610, parágrafos 1º e 2º do CPC/2015, é possível a realização de inventário e partilha por escritura pública, desde que todos sejam capazes e concordes e desde que não haja testamento.

- A escritura pública constituirá título hábil para o registro imobiliário.
- É obrigatória a assistência de advogado(s).

Providências depois de aberto

- O juiz nomeará o inventariante.
- O inventariante prestará o compromisso e as primeiras declarações.

Legitimidade para requerer a abertura do inventário

Tem legitimidade quem estiver na posse e administração da herança. Há, também, a legitimidade concorrente de algumas pessoas. São elas:

- o cônjuge ou companheiro supérstite;
- o herdeiro;
- o legatário;
- o testamenteiro;
- o cessionário do herdeiro ou legatário;
- o credor do herdeiro, do legatário ou do autor da herança;

INVENTÁRIO

- o administrador judicial da falência do herdeiro, do legatário, do autor da herança ou do cônjuge ou companheiro supérstite;
- o Ministério Público, havendo herdeiros incapazes;
- a Fazenda Pública, quando tiver interesse.

Primeiras declarações

Peça judicial que é base do processo; traz todas as informações do óbito, qualificação do finado, existência ou não de testamento, relação de bens, regime de bens do casamento, nome dos herdeiros e quais estão obrigados à colação.

Arrolamento

Processo mais simples e mais rápido que o inventário. Espécies:
- Arrolamento sumário – Regulado pelos artigos 659 a 663 do CPC/ /2015.
- Arrolamento para heranças de pequeno valor – Regulado pelo artigo 664 do CPC/2015.

PRESTE ATENÇÃO

1. Escolha do inventariante
   Após a abertura do inventário, o juiz nomeará o inventariante, que administrará a herança desde a assinatura do compromisso até a homologação da partilha. As nomeações seguirão o artigo 617 do Código de Processo Civil, na seguinte ordem:
   1º o cônjuge sobrevivente casado sob o regime de comunhão, desde que estivesse convivendo com o outro ao tempo da morte deste;
   2º o herdeiro que se achar na posse e administração do espólio, se não houver cônjuge supérstite ou não puder ser nomeado;
   3º qualquer herdeiro, quando nenhum deles estiver na posse e administração do espólio;
   4º o herdeiro menor, por seu representante legal;
   5º o testamenteiro, se lhe tiver sido confiada a administração do espólio ou toda herança estiver distribuída em legados;
   6º o cessionário do herdeiro ou do legatário;

FAMÍLIA & SUCESSÕES

7º o inventariante judicial, se houver;

8º pessoa estranha idônea, quando não houver inventariante judicial.

2. Pela redação dos artigos 610 e 611 do Código de Processo Civil de 2015, além de termos novos prazos – 2 (dois) meses para a instauração do processo de inventário e partilha e 12 meses para sua conclusão –, temos a possibilidade de realizar o inventário e partilha por via administrativa, ou seja, por escritura pública lavrada por tabelião, escritura esta que constituirá título hábil para o registro imobiliário.

Capítulo 21
Partilha

21.1 Definição

Partilha é a "repartição dos bens da herança ou a distribuição do acervo hereditário entre os herdeiros" (Monteiro, Washington de Barros. Curso de Direito Civil, v. 6. São Paulo: Saraiva, 2003, p. 319).

Qualquer herdeiro pode requerer a partilha, mesmo que tenha sido proibido pelo testador, e, ainda que tenha sido estipulada a indivisibilidade, a determinação da indivisão não durará mais que cinco anos (art. 1.320, § 2º, CC).

Também os cessionários dos direitos hereditários e os credores poderão requerer a partilha – os cessionários, por estarem sub-rogados nos direitos dos herdeiros; os credores, para que possam cobrar seus créditos.

21.2 Partilha amigável

Quando os herdeiros forem maiores e capazes, pode ocorrer a partilha amigável, por escritura pública, termo nos autos do inventário ou instrumento particular, homologado pelo juiz.

Se, entretanto, não houver acordo, será a partilha sempre judicial, da mesma forma que se houver herdeiros incapazes.

21.3 Partilha por ato *inter vivos* ou de última vontade

Se o ascendente fizer a partilha por ato *inter vivos* ou de última vontade, será considerada válida, desde que não prejudique a legítima dos her-

FAMÍLIA & SUCESSÕES

deiros necessários. Cabe mais uma vez lembrar que é proibida a doação de todos os bens do doador sem reserva de parte ou renda suficiente para sua subsistência (art. 548, CC).

21.4 Partilha de bens insuscetíveis de divisão

Na partilha, deve-se observar a maior igualdade possível, tanto quanto o valor, a qualidade e a natureza dos bens. Algumas vezes, porém, a igualdade não é possível porque o bem é insuscetível de divisão. Nesse caso, deve-se proceder à venda judicial do bem para que seja dividido o valor da venda, salvo se for adjudicado a todos, isto é, pertencer a todos em condomínio.

Há, ainda, a possibilidade de um ou mais herdeiros, ou até mesmo o cônjuge, requererem a adjudicação do bem, ressarcindo em dinheiro os demais, após a avaliação. Se mais de um requerer a adjudicação, o juiz ordenará que entre eles se estabeleça licitação.

21.5 Partilha dos frutos

Os frutos produzidos pelos bens da herança, desde a abertura da sucessão, devem ser levados ao monte para a partilha final.

Cabe ao inventariante ou aos herdeiros em posse de bens da herança o direito de reembolso das despesas necessárias e úteis, respondendo pelo dano a que, por dolo ou culpa, causaram (art. 2.020, CC).

21.6 Sobrepartilha

No caso de bens litigiosos ou de liquidação morosa e difícil, o legislador permite que se efetue a partilha dos bens livres e desembaraçados, reservando os demais para a sobrepartilha, sob a guarda e a administração do mesmo inventariante ou de outro.

Também ficarão para a sobrepartilha os bens que foram sonegados e quaisquer outros bens que aparecerem depois de a partilha ter sido feita.

21.7 Garantia dos quinhões

Depois de realizada a partilha, se algum dos herdeiros vier a sofrer desfalque em seu quinhão por força de evicção, todos os demais têm de indenizá-lo do prejuízo para restabelecer a igualdade (RODRIGUES,

Silvio. *Direito Civil: Direito das Sucessões*. São Paulo: Saraiva, 2003, p. 301; art. 2.024, CC).

O evicto será indenizado pelos coerdeiros na proporção de suas quotas. Se, no entanto, algum deles se encontrar insolvente, os demais absorverão sua parte na mesma proporção, mas, nesse caso, subtrairão a parte correspondente àquele que tiver de ser indenizado pela evicção.

Não haverá indenização se:

- os herdeiros convencionaram em assumir cada qual os riscos da evicção;
- houve evicção por culpa do evicto;
- a evicção decorreu de fato posterior à partilha.

21.8 Validade da partilha

Da partilha homologada ou julgada será extraído formal de partilha, transcrito no Registro de Imóveis. Essa partilha só será anulada nas hipóteses de vícios e defeitos que invalidam os negócios jurídicos em geral, a saber (art. 657, CPC/2015):

- Erro essencial, dolo, coação;
- Intervenção de incapaz.

Em todos esses casos, extingue-se o direito de anular a partilha em um ano (art. 2.027, parágrafo único, CC). A contagem para a coação inicia-se no dia em que ela cessou; para os demais vícios, correrá a partir da data em que se realizou o ato, e, no caso do incapaz, do dia em que cessou a incapacidade.

Embora o Código Civil somente tenha previsto os casos de partilha anulável (art. 2.027, CC), há hipóteses mais graves em que a partilha poderá ser rescindida. Vejamos as hipóteses do artigo 658 do Código de Processo Civil:

> Art. 658. É rescindível a partilha julgada por sentença:
> I – nos casos mencionados no artigo 657 (já citados);
> II – se feita com preterição de formalidades legais;
> III – se preteriu herdeiro ou incluiu quem não o seja.

Essas hipóteses não se referem à partilha amigável, como expressa o *caput* do artigo, mas sim à partilha julgada por sentença. No primeiro inciso, ressalte-se, as hipóteses do artigo 657 foram as acima citadas.

FAMÍLIA & SUCESSÕES

Nesses casos de ação rescisória, o prazo decadencial para aqueles que foram parte no inventário é de dois anos, contados do trânsito em julgado da decisão, segundo previsão expressa do artigo 975 do Código de Processo Civil.

Por fim, ao interessado que não participou do inventário e foi prejudicado na partilha caberá ação de petição de herança ou de nulidade de partilha, cujo prazo é de dez anos (art. 205, CC; RODRIGUES, Silvio. *Direito Civil: Direito das Sucessões*. São Paulo: Saraiva, 2003, p. 305; e DINIZ, Maria Helena. *Curso de Direito Civil brasileiro*, v. 6. São Paulo: Saraiva, 2005, p. 422).

EM RESUMO

Partilha

Partilha é a divisão dos bens da herança segundo o direito hereditário dos que sucedem.

Pode ser requerida por qualquer herdeiro, assim como pelos credores do herdeiro, para poderem cobrar seus créditos, ou pelos cessionários, que, em virtude de cessão, se sub-rogaram nos direitos dos herdeiros cedentes.

Partilha amigável – É permitida se os herdeiros forem maiores e capazes e se for obedecida a forma prescrita em lei.

Partilha dos frutos – Os frutos percebidos pelos herdeiros em posse dos bens da herança devem ser levados ao acervo para a partilha final. É devido ao inventariante ou aos herdeiros em posse dos bens da herança o direito de reembolso das despesas necessárias e úteis, respondendo pelo dano a que, por dolo ou culpa, causaram.

Sobrepartilha – No caso de bens litigiosos ou de liquidação morosa ou difícil, o legislador permite que se efetue a partilha dos bens líquidos, reservando para a sobrepartilha a divisão dos bens pendentes de regularização.

Garantia dos quinhões – Depois de realizada a partilha, se algum dos herdeiros vier a sofrer desfalque em seu quinhão por força de evicção, todos os demais têm de indenizá-lo do prejuízo para restabelecer a igualdade.

Registro e validade da partilha – Da partilha homologada ou julgada será extraído formal de partilha, transcrito no Registro de Imóveis.

Essa partilha só será anulada nas hipóteses que invalidam os negócios jurídicos em geral.

PRESTE ATENÇÃO

1. Legitimidade para requerer a partilha – Qualquer herdeiro pode requerer a partilha, mesmo que tenha sido proibido pelo testador, e, ainda que tenha sido estipulada a indivisibilidade, a determinação da indivisão não poderá durar mais que cinco anos.

2. Partilha de bens insuscetíveis de divisão – Deve ocorrer a venda judicial do bem para que seja dividido o valor obtido, salvo se pertencer a todos em condomínio.

   Existe a possibilidade de um ou mais herdeiros, ou até mesmo o cônjuge, requererem a adjudicação do bem, ressarcindo em dinheiro os demais, após a avaliação. Se dentre eles aparecer mais de um interessado, o juiz ordenará que se estabeleça licitação.

Capítulo 22
Colação e Sonegados

22.1 Colação

Colação é a "restituição ao acervo hereditário dos valores recebidos pelos herdeiros, a título de doação, para subsequente inclusão na partilha, a fim de que esta se realize com igualdade" (MONTEIRO, Washington de Barros. *Curso de Direito Civil*, v. 6. São Paulo: Saraiva, 2003, p. 309).

O objetivo que se busca com a colação é a igualdade das legítimas dos herdeiros. Esse cálculo ocorrerá somando-se a parte recebida em doação à parte indisponível do testador, sem aumentar a parte que ele pode dispor.

Mas quem deve conferir?

Segundo previsão legal, são obrigados a conferir:

- os descendentes;
- o que renunciou à herança ou o que foi dela excluído, pois, mesmo com a renúncia ou a exclusão, a parte recebida em vida poderá ultrapassar a parte que o doador poderia dispor, atingindo a legítima;
- os netos, quando representarem seus pais na sucessão dos avós.

Pode haver, entretanto, em alguns casos a dispensa de colação.

Ressalte-se, contudo, que a dispensa da colação é ato formal que só terá eficácia se efetuada pelo doador no próprio testamento ou no próprio título da liberalidade.

FAMÍLIA & SUCESSÕES

Não haverá necessidade de colação quando:

- o ascendente determinar que as doações saiam de sua quota disponível, não podendo excedê-la, levando em conta seu valor no momento da doação;
- for o caso de gastos ordinários do ascendente com descendente, enquanto menor, para sua educação, seu sustento, seu vestuário, sua saúde, bem como de gastos realizados com despesas de enxoval e casamento e, ainda, de despesas decorrentes de sua defesa em processo crime;
- a liberalidade for feita a descendente que, ao tempo do ato, não seria chamado à sucessão na qualidade de herdeiro necessário; isso ocorre porque existe a presunção de que tais bens saíram da parte disponível do testador (art. 2.005, parágrafo único, CC);
- a doação for remuneratória por serviços feitos ao ascendente.

22.1.1 *Valor de colação*

O valor de colação dos bens doados será aquele, certo ou estimativo, que lhes for atribuído no próprio ato de liberalidade. Se, contudo, não constar valor algum, será calculado o valor levando em conta o que o bem valeria ao tempo da liberalidade.

Todas as benfeitorias acrescidas ao bem doado, os rendimentos e os lucros pertencerão ao donatário, não devendo ser computados na colação. O donatário, em contrapartida, também arcará com as perdas e os danos que os bens sofrerem.

Observamos, por fim, que se a doação foi feita por ambos os cônjuges, deverá ser conferida a metade no inventário de cada um.

22.2 Sonegados

Sonegados, segundo Silvio Rodrigues, "são os bens que deveriam entrar na partilha, porém foram ciente e conscientemente dela desviados, quer por não terem sido descritos ou restituídos pelo inventariante ou por herdeiro, quer por este último não os haver trazido à colação, quando esse dever se lhe impunha" (*Direito Civil: Direito das Sucessões*. São Paulo: Saraiva, 2003, p. 323). Continua o autor, refletindo que "tal falta, levada a efeito maliciosamente, revela má-fé e sujeita quem cometeu à pena civil de sonegados" (*idem*).

COLAÇÃO E SONEGADOS

Para Orlando Gomes, sonegação "é a ocultação dolosa de bens do espólio" (*Sucessões*. Rio de Janeiro: Forense, 2004, p. 301).

Quando, no capítulo anterior, estudamos a colação, poderíamos perguntar: o que faria com que uma pessoa que tivesse recebido um bem doado confessasse tal fato para que sua parte fosse diminuída na herança?

Muitos, movidos pelo sentimento do justo, declarariam, com muito boa vontade, o recebimento de tais bens. No entanto, outros prevalecer--se-iam da esperteza e omitiriam o fato.

A pena civil dos sonegados coíbe essa prática, pois quem não apresenta os bens devidos ou não os traz à colação sofre as sanções legais.

22.2.1 *Pena a ser imposta*

Àquele que sonegar, omitir, deixar de restituir bem da herança será aplicada a pena da perda do direito sobre o bem sonegado.

Mas e se esse bem não estiver mais no patrimônio do sonegador? Ele pagará a importância dos valores que ocultou, mais perdas e danos.

Se o infrator for o próprio inventariante, será removido da inventariança e, se for também herdeiro, perderá seu quinhão no objeto sonegado.

Estão sujeitos à pena de sonegados (arts. 992 e 993, CC):

- o herdeiro que sonegar bens da herança que estão em seu poder, não os descrevendo no inventário;
- o herdeiro que não denunciar bens da herança que estão em poder de outros, fato que é de seu conhecimento;
- o herdeiro que omitir bens na colação, ou que deixar de restituí--los;
- o inventariante que não incluir ou omitir bens da herança;
- o cessionário do herdeiro quando declarar que não possui bens hereditários (MONTEIRO, Washington de Barros. *Curso de Direito Civil*, v. 6. São Paulo: Saraiva, 2003, p. 296).

Enfim, todos aqueles que puderem ocultar bens do espólio.

22.2.2 *Momento em que se caracteriza a sonegação e ação de sonegados*

Em relação ao inventariante, a sonegação somente se caracteriza depois de encerrada a descrição dos bens, com a declaração, feita por ele, de

FAMÍLIA & SUCESSÕES

não existirem mais bens a inventariar; quanto ao herdeiro, depois que este declara no inventário que não possui os bens.

A pena de sonegados só poderá ser aplicada por meio de ação movida pelos herdeiros ou pelos credores da herança (art. 1.994, CC).

A questão envolve "matéria de fato, dependente de cuidadosa apuração, que não pode ser decidida no processo de inventário", devendo as partes serem remetidas "para as vias ordinárias" (GOMES, Orlando. *Sucessões*. Rio de Janeiro: Forense, 2004, p. 304).

Ainda que a ação seja movida por um só herdeiro, aproveitará todos os demais interessados.

EM RESUMO

Colação e Sonegado

Colação

É o ato de retorno ao monte partilhável das liberalidades feitas pelo de cujus, antes de sua morte, a seus descendentes. Seu fim é igualar a legítima desses herdeiros. A colação não traz o bem para o espólio nem aumenta a parte disponível do testador.

Quem deve conferir

- Os descendentes.
- O que renunciou à herança ou o que foi dela excluído, para o fim de repor o que exceder o disponível.
- Os netos, quando representarem seus pais na sucessão dos avós.

Dispensa de conferir

A dispensa de colação é ato formal que só vale se efetuada por testamento ou no próprio título da liberalidade. Pode ocorrer quando o ascendente determinar que os dotes ou as doações saiam de sua quota disponível, não podendo excedê-la. Não haverá colação dos gastos ordinários do ascendente com descendente, enquanto menor.

Doação feita por ambos os cônjuges

No inventário de cada um, a doação se conferirá por metade.

Sonegados

São os bens que deveriam entrar na partilha, porém, por um ato intencional, não foram nela descritos, sujeitando o sonegador à perda do direito que sobre eles lhe caiba.

Pena a ser imposta – Pena de perda do direito sobre o bem sonegado. Se o sonegador for o inventariante, será removido da inventariança e, se for também herdeiro, perderá seu quinhão no objeto sonegado.

Ação de sonegados – Deve ser movida pelos herdeiros ou pelos credores da herança.

PRESTE ATENÇÃO

Momento em que se caracteriza a sonegação
A sonegação caracteriza-se:
a) em relação ao inventariante: depois de encerrada a descrição dos bens, quando ele declara não existirem mais bens a inventariar;
b) em relação ao herdeiro: depois que declara, no inventário, que não possui os bens.

Capítulo 23
Pagamento das Dívidas

23.1 Considerações gerais

A própria herança responde pelas dívidas do falecido, e, mesmo depois de a partilha ter sido realizada, os herdeiros só respondem pelas dívidas do *de cujus* até a força da herança e na mesma proporção da parte que coube a cada um (art. 1.997, CC).

Importante frisar que poderá existir reserva de bens para o pagamento das dívidas. Explicamos.

Se, antes da partilha, for requerido no inventário o pagamento de dívidas constantes de documentos formais que constituam prova suficiente da obrigação e houver impugnação que não seja a alegação do próprio pagamento, também acompanhada de prova valiosa, o juiz mandará reservar bens suficientes para a solução do débito, nas mãos do inventariante, para que possam salvaguardar uma possível execução. Dessa forma, o legislador desencoraja os herdeiros que queiram impugnar os débitos apenas com fins protelatórios (RODRIGUES, Silvio. *Direito Civil: Direito das Sucessões*. São Paulo: Saraiva, 2003, pp. 333-4).

Para que essa medida seja garantida, o credor é obrigado a iniciar a ação de cobrança no prazo de 30 dias, sob pena de tornar sem efeito a providência adotada (arts. 1.997, CC, e 668, I, CPC/2015).

23.2 Separação dos patrimônios

Segundo determinação do artigo 2.000 do Código Civil, os legatários e credores da herança podem exigir que do patrimônio do falecido seja

FAMÍLIA & SUCESSÕES

separado o patrimônio do herdeiro. Isso ocorre para que, em concurso entre os credores do espólio e os credores do herdeiro, os primeiros tenham preferência.

Essa previsão busca uma solução justa, pois "não há herança enquanto houver dívidas" (RODRIGUES, Silvio. Direito Civil: Direito das Sucessões. São Paulo: Saraiva, 2003, p. 334). Dessa forma, correto é "permitir aos credores do espólio que exijam permaneça este separado do patrimônio do herdeiro, até apurar-se qual o efetivo montante que deverá ser incorporado ao patrimônio do herdeiro, o que será verificado após o pagamento dos legados e dos débitos" (*idem*).

23.3 Herdeiro devedor do espólio

A dívida do herdeiro para com o espólio será partilhada igualmente entre todos, a não ser que a maioria concorde que o débito seja imputado inteiramente no quinhão do herdeiro devedor.

A regra é a partilha igualitária da dívida. A exceção é a compensação, em que é necessária a concordância da maioria dos herdeiros. Essa regra é para evitar que, existindo outros devedores do espólio e também herdeiro devedor, este último compense sua dívida com seu quinhão e os outros herdeiros tenham de arcar sozinhos com a insolvência dos demais devedores, acabando por quase nada receber.

Por exemplo: A deve R$ 100 mil ao espólio e sua parte na herança é de exatamente R$ 100 mil. Fazendo-se a compensação, ele nada mais recebe, pois já recebeu anteriormente. Em contrapartida, o outro herdeiro, B, cuja parte também é de R$ 100 mil, espera receber essa quantia de outro devedor do espólio; caso este não pague, B arcará com o prejuízo, nada recebendo de herança, e A ficaria com os R$ 100 mil já recebidos anteriormente – situação injusta, que a regra visa a impedir.

23.4 Despesas funerárias e de sufrágios

A lei determina que as despesas funerárias sairão do monte da herança, haja ou não herdeiros legítimos, enquanto as de sufrágios por alma do falecido só obrigarão a herança quando ordenadas em testamento ou codicilo.

PAGAMENTO DAS DÍVIDAS

EM RESUMO

Pagamento das Dívidas

Antes da partilha, o acervo total deixado pelo de cujus responde pelo pagamento das dívidas. Os herdeiros respondem cada qual em proporção da parte da herança que lhe coube.

Despesas funerárias e de sufrágios

A lei determina que as despesas funerárias sairão do monte da herança, haja ou não herdeiros legítimos, enquanto as de sufrágios por alma do falecido só obrigarão a herança quando ordenadas em testamento ou codicilo.

PRESTE ATENÇÃO

Reserva de bens para eventual pagamento

Antes da partilha, se for requerido no inventário o pagamento de dívidas, o juiz mandará reservar bens suficientes para a solução do débito, nas mãos do inventariante, para que possam salvaguardar uma possível execução.

Para que isso ocorra, deverão ser preenchidos os seguintes requisitos:

• que a dívida conste de documentos formais;
• que esses documentos constituam prova suficiente da obrigação;
• caso haja impugnação, que não seja a alegação do próprio pagamento com prova valiosa.

Para que essa medida seja garantida, o credor é obrigado a iniciar a ação de cobrança no prazo de 30 dias, sob pena de tornar sem efeito a providência adotada.

REFERÊNCIAS

ALMEIDA, José Luiz Gavião de. José Luiz Gavião de Almeida. *Direito Civil: família*. Rio de Janeiro: Elsevier, 2008.

_____. *Código Civil comentado*: Direito das Sucessões, sucessão em geral, sucessão legítima: arts. 1.784 a 1.856. v. XVIII. Álvaro Villaça de Azevedo (coord.). São Paulo: Atlas, 2003.

AZEVEDO, Álvaro Villaça. *Estatuto da família de fato: de acordo com o novo Código Civil, Lei nº 10.406, de 10/1/2002. 2.* ed. São Paulo: Atlas, 2002.

BARROS, Flávio Augusto Monteiro de. *Manual de Direito Civil*, v. 4: família e sucessões. São Paulo: Método, 2006.

BARROSO, Luís Roberto. *Interpretação e aplicação da Constituição: fundamentos de uma dogmática constitucional transformadora*. 6ª ed. São Paulo: Saraiva, 2004.

BEVILACQUA, Clóvis. *Código Civil dos Estados Unidos do Brasil*. 11ª ed., Vol. II. Rio de Janeiro: Livraria Francisco Alves, 1956.

BITTAR, Carlos Alberto. *Direito das Sucessões*. Rio de Janeiro: Forense Universitária, 1992.

DINIZ, Maria Helena. *Curso de Direito Civil brasileiro*. v. 5. 22. ed. São Paulo: Saraiva, 2007.

_____. *Curso de Direito Civil brasileiro*. v. 6. 19. ed. São Paulo: Saraiva, 2005.

GAGLIANO, Pablo Stolze; PAMPLONA FILHO, Rodolfo. *Novo curso de direito civil: direito de família – as famílias em perspectiva constitucional*. v.6. São Paulo: Saraiva, 2012.

GAMA, Guilherme Calmon Nogueira da. *Direito Civil: família*. São Paulo: Atlas, 2008.

FAMÍLIA & SUCESSÕES

GOMES, Orlando. *Direito de Família*. 14. ed. Rio de Janeiro: Forense, 2001.

_____. *Sucessões*. 12 ed. Rio de Janeiro: Forense, 2004.

GONÇALVES, Carlos Roberto. *Direito Civil brasileiro: Direito de Família*. v. 6, 2 ed., São Paulo: Saraiva, 2006.

LISBOA, Roberto Senise. *Manual de Direito Civil*. v. 5: família e Sucessões. São Paulo: Saraiva, 2009.

LÔBO, Paulo. *Direito Civil: famílias*. 4ª ed.. São Paulo: Saraiva, 2011.

MACHADO, Antonio Cláudio da Costa. *Código de Processo Civil interpretado*: artigo por artigo, parágrafo por parágrafo. 4. ed. São Paulo: Manole, 2004.

MADALENO, Madaleno *Curso de direito de família*. 3. ed. Rio de Janeiro: Forense, 2009.

MALUF, Adriana Caldas do Rego Freitas; Maluf, Carlos Alberto. *Curso de direito de família*. São Paulo: Saraiva, 2013.

MIRANDA, Pontes de. *Tratado de Direito de Família*. v. 1. 1. ed. Campinas: Bookseller, 2001.

MONTEIRO, Washington de Barros. *Curso de Direito Civil*. 36. ed. São Paulo: Saraiva, 2001.

_____. *Curso de Direito Civil*. v. 6. 35. ed. São Paulo: Saraiva, 2003.

NADER, Paulo. *Curso de Direito Civil: direito de família*. Rio de Janeiro: Forense, 2010.

NERY JUNIOR, Nelson e NERY, Rosa Maria de Andrade. *Código Civil Comentado*. 5. ed. São Paulo: Editora Revista dos Tribunais, 2007.

PEREIRA, Caio Mário da Silva. *Instituições de Direito Civil*, v.5. Rio de Janeiro: Forense, 2009.

_____. *Instituições de Direito Civil*, v. 6. Rio de Janeiro: Forense, 2009.

RODRIGUES, Silvio. Direito Civil – Direito de Família. v. 6. 27. ed. São Paulo: Saraiva, 2002.

_____. *Direito Civil: Direito das Sucessões*. v. 7. 26. ed. São Paulo: Saraiva, 2003.

SCALQUETTE, Ana Cláudia Silva. *Estatuto da Reprodução* Assistida. São Paulo: Saraiva, 2010.

_____. Ana Cláudia Silva. *União Estável*. Coleção Prática do Direito. 2. ed. São Paulo: Saraiva, 2009.

SCALQUETTE, Ana Cláudia Silva; SCALQUETTE, Rodrigo Arnoni. Análise contemporânea da tutela dos casos difíceis: o precedente no direito brasileiro. In: SCALQUETTE, Ana Cláudia Silva; SIQUEIRA NETO, José Francisco (Coord.). *60 desafios do direito:* direito na sociedade contemporânea, volume 1. São Paulo: Atlas, 2013.

SCALQUETTE, Rodrigo Arnoni. *História do Direito: perspectivas histórico-constitucionais da relação entre Estado e Religião.* São Paulo: Atlas, 2013.

SCIANCALEPORE, Giovanni. *Il Codice Civile Commentario. Artt. 1965-1976. Della transazione.* Milano: Giuffrè Francis Lefebvre, 2018.

SOTTOMAYOR, Clara. *Regulação do exercício das responsabilidades parentais nos casos de divórcio.* 6ª ed. Coimbra/PT: Almedina, 2014.

STEFANO, Isa Gabriela de Almeida; RODRIGUES, Oswaldo Peregrina. O dever jurídico dos profissionais da saúde e educação no ECA *in Cuidado e Vulnerabilidade.* Coordenadores: Tânia da Silva Pereira e Guilherme de Oliveira. São Paulo: Atlas, 2009

TARTUCE, Flávio; SIMÃO, José Fernando. *Direito das Sucessões.* São Paulo: Método, 2008.

VENOSA, Sílvio de Salvo. *Direito civil: direito de família,* v. 6, 7ª ed., 2007.

_____. *Direito Civil.* v. 7, 5. ed. São Paulo: Atlas, 2005.

VIANA, Rui Geraldo Camargo; Nery, Rosa Maria de Andrade (organizadores). *Temas atuais de Direito Civil na Constituição Federal.* São Paulo: Editora Revista dos Tribunais, 2000.

Sites Consultados

www.camara.gov.br – Câmara dos Deputados
www.cnj.jus.br – Conselho Nacional de Justiça
www.stf.jus.br – Supremo Tribunal Federal
www.stj.jus.br – Superior Tribunal de Justiça